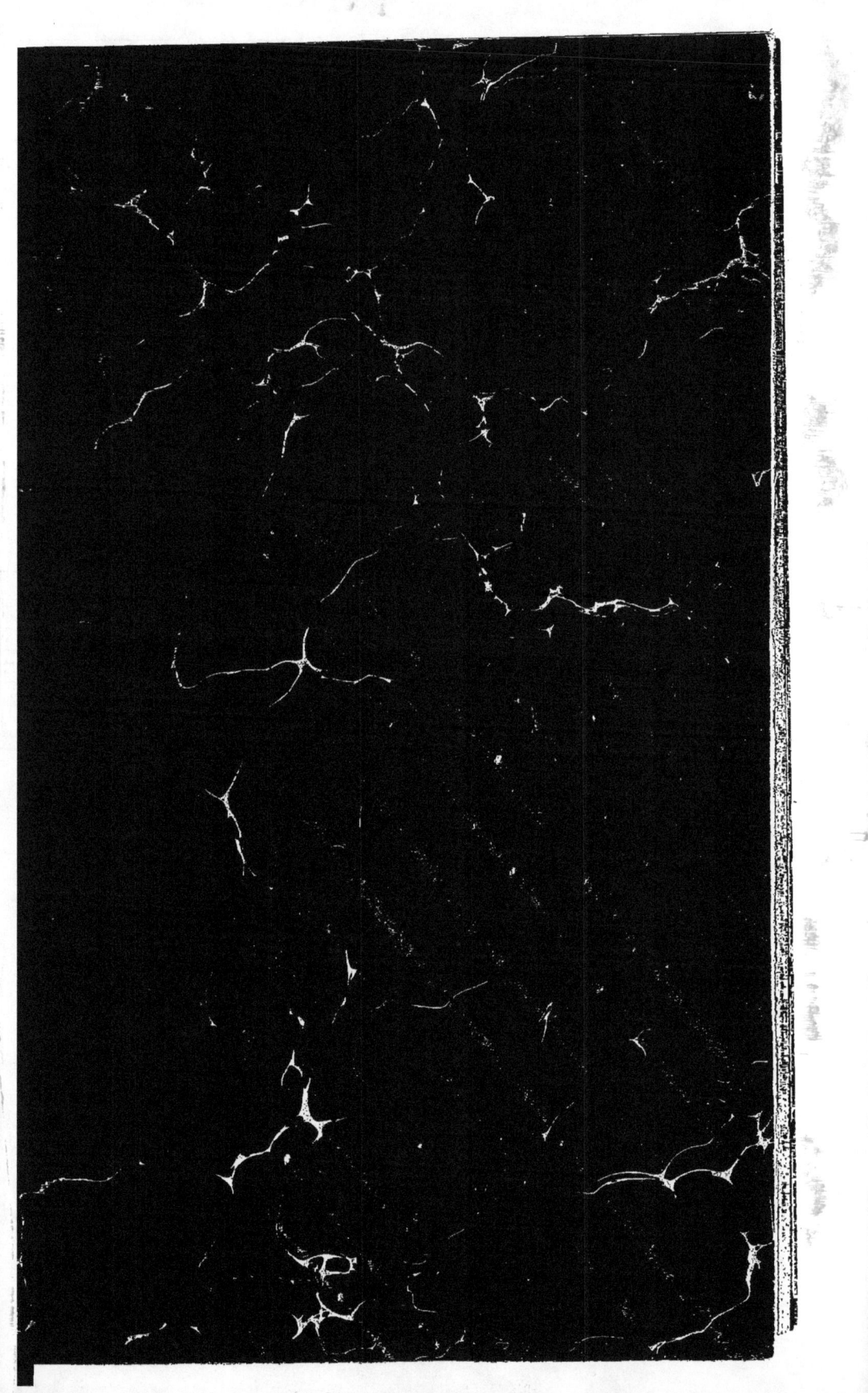

GRAMMAIRE PERSANE.

A PARIS,

CHEZ BENJAMIN DUPRAT,

LIBRAIRE DE L'INSTITUT DE FRANCE, DE LA BIBLIOTHÈQUE NATIONALE,
ET DES SOCIÉTÉS ASIATIQUES DE PARIS ET DE LONDRES;
RUE DU CLOÎTRE SAINT-BENOÎT, N° 7.

GRAMMAIRE PERSANE,

OU

PRINCIPES DE L'IRANIEN MODERNE

ACCOMPAGNÉS DE FAC-SIMILE

POUR SERVIR DE MODÈLES D'ÉCRITURE ET DE STYLE POUR LA CORRESPONDANCE
DIPLOMATIQUE ET FAMILIÈRE,

PAR ALEXANDRE CHODZKO,

ANCIEN CONSUL DE RUSSIE EN PERSE,
GRAND OFFICIER DE L'ÉTOILE DU LION-ET-SOLEIL DE PERSE,
COMMANDEUR DE L'ORDRE DE SAINT-STANISLAS ET CHEVALIER DE L'ORDRE DE SAINT-WLADIMIR,
MEMBRE DE LA SOCIÉTÉ ROYALE ASIATIQUE DE LA GRANDE-BRETAGNE ET DE L'IRLANDE.

> I seek to teach the persian of Persians,
> not the persian only of books.
>
> Mirza Mohammed Ibrahim, *A Grammar
> of the persian language*, préf. p. IV.

PARIS.

IMPRIMÉ PAR AUTORISATION DU GOUVERNEMENT

A L'IMPRIMERIE NATIONALE.

M DCCC LII.

PRÉFACE.

L'Europe est depuis longtemps en possession de tout ce qui est nécessaire pour l'étude des langues orientales; elle a des bibliothèques, des écoles et des savants parfaitement en état de les diriger : aussi, sous le rapport de la philologie, de la philosophie et de l'histoire des langues d'Asie, un *ustad* persan, un *muéllim* arabe ou un brahmane hindou auraient beaucoup à apprendre de nos professeurs. Et pourtant un élève, après avoir achevé ses études persanes à Londres, à Vienne ou à Paris, n'est pas à même de rédiger correctement et élégamment un article littéraire, une note diplomatique ou une lettre familière. Il est encore plus embarrassé lorsqu'il se trouve dans la nécessité de s'exprimer de vive voix. Son langage, grammaticalement correct et philologiquement classique [1], offre un mélange de phrases et de mots d'époques si différentes, une confusion telle de tous les genres de style et d'expression, qu'il est presque toujours inintelligible à un Persan, fût-il même

---

[1] Voyez-en quelques exemples cités ci-après, p. 187 et 188.

philologue de profession. L'Européen, étonné à son tour de parler un langage si différent de la langue *usuelle*, finit par croire que cette langue n'est peut-être pas le véritable persan, qu'elle pourrait bien être une espèce de langue vulgaire, *lingua rustica*, une corruption de la langue littéraire, pour ne pas dire un patois. Or rien n'est plus faux.

La langue usuelle est bien le persan, le seul persan vrai : la langue de la cour, des lettres et de la nation. Je ne connais pas même de langue qui ait un caractère de nationalité aussi fortement déterminé, et qui soit en même temps aussi soigneusement cultivée. On connaît les grandes richesses de la littérature persane, mais ce qu'on ne sait pas aussi généralement, c'est que cette littérature n'est pas seulement destinée à occuper les loisirs d'une certaine classe de la société, comme cela a lieu chez presque tous les peuples de l'Europe; ce ne sont pas seulement les publicistes, les académiciens et les savants qui apprennent les lettres en Perse et qui les cultivent; toute la nation y est plus ou moins initiée. Rien de plus commun que d'y rencontrer un شتربان « conducteur de chameaux », un بقّال « épicier », une بازيگر « bayadère », un derviche, qui sache par cœur des stances de Hafiz, de Roumy, de Ferdoussy, etc., et c'est pourtant de la littérature qu'on appellerait chez nous *difficile*. J'en ai souvent entendu réciter des passages entiers par des سقّا « porteurs d'eau ».

Cet amour du peuple pour la littérature nationale suffirait déjà pour exciter les classes élevées à s'en occuper, s'il n'y avait pas d'autres motifs plus puissants. Ces motifs sont religieux et politiques. Une grande partie de la littérature persane est religieuse, et c'est dans les ouvrages des littérateurs que les hommes d'État persans cherchent leurs inspirations et les règles de leur conduite. Cela explique les honneurs qu'on y accorde aux auteurs célèbres et leur immense popularité. Les rois eux-mêmes tiennent à grand honneur d'être comptés parmi les gens de lettres. De nos jours, le roi Feth Ali Châh, bon prosateur, et qui avait quelque talent pour la poésie, ne dédaigna pas d'employer toutes sortes de ruses et eut même recours à la violence pour obtenir du célèbre poëte Feth Ali Khan, *mélik-ouchchuéra* « roi des poëtes », des conseils et des corrections à l'aide desquelles il pût obtenir, pour son *Divan* (œuvres complètes de Sa Majesté), le titre glorieux de classique. C'est au même souverain qu'appartient la lettre adressée à l'empereur Napoléon, que nous reproduirons ci-après (p. 200), pièce remarquable en ce qu'elle réunit les différents caractères propres au langage usuel. Elle est littéraire et diplomatique à la fois, du genre de celles qu'on appelle dans la diplomatie européenne des lettres autographes. Comme le sujet en est fort simple, le lecteur n'aura aucune peine à en comprendre le sens, et il pourra tout d'abord avoir l'idée de la différence qui existe entre les Européens et les Orientaux dans la manière de sentir et de s'exprimer sur un même sujet. Ajoutons que la pièce a été rédigée par Mirza Abd-ul-Wehhab, alors ministre de l'intérieur et grand vizir, et reconnu par les Persans pour le plus habile d'entre les rédacteurs contemporains. Elle date d'une époque glorieuse pour la France (l'an 1809), seule époque dont la Perse ait conservé le souvenir. Ce document, joint à d'autres lettres authentiques d'une date encore plus récente, transcrites dans l'Appendice, plaidera mieux que nous ne saurions le faire en faveur de la pureté irréprochable de la langue dont il s'agit.

Cette langue usuelle, l'iranien moderne, conserve tous les éléments des époques précédentes, et c'est par là qu'elle est littéraire; mais elle continue à modifier et à développer ces éléments, et c'est par là qu'elle est vivante. Ce développement est un véritable progrès, un perfectionnement. Le persan moderne se perfectionne; il se défait, par exemple, de plus en plus de l'élément arabe; il acquiert plus de concision, plus de clarté; il se rapproche enfin des allures des langues européennes. L'élément arabe, tout en conservant encore son existence officielle, se retire déjà du style familier.

De tout ce que nous avons dit, il s'ensuit que si pour l'étude de certaines langues de l'Orient, celle de l'arabe, par exemple, ou celle du turc, il faut, à côté des écoles littéraires, fonder des écoles spéciales des langues vivantes, cette nécessité n'existe pas pour le persan. Ce qui est nécessaire, c'est d'en modifier la méthode d'enseignement. Nous avons en Europe l'habitude, dans la linguistique, de suivre les méthodes reçues dans les écoles pour le grec et le latin. Nous traitons souvent ainsi une langue étrangère vivante comme si elle était une langue morte. Il faut, ce me semble, enseigner le persan comme on enseigne l'anglais et l'allemand. Alors les chaires des littératures et des langues proprement dites se compléteraient et mettraient un élève réellement en état de pouvoir correspondre, non-seulement avec le passé intellectuel, mais aussi avec le présent d'un pays dont il apprend la langue.

Dans ce but, il serait essentiel de s'occuper de la confection d'un dictionnaire persan sur un plan tout nouveau. Il faudrait y marquer soigneusement, à côté de la signification *actuelle* d'un mot, l'emploi souvent différent qu'on en avait fait dans des époques précédentes, le tout avec la prononciation figurée. Chaque mot aurait, pour ainsi dire, sa notice historique. Il est également indispensable de procurer aux élèves une nouvelle Chrestomathie, où sans s'astreindre, comme cela a eu lieu jusqu'à présent, aux citations des auteurs anciens et à un seul genre de style, qu'on appelle sublime ou fleuri, on donnerait une place plus large aux exemples du style familier, tirés de correspondances diplomatiques, de pièces administratives, de lettres familières, etc.

C'est d'après ce plan que j'ai composé ma grammaire. Je m'y suis attaché de préférence à appeler l'attention sur les phrases, les tournures et les mots qui, tout en conservant la forme qu'ils avaient jadis, ont maintenant changé de sens ou d'emploi. J'ai établi des règles de l'accent tonique, ce qui n'a été fait par aucun des grammairiens antérieurs. En transcrivant le persan avec les caractères latins, on l'analyse en même temps, aussi ai-je mis un soin particulier à figurer la vraie prononciation. C'est, si je ne me trompe pas, le mérite principal du livre et qui servira, je l'espère, à en atténuer les défauts. J'ai écrit dans une langue qui n'est pas la mienne. Durant mon long séjour en Orient, j'ai perdu l'habitude de la phraséologie des philologues français. Je regrette de n'avoir pas toujours su expliquer ma pensée avec cette concision et cette clarté qui distinguent les ouvrages de nos orientalistes. Toutefois, ces défauts de forme ne nuiront peut-être pas à ce qu'il y a de rigoureux, de vrai et d'utile dans les règles et surtout dans les exemples que je donne.

Pour ce qui regarde ces règles et ces exemples, j'ai poussé le scrupule au point que toutes les fois qu'il s'agissait d'émettre une opinion à moi, de faire une citation nouvelle ou d'établir le sens d'une phrase ambiguë, je ne l'ai fait qu'après avoir consulté les maîtres de la science. Le concours le plus bienveillant, je me plais à le reconnaître ici, ne m'a pas manqué de leur part.

M. Quatremère, membre de l'Institut, m'a permis d'avoir recours à sa riche bibliothèque et à son érudition, aussi profonde que variée. Il a poussé la complaisance jusqu'à vouloir bien se faire envoyer des épreuves d'impression, ce dont je garderai toujours un souvenir reconnaissant.

M. Mohl, membre de l'Institut, n'a pas reculé devant

la lecture fastidieuse du manuscrit; il s'est même donné la peine de l'annoter. On comprendra l'importance et l'utilité dont ses remarques étaient pour moi.

M. Grangeret de Lagrange, l'un des conservateurs de la bibliothèque de l'Arsenal, en sa qualité de correcteur pour les langues orientales à l'Imprimerie nationale, m'a aidé de son savoir et de son inépuisable complaisance.

La bienveillance toute particulière de M. le Directeur de l'Imprimerie nationale a servi à aplanir les difficultés inséparables de l'exécution d'une impression de ce genre. Je dois dire aussi que j'ai rencontré de la part des employés de l'Imprimerie nationale le concours le plus empressé.

Polonais d'origine, je regarde comme heureux d'avoir mérité les honneurs d'une publication faite sous les auspices du gouvernement français, dans ce moment où la France est présidée par l'héritier du nom de Napoléon, nom le plus puissant en France, cher au pays où je suis né, et vénéré dans l'Orient.

AL. CHODZKO.

Paris, 21 juin 1852.

GRAMMAIRE PERSANE.

PREMIÈRE PARTIE.

DES RUDIMENTS.

CHAPITRE PREMIER.

DES LETTRES ET DE LEUR PRONONCIATION.

§ 1ᵉʳ. ALPHABET.

1. Les Persans, en adoptant le Koran pour leur code religieux, se virent obligés d'en accepter aussi le système d'écriture, bien qu'il répondît mal aux besoins de leur langue, issue d'une source étrangère et fondée sur des principes différents de ceux de l'idiome arabe. Beaucoup de lettres koraniques représentaient des sons inconnus aux Iraniens, et il se trouva que les compatriotes du Prophète ne savaient pas non plus faire sentir quelques articulations propres à ceux-là. Cependant, la langue du vainqueur empiétant de plus en plus sur le terrain de celle des vaincus, ceux-ci finirent par conserver toutes les lettres de l'alphabet arabe, en y ajoutant quatre autres, پ *p*, چ *tch*, ژ *j* et گ *gu*, indispensables pour la représentation des sons indigènes.

2. Cet alphabet mixte compte trente-deux lettres qui, dans le corps d'écriture, changent de forme, selon qu'elles s'y trouvent

isolées, liées à la précédente lettre, à la suivante, ou bien à la précédente et à la suivante en même temps. Les voici ;

CONSONNES.

ORDRE.	NOM.	FIGURE ISOLÉE.	FINALE.	MÉDIALE.	INITIALE.	VALEUR.
1	Élif	ا	ا	ا	ا	e, á
2	Bey	ب	ب	ب	ب	b
3	Pey	پ	پ	پ	پ	p
4	Tey	ت	ت	ت	ت	t
5	Sey	ث	ث	ث	ث	s
6	Djîm	ج	ج	ج	ج	dj
7	Tchîm	چ	چ	چ	چ	tch
8	Hhey	ح	ح	ح	ح	hh
9	Khey	خ	خ	خ	خ	kh
10	Dal	د	د	د	د	d
11	Zal	ذ	ذ	ذ	ذ	z
12	Rey	ر	ر	ر	ر	r
13	Zey	ز	ز	ز	ز	z
14	Jey	ژ	ژ	ژ	ژ	j
15	Sîn	س	س	س	س	s
16	Chîn	ش	ش	ش	ش	ch
17	Sad	ص	ص	ص	ص	s
18	Zad	ض	ض	ض	ض	z
19	Tây	ط	ط	ط	ط	t
20	Zây	ظ	ظ	ظ	ظ	z
21	'Ayn	ع	ع	ع	ع	'a, 'e, 'i, 'u
22	Ghayn	غ	غ	غ	غ	gh

ORDRE.	NOM.	FIGURE				VALEUR.
		ISOLÉE.	FINALE.	MÉDIALE.	INITIALE.	
23	Fa	ف	ـف	ـفـ	فـ	f
24	Qaf	ق	ـق	ـقـ	قـ	q
25	Kiaf	ك	ـك	ـكـ	كـ	k
26	Guiaf	گ	ـگ	ـگـ	گـ	gu
27	Lam	ل	ـل	ـلـ	لـ	l
28	Mîm	م	ـم	ـمـ	مـ	m
29	Noun	ن	ـن	ـنـ	نـ	n
30	Vâou	و	ـو	ـو	و	v, oû, ou, ôou
31	Hey	ە ou ه	ـه	ـهـ	هـ	h, é
32	Ya	ى	ـى	ـيـ	يـ	y, î

VOYELLES.

VOYELLES BRÈVES					
SIMPLES.			DOUBLES, POUR L'ARABE UNIQUEMENT.		
Nom.	Figure.	Valeur.	Nom.	Figure.	Valeur.
Fethhé ou zeber	´	e	Tenvîni fethhé	´´	en
Kesré ou zîr	‿	i	Tenvîni kesré	‿‿	in
Zemmé ou pîch	‚	u	Tenvîni zemmé	߹	un

§ 2. PRONONCIATION DES CONSONNES.

3. La septième colonne du tableau alphabétique donne les valeurs phonétiques des lettres persanes en caractères français. Il est indispensable d'y ajouter quelques remarques pour ce qui concerne la prononciation, différente de la nôtre.

4. Le ج *tchîm* se prononce comme le *c* italien dans les mots *dolce*, *felicità*, etc. Exemples :

چیز *tchîz* « chose »; بیچاره *bîtchârè*[1] « infortuné »; خاج *khâtch* « croix »; کارج *kârtch* « champignon ».

5. Le ج *djîm* se prononce comme le *g* des Italiens dans les mots *oggi*, *genio*, etc. Exemples :

جوجه *djoûdjè* « poulet »; تاج *tâdj* « couronne »; جیهون *djeyhoûn* « le fleuve Oxus ».

6. Le ح *hhey* se prononce comme le *ch* des Allemands dans les mots *Habicht*, *doch*, etc. et le *j* espagnol dans *Badajoz*. Cette lettre n'entre pas dans la composition des mots d'origine persane; c'est pourquoi les Persans illettrés en confondent la prononciation avec le ه *h* aspiré. Exemples :

حمد *hhemd* « louange »; حاج *hhâdjy* « pèlerin »; احیانا *ehhyânen* « de temps à autre », etc. pris de l'arabe.

7. Le خ *khey* représente une articulation mixte, qui unit celle de ح *hh* et celle de ر *r* en un son imitant le ronflement d'une personne qui dort. Il n'y a rien de semblable, que je sache, dans aucune langue d'Europe. Exemples :

خانه *khânè* « maison »; خرس *khers* « ours »; بخاری *bukhâry* « cheminée »; برخی *bèrkhy* « un peu », etc.

8. Le ع *'ayn* est une articulation gutturale qu'il est impossible de rendre par aucun son analogue des langues européennes, et que Meninski a justement comparée au cri d'un jeune veau. Dans la bouche des Persans, cette articulation a moins d'emphase que chez les Arabes. C'est une espèce d'hiatus rauque, assez semblable au bruit produit par un hoquet léger. Cette lettre est propre aux mots d'origine arabe, et l'aspiration en affecte toutes les voyelles, *'a*, *'e*, *'ou*, *'y*. Exemples :

علم *'ilm* « science »; علم *'elèm* « drapeau »; ملعون *mel'oûn* « maudit »; بقعه *buqa'è* « mausolée »; بعید *be'îd* « éloigné », etc.

On trouve quelques mots persans comme لعل *le'l* « rubis »;

---

[1] Le trait ` marque les syllabes sur lesquelles tombe l'accent.

عربه 'arebè « char », etc. ayant un ع, mais il est probable qu'on les a orthographiés ainsi postérieurement à l'introduction de l'islamisme en Perse ; la preuve en est que le ع du mot نعل ne'el « fer de cheval », se prononce avec plus d'emphase que le ع de لعل.

9. Le غ ghayn est un gh dur dont l'articulation a beaucoup d'analogie avec l'r grasseyé des Provençaux. Exemples :

غربال gherbâl « tamis »; بغل beghèl « aisselle »; وزغ vezègh « grenouille »; غنچه ghuntchè « bouton d'une plante qui commence à bourgeonner », etc.

10. Le و vâou consonne correspond au v français. Exemples :

آواز âvâz « voix »; ویران veyrân et vîrân « ruiné »; سرو serv « cyprès », etc.

La conjonction و et se prononce vé toutes les fois qu'elle commence une sentence. Exemple :

و شما خاطر ندارید vé chumâ khâtir nedârîd « et vous ne vous le rappelez pas ? »

Elle se prononce ou toutes les fois qu'elle sert à unir plusieurs parties du discours ensemble. Exemple :

برید و درید وشکست وبـبـست — یلانرا سر وسینه ویا ودست
burîd ou derîd ou chikèst ou bebèst — yelânrâ ser ou sînè ou pâ ou dest

Littéralement : « (Il) trancha et déchira et brisa et garrotta aux héros (les) tête et poitrine, et pied et main. » (Ferdousy.)

Le و indique encore une troisième articulation dont nous parlerons au paragraphe des voyelles.

11. Le ه hey représente une articulation aussi forte que le h aspiré français dans haine, hache. Exemples :

هنر hunèr « mérite »; مهر mehr « amour »; مهر mihr « soleil »; مهر muhr « cachet, sceau »; راه râh « chemin »; گره guireh « nœud ».

12. Des nuances d'articulation qui, en arabe, distinguent quelques lettres les unes des autres, disparaissent dans la bouche des Persans. Ainsi, les lettres ت tey et ط tây se prononcent indifféremment comme le t français. Exemples :

تبر tebèr « hache »; طلب teleb « demande »; بت but « idole »; بربط berbèt « luth », etc.

13. Les lettres ث *sey*, س *sîn* et ص *sad* se prononcent indifféremment comme le *s* français initial. Exemples :

صد *sed* « cent » ; ثلث *suls* « un tiers » ; سیّوم *seyyoúm* « troisième », etc.

14. Les lettres ذ *zal*, ز *zey*, ض *zad* et ظ *záy* se prononcent indifféremment comme le *s* français entre deux voyelles, ou comme le *z* slave dans les mots *zakon*, *woz*, etc.

15. La combinaison des différentes consonnes et leur position respective n'influent pas sur la manière de les articuler. Les Persans prononcent toutes les consonnes de leurs mots, sauf quelques exceptions, dont voici les principales :

1° Il y a des cas où le ه *hey* placé à la fin des mots devient *quiescent*, c'est-à-dire que l'articulation aspirée qui lui est propre s'absorbe et disparaît dans la voyelle qui la précède. Exemples :

نمونه *numoûnè* « échantillon » ; نه *nè* « non, ne » ; زنکه *zenekè* « une femme » ; که *ki* « que, qui » ; چه *tchi* « quoi, que », etc.

Cela arrive aussi dans les substantifs d'origine arabe qui, selon les règles de la grammaire arabe, doivent finir en ة. Exemples :

کلمه *kelimè* « parole », en arabe کلمة *kelimetun* ; قلعه *qel'è* « forteresse », en arabe قلعة *qel'etun*, etc.

2° Le ن suivi du ب se prononce comme م *mîm*. Exemples :

انبانه *embânè* « sac, besace » ; تنبل *tembel* « paresseux » ; کنبذ *gumbez* « dôme, coupole », etc.

§ 3. PRONONCIATION DES VOYELLES ا و ى.

16. L'élif long, ا *â*, des Persans marque une articulation prolongée et emphatique qui ressemble au *aô* français dans le mot *Saône*. Ils n'ont, dans leur langue, aucun son identique avec celui de notre *a*. En général, les Persans se plaisent, en parlant, à faire sentir le son prolongé de cette voyelle. Les natifs de la province de Fars, qui passent pour avoir le mieux conservé la tradition de la vraie prononciation des Iraniens, arti-

culent l'*élif* long comme *oú*. Aussi prononceront-ils نان *noûn* « pain »; بیا *beyoû* « viens »; ماها *moûhoû* « ô lune », que les personnes de la cour de Téhéran prononcent *nân, beyâ* et *mâhâ*.

L'*élif* en question tient souvent lieu de deux *élifs*, et alors on lui superpose le ~ *meddé*, signe dont il sera parlé plus loin.

17. Le و *ou* ne se prononce jamais comme l'*o* français. Ex. :
غول *ghoûl* « démon du désert »; پارو *pároû* « rame », etc., excepté خوش *khoch* « beau ».

Au commencement des mots d'origine persane il est toujours consonne.

Dans quelques mots persans et arabes, le و représente la réunion des deux sons *ó* et *ou* dans une diphthongue, analogue à celle qu'on obtiendrait en prononçant avec vitesse les deux premières syllabes des expressions « beau ou laid, ô oublieux ! » etc. Il est important de le prononcer distinctement, vu que le rhythme et le sens du mot en dépendent. Exemples :

مو *mou* « cheveu » et مو *móou* « cep de vigne »; — رو *roú* « visage » et رو *róou* « va », impératif du verbe رفتن *rèften* « aller »; — آبرو *ábroû* « honneur » et آبرو *ábróou* « rigole pour l'écoulement de l'eau »; — بدو *bedoú* « pour lui, à lui » et بدو *bedóou* « cours », impératif du verbe دویدن *devîden* « courir »; — کرو *gueroû* « si lui, si elle » et کرو *guiróou* « gage, hypothèque »; — جو *djoú* « ruisseau », جو *djóou* « de l'orge » et جو *dju* « cherche »; — شو *chev*, racine aoriste du verbe شدن « devenir », شو *chóou*, impératif du même verbe, et شو *chou*, racine aoriste du verbe شستن *chùsten* « laver », etc.

La plupart des monosyllabes arabes en usage chez les Persans changent leur و *ou* en diphtongue *óou*. Exemples :

موج *móoudj* « flot, vague »; زوج *zóoudj* « couple »; قول *qóoul* « parole »; بول *bóoul* « urine », etc.

18. Dans quelques mots d'origine persane, les voyelles longues و et ی, et surtout la première, ne se prononcent pas. Ex. :

سیورسات prononcez *soursât* et non pas *suyoursât* « provisions de bouche »; خوان *khân* « table »; خواندن *khânden* « appeler, réciter à haute voix, lire »; خواهر *khâhèr* « sœur »; خویش *khîch* « parent, proche »; خویشتن

khîchtèn « soi-même »; خوار khâr, خوارزم khârezm, noms de deux pays, etc.

Mais, dans tous les mots pris de l'arabe, le و suivi d'un ا se prononce. Exemples :

خوانین khevânîn, pluriel de خان khân; اخوان ekhvân, pluriel de اخ akh « frère »; خوارج khevâridj « étrangers »; pluriel de خارج khâridj, etc.

Les voyelles ؍ i bref et ى î long conservent partout la même prononciation qu'en français. Sous le point de vue grammatical, elles rendent des services importants, soit comme formatifs d'un substantif, soit pour établir le rapport d'un génitif avec son sujet principal, ou d'un substantif avec son adjectif, soit en qualité d'article d'unité.

19. Les poëtes persans, dans leurs comparaisons, en appellent souvent à la forme extérieure de différentes lettres de leur alphabet. Suivant eux, le nez droit d'une jeune beauté et sa taille élancée ressemblent à un ا élif. Un calligraphe, occupé jour et nuit à copier des manuscrits de grand prix, courbé sur un travail pénible, mais avantageux pour lui, finit par assimiler tous les membres de son corps à ce qu'il y a de plus contourné dans les lettres de l'alphabet. La soif du lucre qui le dévore est au point, dit un poëte satirique, que :

گردنش دال و سرش واو وتنش گردد نون
دیده‌اش صاد ولبش میم و دلش گردد خون
این همه از پی آنکه زر می خواهد

guerdènech dâl ou sèrech vâou ou tènech guerdèd noûn — dîdèech sâd ou lèbech mîm ou dilech guerdèd khoûn — yn hemè ez pèy ânki zer my khâhèd

« Le cou (du calligraphe) se métamorphose en د dal, sa tête en و vâou, son torse en ن noûn, son œil en ص sad, sa bouche en م mîm; il sue sang et eau (littéralement, son cœur devient sang, n'est qu'une mare de sang) et tout cela parce qu'il veut de l'or. »

§ 4. DES SIGNES D'ÉPELLATION.

20. Il y a cinq signes d'écriture destinés à préciser l'épellation, savoir: trois pour les voyelles et deux pour les consonnes.

1° Le ء, qui n'est qu'un petit ع tronqué, s'appelle همزه *hemzè* « piqûre »; en arabe il représente une articulation inusitée chez les Persans. Le *hemzè* indique aussi la présence d'une voyelle brève omise dans le corps d'écriture, et accompagne l'*élif* destiné à représenter les voyelles brèves. Exemples :

ماهوت پارچهٔ *pârtchèï mâhoût* « un morceau de drap »; أَيُّها *èyyuhâ* « holà! ô! »; أَيضًا *èyzen* « aussi »; أُمّ *ùmm* « mère »; جرْءَت pour جرأت *djurèt* « bravoure », etc.

Un *élif* affecté d'un ء se nomme *élif hemzé*; il n'appartient qu'aux mots dérivés de l'arabe.

Après le ه quiescent d'un substantif persan, le *hemzè* remplace le ى *y* article d'unité et le ـِ *i izâfè*. Exemples :

پاچهٔ *pâtchèï* « une patte »; گلدستهٔ منارهٔ *guldestèï mènârè* « la corniche (littéralement le bouquet de fleurs) du minaret ».

21. 2° Le ~, مدّه *meddè* « prolongation », ne se place qu'au-dessus d'un ا *élif* pour indiquer qu'il a la valeur de deux *élifs*, et que, par conséquent, il faut en prolonger l'articulation. Ex. :

آمدم, prononcez *âmèdem* « j'arrivai ».

22. 3° Le ~, وصله *veslè* « jonction », ne se rencontre que sur l'*élif* initial de l'article défini des substantifs arabes. Il indique la suppression de cet *élif* dans la prononciation. Exemples :

ابوٱلقاسم, prononcez *Aboul-Qâsim* et non pas *Abou-ul-Qâsim*.

23. 4° Le ْ, جزمه *djezmè* « séparation, césure », que l'on appelle aussi سكون *sukoûn* « repos », indique que la consonne qui en est affectée n'a pas de voyelle et finit une syllabe. Exemples :

شُسْتَم *chùstem* « je lavai ».

24. 5° Le ّ, تشديد *techdîd* « corroboration », avertit qu'en

prononçant la consonne au-dessus de laquelle il se trouve placé il faut la redoubler. Exemples :

خُرَّم *khurrèm* « joyeux »; اَرَّه *errè* « la scie »; بَرَّه *berrè* « agneau »; جِرَّو *djezzôou* « cigale », que les tribus turques du Khorasan appellent aussi جرجرانلو *djerdjerânlù*, mot imitatif des cris aigus et saccadés que ces insectes y font entendre.

Les consonnes purement persanes, پ *p*, چ *tch*, ژ *je* et گ *gù*, ne prennent jamais de *techdid*, excepté بچّه *betchtchè* « enfant », ou « petit ».

CHAPITRE II.
EXERCICE DE LECTURE.

PREMIER CHAPITRE DE LA GENÈSE. (Extrait d'une traduction manuscrite faite en Perse sous les auspices du Rev. William GLEN, en 1840.)

TEXTE.	PRONONCIATION.
25. تكوين المخلوقات	*tekvînul-mekhloûqât*
فصل اوّل	*fèsli evvèl*
۱ در ابتدا خدا آسمانها و زمین را آفرید	1 *der ibtidâ khudâ âsmânhâ ou zemînrâ âferîd*
۲ و زمین تهی و خالی بود و تاریکی بر روی لجّه و روح خدا بر روی آبها متحرّك	2 *ve zemîn tuhỳ ou khâlỳ boûd ou târîkỳ ber roûy ledjdjè ou roûhhi khudâ ber roûy âbhâ mutehherrìk*
۳ و خدا گفت که روشنای شود و روشنای شد	3 *ve khudâ goft ki rôouchenâỳ chevèd ou rôouchenâỳ chud*

TRADUCTION LITTÉRALE.
LA PRODUCTION DES CRÉATURES.
CHAPITRE PREMIER.

1. Au commencement Dieu créa les cieux et la terre.
2. Et la terre était vide et déserte, et l'obscurité sur la face de l'abîme, et l'Esprit se mouvant sur la face des eaux.
3. Et Dieu dit : Que la lumière soit ! Et la lumière fut.

۴ وخدا روشنایرا دید که
نیکوست وخدا روشنایرا از
تاریکی جدا کرد

۵ وخدا روشنایرا روز
خواند وتاریکی را شب خواند
وبودن صبح وبودن شام روز
اوّل شد

۶ وخدا گفت که رقیعی در
میانهٔ آبها بشود تا آبهارا از
آبها جدا کند

۷ پس خدا رقیعرا ساخت
وآبهای زیر رقیعرا از برای بالای
رقیع جدا کرد وچنین شد

۸ وخدا آن رقیعرا آسمان
خواند وبودن شام وبودن
صبح روز دوّیم شد

۹ وخدا گفت که آبهای که زیر
آسمانند دریکجا جمع شوند
تا خشکی نمایان شود وچنین
شد

*4 ve khudá róouchenáỳrá díd ki
níkoûst ou khudá róouchenáỳrá ez
táríky djudá kerd*

*5 ve khudá róouchenáỳrá roûz
khánd ou táríkírá cheb khánd ou
boûdèni subhh ou boûdèni chám roûzi
evvèl chud*

*6 ve khudá goft ki reqí'ey der
miyáneï ábhá becheved tá abháry ez
ábhá djudá kuned*

*7 pes khudá reqí'erá sákht ou
ábháy zíri reqí'erá ez beráy báláy
reqí'è djudá kerd ou tchenín chud*

*8 ve khudá án reqí'erá ásmán
khánd ou boûdèni chám ou boûdèni
subhh roûzi doûyyùm chud*

*9 ve khudá goft ki ábháy ki zíri
ásmánend der yekdjá djem'è chevènd
tá khochký numáyán cheved ou tchenín
chud*

4. Et Dieu vit que la lumière était bonne. Et Dieu sépara la lumière d'(avec) l'obscurité.

5. Et Dieu appela la lumière jour, et appela l'obscurité nuit. Et l'(action d')être du soir et l'(action d')être du matin devint le premier jour.

6. Et Dieu dit : Qu'il se forme un firmament dans le milieu des eaux, afin qu'il sépare les eaux d'avec les eaux.

7. Dieu donc fit le firmament et sépara les eaux du dessous du firmament pour le dessus du firmament. Et ainsi fut fait.

8. Et Dieu appela ce firmament ciel. Et l'(action d')être du soir et l'(action d')être du matin devint le second jour.

9. Et Dieu dit : Que les eaux qui sont au-dessous du ciel soient rassemblées, afin que l'élément sec devienne apparent. Et ainsi fut fait.

۱۰ وخدا خشکیرا زمین خواند و اجتماع آبهارا دریا خواند و خدا دید که نیکوست

۱۱ وخدا گفت که زمین سبزه‌هارا برویاند علف تخم آورنده و درخت میوه‌دار که موافق جنس خود میوه میدهد که تخمش در خودش در زمین باشد پس چنین شد

۱۲ و زمین سبزه‌را رویانید علف تخم آورنده موافق جنس خود و درخت میوه دهنده که تخمش موافق نوع خود در آنست و خدا دید که نیکوست

۱۳ و بودن شام و بودن صبح روز سیّم شد

۱۴ و خدا گفت که در رقیع آسمان نیّرها شوند تا روزرا از شب جدا کنند و برای علامات و اوقات معیّن و روزها و سالها باشند

10 ve khudá khochkírá zemín khánd ou edjtimá'ì ábhárá deryá khánd ou khudá díd ki níkoûst

11 ve khudá goft ki zemín sebzè-hárá beroûyánèd 'elèfi tukhm áverendè ou dirèkhti mívèdári ki muváfiqi djìnsi khoúd mívè mídehèd ki tùkhmech der khoûdech der zemín báchèd pes tchenín chud

12 ve zemín sebzèrá roûyánîd 'elèfi tukhm áverendè muváfiqi djìnsi khoúd ou dirèkhti mívè dehendèï ki tùkhmech muváfiqi nóou'i khoúd der ánest ou khudá díd ki níkoûst

13 ve boûdèni chám ou boûdèni subhh roûzi seyyùm chud

14 ve khudá goft ki der reqí'èï ásmán neyyrhá chevènd tá roûzrá ez cheb djudá kunènd ou beráy 'elámát ou òoukátimu'eyyèn ou roûzhá ou sálhá báchènd

10. Et Dieu appela l'élément sec terre, et il appela l'amas des eaux mer. Et Dieu vit que c'était bon.

11. Et Dieu dit : Que la terre fasse croître les plantes, de l'herbe portant semence et des arbres fruitiers qui donnent des fruits selon leur espèce, dont la semence soit en eux-mêmes dans la terre. Puis ainsi fut fait.

12. Et la terre fit croître les plantes, de l'herbe produisant de la semence selon son espèce, et des arbres donnant des fruits dont la semence selon son genre est en eux-mêmes. Et Dieu vit que c'était bon.

13. Et l'(action d')être du soir et l'(action d')être du matin devint le troisième jour.

14. Et Dieu dit : Que dans le firmament du ciel il existe des luminaires, afin qu'ils séparent le jour d'(avec) la nuit. Et qu'ils soient pour signes, pour temps précis, jours et années.

۱۵ و در رقیع آسمانها نیّرها
شوند که زمین را روشنای دهند
و چنین شد
۱۶ پس خداوند دو نیّر بزرگ
ساخت نیّر بزرگتر بجهت
تسلّط روز و نیّر کوچکتر
بجهت تسلّط شب و همچنین
ستاره‌ها را
۱۷ و خدا آنهارا در رقیع
آسمانها وضع کرد تا بزمین
روشنای دهند
۱۸ و بروز و شب تسلّط
نمایند و روشنایرا از تاریکی
جدا کنند و خدا دید که
نیکوست
۱۹ و بودن شام و بودن
صبح روز چهارم شد
۲۰ و خدا گفت آبها جنبنده‌گان
ذی حیات را بغراوانی بیرون آورند

15 ve der reqî'i ásmánhá neyyrhá chevènd ki zemínrá rôouchenáy dehènd ve tchenín chud

16 pes khudávènd doû neyỳri buzùrg sákht neyỳri buzurgtèr bedjehèti tesellùti roâz ou neyỳri kutchektèr bedjehèti tesellùti cheb ou hemtchenín sitárèhárá

17 ve khudá ánhárá der reqî'i ásmánhá vez'è kerd tá bezemín rôouchenáy dehènd

18 ve beroûz ou cheb tesellùt numáyènd ou rôouchenáyrá ez táríkỳ djudá kunènd ou khudá díd ki nikoûst

19 ve boûdèni chám ou boûdèni subhh roûzi tchehárùm chud

20 ve khudá goft ábhá djumbidègáni zy hheyátrá beferávány bíroûn áverènd

15. Et que dans le firmament des cieux des luminaires soient faits. Qu'ils donnent de la lumière à la terre. Et ainsi fut fait.

16. Puis Dieu fit deux luminaires : le luminaire plus grand pour la domination sur le jour, et le luminaire plus petit pour la domination sur la nuit; et aussi les étoiles.

17. Et Dieu les établit dans le firmament des cieux, afin qu'ils donnent de la lumière à la terre.

18. Et qu'ils exercent (montrent) de la domination sur le jour et sur la nuit. Et qu'ils séparent la lumière d'(avec) l'obscurité. Et Dieu vit que c'était bon.

19. Et l'(action d')être du soir et l'(action d')être du matin devint le quatrième jour.

20. Et Dieu dit: Que les eaux produisent des animaux (possesseurs de

وپرندگان که در زمین و در عرصهٔ
رقیع آسمانها بپرند
۲۱ پس خدا نهنگان بـزرگـرا
وتـمـای ذی حیات که آنهـارا
آبها موافق نوع خود بیرون
می آوردند وتمامی مرغهای
بالدار موافق جنس خود آفرید
وخدا دید که نیکوست
۲۲ وخدا آنهارا برکت داده
گفت که بارور و بسیار شده آبهای
دریاهارا پر کنند ومرغ بر
زمین بسیار شود
۲۳ وبـودن شـام وبـودن
صبح روز پنجم شد
۲۴ وخدا گفت که زمین ذی
حیات را موافق نوع خودشان
بیرون آورد از دواب وحشرات
وحیـوانات زمین موافق جنس
خودشان پس چنین شد
۲۵ وخدا حیـوانات زمین را

ou perendegáni ki der zemín ou der'ersèï
reqí'i ásmánhá beperènd
21 pes khudá nehengáni buzùrgrá
ou temámyi zy hheyáty ki ánhárá
ábhá muváfiqi noú'i khoúd bíroún
my ávùrdend ou temámyi murgháy
báldár meváfiqi djìnsi khoúd áferíd
ou khudá díd ki níkoúst
22 ve khudá ánhárá berekèt dádè
goft ki bárvèr ou besyár chudè ábháy
deryáhárá pur kunènd ou murgh ber
zemîn besyár chevèd
23 ve boúdèni chám ou boúdèni
subhh roúzi pendjùm chud
24 ve khudá goft ki zemín zy
hheyátrá muváfiqi nóou'i khoúdichán
bíroún áverèd ez deváb ou hhecherát
ou hheyvánáti zemín muváfiqi djìnsi
khoúdichán pes tchenín chud
25 ve khudá hheyvánáti zemínrá

la vie) mouvants, en abondance. Et des volatiles qui puissent voler dans la terre et dans l'espace du firmament des cieux.

21. Puis Dieu créa de grands cétacés, et la totalité des animaux qui sont produits par les eaux selon leur espèce, et la totalité des oiseaux ailés selon leur espèce. Et Dieu vit que c'était bon.

22. Et Dieu, après leur avoir donné la bénédiction, dit : Que, devenus prolifiques et nombreux, ils remplissent les eaux de la mer ; et qu'il y ait beaucoup d'oiseaux sur la terre.

23. Et l'(action d') être du soir et l'(action d') être du matin devint le cinquième jour.

24. Et Dieu dit : Que la terre produise des animaux, chacun selon son espèce ; des animaux domestiques et des reptiles et des bêtes de la terre, chacun selon son espèce. Puis ainsi fut fait.

25. Et Dieu créa les bêtes de la terre, chacune selon son espèce, et les

موافق جنس خودشان
ودواب را موافق نوع خودشان
وتمامی حشرات زمین را
موافق جنس ایشان آفرید وخدا
دید که نیکوست
۲٦ وخدا گفت که انسان را
بصورت خود موافق مشابهت
خود بسازیم تا بماهیان دریا
ومرغان هوا بدواب وتمامی
زمین وتمامی حشراتی که بر
روی زمین میجنبند تسلط
نماید
۲۷ پس خدا آدم را بصورت
خود آفرید اورا بصورت خدا
آفرید ایشان را ذکور واناث آفرید
۲۸ وخدا ایشان را برکت
داد ودیگر خدا ایشان را گفت
که بارور وبسیار شده زمین را
پر کنید و آنرا ضبط نمائید
وبماهیان دریا ومرغان هوا
وتمامی حیواناتی که بر روی
زمین میجنبند تسلط نمائید

muváfiqi djinsi khoúdichán ou
devábrá muváfiqi nóou'i khoúdichán
ou temámỳi' hhecheráti zemínrá meváfiqi djinsi ychán áferíd ou khudá
díd ki níkoúst

26 ve khudá goft ki insánrá besoúrèti khoúd muváfiqi muchábihèti
khoúd besázím tá bemáhyáni deryá
ou murgháni hevá bedeváb ou temámỳi
zemín ou temámỳi hhecheráty ki ber
roúy zemín mydjumbènd tesellùt
numáyèd

27 pes khudá ádèmrá besoúrèti
khoúd áferíd oùrá besoúrèti khudá
áferíd ychánrá zukoúr ou unás áferíd

28 ve khudá ychánrá berekèt
dád ou díguèr khudá ychánrá goft
ki bárvèr ou besyár chudè zemínrá
pur kuníd ou ánrá zebt numáyỳd
ou bemáhyáni deryá ou murgháni hevá
ou temámỳi hheyvanáty ki ber roúy
zemín mydjumbènd tesellùt numáyỳd

animaux domestiques chacun selon son genre, et la totalité des reptiles de la terre, chacun selon son espèce. Et Dieu vit que c'était bon.

26. Et Dieu dit : Faisons l'homme à notre image, selon la ressemblance de nous-même, afin qu'il exerce (sa) domination sur les poissons de la mer et les oiseaux de l'air, sur les animaux domestiques et la totalité de la terre et la totalité des reptiles qui se meuvent sur la face de la terre.

27. Puis Dieu créa l'homme à son image. Il le créa à l'image de Dieu. Il les créa mâle et femelle.

28. Et Dieu leur donna la bénédiction. Et encore Dieu leur dit : Devenus prolifiques et nombreux, remplissez la terre et emparez-vous-en. Et exercez la domination sur les poissons de la mer et les oiseaux de l'air et la totalité des bêtes qui se meuvent sur la face de la terre.

۲۹ و خدا گفت که اینك تمای علفهای تخمدار که بر روی تمای زمین است و تمای درختان که در آنها درخت تخمدار هست بشما دادم تا آنکه برای شما خوردنی باشد

۳۰ و تمای حیوانات زمین و تمای مرغان هوا و تمای جنبدگان روی زمین که آنهارا جان زنده میباشد هر علف سبزرا بجهت خوردنی دادم پس چنین شد

۳۱ و خدا هر چه ساخته بود دید که اینك بسیار نیکوست و بودن شام و بودن صبح روز ششم شد

29 ve khudâ goft ki ỳnek temâmỳi 'elefhây tukhmdâri ki ber roûy temâmỳi zemîn est ou temâmỳi direkhtâni ki der ânhâ dirèkhti tukhmdâr hest be chumâ dâdem tâ ânki berây. chumâ khoûrdenỳ bâchèd

30 ve temâmỳi hheyvânâti zemîn ou temâmỳi murghâni hevâ ou temâmỳi djumbidegâni roûy zemîn ki ânhârâ djâni zindè mîbâched her 'elèfi sèbzrâ bedjehèti khoûrdenỳ dâdem pes tchenîn chud

31 ve khudâ her tchi sâkhtè boûd dîd ki ỳnek besyâr nikoûst ou boûdèni châm ou boûdèni subhh roûzi chechum chud

29. Et Dieu dit : Voici la totalité des herbes portant semence qui est sur la face de toute la terre, et la totalité des arbres qui sont des arbres fruitiers ; je les ai donnés à vous afin qu'ils vous servent de nourriture.

30. Et à la totalité des bêtes de la terre et à la totalité des oiseaux de l'air et à la totalité de (ceux qui) se meuvent sur la face de la terre, qui ont une âme vivante en dedans d'eux, j'ai donné tout ce qui est d'herbe verte pour nourriture. Puis ainsi fut fait.

31. Et Dieu vit que tout ce qu'il avait fait était très-bon. Et l'(action d') être du soir et l'(action d') être du matin devint le sixième jour.

DEUXIÈME PARTIE.

DES VERBES.

26. Je conseillerais de commencer par les verbes l'étude de la langue persane, parce que les verbes persans se conjuguent sans le concours d'autres parties du discours, parce qu'ils offrent plus d'irrégularités que celles-là, et, enfin, parce que les fractions de ces verbes jouent un rôle fort important dans la formation des noms composés.

27. Tous les verbes persans sont réguliers, vu que la défectuosité de quelques-uns d'entre eux provient des permutations de lettres *en dedans* du verbe (pages 42-46), et n'influe aucunement sur la forme, toujours inaliénable, de l'inflexion *extérieure*.

Il n'y a donc que les verbes non défectueux et les verbes défectueux.

Commençons par les premiers.

CHAPITRE PREMIER.

DES VERBES NON DÉFECTUEUX.

28. Les finales de tous les temps se ressemblent les unes les autres, et suivent invariablement la loi qui leur est dictée par le *verbe normal*.

§ 1ᵉʳ. VERBE NORMAL.

29. Je donne ce nom aux débris d'un vieux verbe tombé en désuétude et que l'on compte ordinairement au nombre de trois temps présents du verbe auxiliaire بودن *boûden* « être ».

DES VERBES.

Le voici :

Sing. {
1ʳᵉ pers. اَمْ *em* ou مْ *em*;
2ᵉ pers. اَیْ *iy* ou یْ *y* ou ءِ *èï*;
3ᵉ pers. د *d* ت *t* ou اَسْت *est* (tous les trois pour ه *è* quiescent tombé en désuétude [1]);
}

Plur. {
1ʳᵉ pers. اَیم *îm* ou یم *îm*;
2ᵉ pers. اَید *îd* ou ید *îd*;
3ᵉ pers. اند *end* ou ند *end*.
}

Ce débris verbal, pris isolément, n'a aucune signification et ne s'emploie jamais tout seul. Il s'adjoint à toutes les parties du discours, soit conjugables, soit déclinables.

---

[1] Je crois pouvoir établir cette hypothèse sur l'autorité des faits suivants :

1° Dans toutes les langues, les consonnes د *d* et ت *t* se permutent, et nous avons déjà vu (n° 15) que ä final devient ه quiescent.

2° Dans les patois *kurd*, *talich*, *mazendérani* et *guilek*, la 3ᵉ personne du singulier des prétérits finit toujours en ۀ quiescent, *è*.

Le poëte Émiri, qui est ce qu'on appelle en Perse صاحبِ ديوان *sâhhìbi dìvân*, c'est-à-dire, poëte dont les œuvres complètes ont eu plusieurs éditions, bien qu'il ait écrit en patois mazendérani, offre beaucoup d'exemples où ه quiescent et یه *yè* sont employés pour اَست, en voici un :

اميرگونه دشت پازوار خجيره — دشت پازوار در بهار خجيره
چيت قلمکار بوته دار خجيره — ميان زنان کبو شلوار خجيره

emír goûnè dèchti pâzevâr khodjîrè — dèchti pâzevâr der behâr khodjîrè — tchíti boutèdâri qelemkâr khodjîrè — miyâni zenân keboù chelvâr khodjîrè

Émiri dit : « Les champs de Pazevar sont beaux, les champs de Pazevar au printemps sont beaux, les indiennes imprimées en palmes de calicot sont belles ; entre les femmes, celles qui portent un pantalon bleu sont belles. »

En patois de Mazenderan, گونه *goûnè* est pour گويد *goûyèd* « il dit » et گويند *goûyènd* « ils disent » ; خجير *khodjír* « beau » ; ۀ *è*, qui fait les quatre rimes de la chanson, figure partout pour هست *hest* « il est ».

Autre exemple :

بيا دختر که باب تو گداپه — دو چشم نرکست کار کجايه
چه کار داری که باب من گداپه — دو چشم نرکسم داد خداپه

beyâ dakhtèr ki bâbi tu guedâyè — don tchèchmi nerkiset kâri kudjâyè — tchi kâr dâry ki bâbi men guedâyè — dou tchèchmi nerkisem dâdi khudâyè (Chanson guilek.)

« Viens, jeune fille (dis-donc), je sais que ton père est un homme pauvre ; de quelle fabrique donc viennent-

30. Ajouté à la fin de deux racines d'un verbe (voyez le paragraphe suivant), le verbe normal devient leur partie intégrante et sert à former tous les temps simples. Exemples :

خورم *khoûrèm* (racine خور *khoûr*) « je mange et je mangerai »; خوری *khoûrỳ* « tu manges et tu mangeras »; خورد *khoûrèd* « il mange et il mangera »; خوریم *khoûrîm* « nous mangeons et nous mangerons »;

ils tes deux yeux riches en beauté de narcisse? — Que t'importe la pauvreté de mon père ! Mes deux yeux de narcisse sont un cadeau de Dieu. »

En voici un troisième exemple :

خودم سبزکه یارم سبزه پوشه   مکان یار من بارفروشه
اگر خواهی نشانشرا بگویم   دکان بزازان گل میفروشه

khoûdem sebzekè yárem sebzè poûchè — mekâni yári men bárfouroûchè — eguèr kháhy nichánechrá begoûyem — dukkâni bezzázán gul mifuroûchè pour *mifuroûched*. (Chanson guilek.)

« La couleur de ma peau basanée est la couleur favorite des vêtements de mon ami. L'endroit que mon ami habite est la ville de Barfarouch. Si tu veux l'y trouver, je te dirais à quel signe tu peux le reconnaître : dans une boutique de lingerie il vend des fleurs. » (Voyez *Popular poetry of Persia*, etc. p. 512-561, où j'ai donné l'analyse de ces textes.)

3° L'étymologie prouve que, de même que l'impératif de گرستن *gueristen* est گری *guirìy*, et que celui de زستن *zisten* est زی *zìy*, l'infinitif du verbe substantif, que j'appelle normal, était استن *isten* ou هستن *hesten* « être », et son impératif ای *iy* ou هی *hy* « sois ». Lumsden (*Gram.* vol. I, p. 90) s'était déjà aperçu d'un double sens de هستم qu'il a trouvé dans Séady, où ce temps est employé au passé et au conditionnel.

4° Dans un texte qui date de plus de vingt siècles, celui de l'inscription cunéiforme de Bebistoun, traduite et commentée par le major Rawlinson, on voit aussi que د et ت de la 3° personne du persan moderne sont tantôt représentés par *e*, ou *a*, ou *y*, et tantôt entièrement supprimés, par exemple : *prarasa* « accidisset » correspond au moderne برسید *beresid* « il arriva »; de même que *prarsam* « adveni » pour برسیدم *beresidem* « j'arrivai »; *arsem* « advenissem » pour رسیدم *residem* « j'advins »; *achir* « profectus est » ou *achiou* « proficiscebatur » pour اُ شد *ou chudè* qui, en patois ghilek moderne, se prononce او شه *ou chè* et aussi *ou bechou* dans le sens de « il s'en alla »; *amany* « manebat » pour او ماند *ou mând* « il resta »; *abara* « præbuit » pour ابرد *aburd* ou اورد *ávurd* « il apporta »; *abava* « fiebat » pour او بود *ou boûd* « il était »; *ava* « erat » pour او بود *ou bevèd* « il sera ». J'y ai trouvé aussi que *ahi* signifie « ut sis », et, par conséquent, vient à l'appui de l'assertion concernant l'existence de هی *hy*, impératif de هستن *histen*, et cela me fait croire que la forme plus moderne بوی *bévy*, n'est qu'une variante d'un dérivé de la même racine précédé de la particule ب *be*, qui sert d'affixe aux impératifs affirmatifs et aux prétérits. On sait que ه *hé* aspiré se confond quelquefois avec les voyelles; c'est par cette raison qu'en patois ghilek, بی *by* veut dire « sois » et نی *ny* « ne sois pas ».

khoûríd « vous mangez et vous mangerez »; خورند khoûrènd « ils mangent et ils mangeront »; — خوردم khoûrdem (racine خورد khoûrd) « je mangeai »; خوردی khoûrdy « tu mangeas »; خورد khoûrd « il mangea »; خوردیم khoûrdím « nous mangeâmes »; خوردید khoûrdíd « vous mangeâtes »; خوردند khoûrdend « ils mangèrent ».

31. Ajouté à la fin du participe passé d'un verbe, le verbe normal s'écrit séparément et sert à former le prétérit composé. Exemples :

خورده ام khoûrdè em « j'ai mangé »; خورده ای khoûrdèï « tu as mangé »; خورده است khoûrdè est « il a mangé »; خورده ایم khoûrdè ym « nous avons mangé »; خورده اید khoûrdè yd « vous avez mangé »; خورده اند khoûrdè end « ils ont mangé », etc.

32. Ajouté à la fin des parties du discours non conjugables, le verbe normal fait fonction de verbe auxiliaire. Exemples :

مظلومم mezloûmem « je suis opprimé »; مظلومی mezloûmy « tu es opprimé »; مظلومست mezloûmest « il est opprimé »; مظلومیم mezloûmím « nous sommes opprimés »; مظلومید mezloûmíd « vous êtes opprimés »; مظلومند mezloûmend « ils sont opprimés »; — مردم mèrdem « je suis homme »; مردی mèrdy « tu es homme »; مردست mèrdest « il est homme »; مردیم mèrdím « nous sommes hommes »; مردید mèrdíd « vous êtes hommes »; مردند mèrdend « ils sont hommes »; — همیشه ام hemíchè èm « je suis toujours »; همیشه ای hemíchèï « tu es toujours »; همیشه است hemíchè est « il est toujours »; همیشه ایم hemíchè ym « nous sommes toujours »; همیشه اید hemíchè yd « vous êtes toujours »; همیشه اند hemíchè end « ils sont toujours ».

§ 2. PARTICULES PRÉFIXES DES VERBES.

33. Il y a cinq particules préfixes dont on se sert dans le paradigme des verbes persans, savoir : trois affirmatives et deux négatives.

34. Les particules affirmatives sont ب ou به bè et می mỳ ou همی hemỳ.

ب ou به bè s'ajoute au commencement de l'aoriste, de l'impératif et des temps présents. En poésie et dans le vieux style, on les rencontre aussi devant le prétérit.

ى *my* est le préfixe caractéristique du présent de l'indicatif et de l'imparfait. J'en ignore l'étymologie.

هـمى *hemỳ*, comme le ى *my* emphatique, tantôt donne un sens de continuité et tantôt ne fait que remplacer le préfixe ى.

35. Les particules négatives sont نه ou نـ *nè* et مه ou مـ *mè*.

نه *nè* « non, ne » peut s'adjoindre à tous les temps et au participe passé. De tous les préfixes du paradigme, نه est le seul qui puisse s'employer isolément en dehors du verbe.

a. Dans les temps caractérisés par la particule ى *my*, la négation نه *nè* précède cette particule. Exemple :

ميگويم *mígoúyèm* « je dis » ; نمى گويم *nèmy goúyèm* « je ne dis pas » ; — ميگذشتم *míguzèchtem* « je passais » ; نمى گذشتم *nèmy guzèchtem* « je ne passais pas », etc.

b. Dans les temps précédés de la particule بـ, on remplace cette particule par l'affixe négatif نـ. Exemples :

بگوئيم *begoúîym* « disons » ; نگوئيم *negoúîym* « ne disons pas » ; — بگذشتند *beguzèchtend* « ils ont passé » ; نگذشتند *neguzèchtend* « ils n'ont pas passé », etc.

c. مه ou مـ *mè* est affecté spécialement à l'usage de la seconde personne de l'impératif prohibitif au singulier, et ne s'emploie nulle part ailleurs. Exemples :

بكن *bekun* « fais » ; مكن *mekun* « ne fais pas ».

Mais dans نكند *nekunèd* « qu'il ne fasse pas » ; نكنيم *nekunîm* « ne faisons pas », et dans d'autres personnes, مه doit être remplacé par نه. (En sanscrit et en zend, *mâ*, मा, ماع, veut dire « non ».)

§ 3. INFLEXION FINALE DES VERBES.

36. L'infinitif de tous les verbes persans finit en دن *den* ou تن *ten*.

37. En supprimant نـ, dernière lettre de cette terminaison, ce qui reste de l'infinitif fait la troisième personne du prétérit au singulier. Exemples :

گستردن gustèrden « étendre »; بافتن báften « tisser »; گسترد gustèrd « il étendit »; بافت báft « il tissa ».

Si l'on ajoute à cette fraction du verbe les initiales et les désinences que nous connaissons déjà (29 et 33), on sera à même de former tous les temps passés, c'est pourquoi nous l'appellerons la *racine prétérit.*

38. En supprimant les deux dernières lettres دن *den* ou تن *ten*, de l'infinitif, ce qui en reste fait la deuxième personne de l'impératif au singulier. Exemples :

گستر (به *bè*) *guster* « étends »; باف (به *bè*) *báf* « tisse ».

39. Si l'on ajoute à cette fraction du verbe les initiales et les désinences que nous connaissons déjà, on sera à même de former tous les temps présents et aoristes, c'est pourquoi nous l'appellerons la *racine aoriste*. C'est la vraie racine du verbe, car elle reste inaliénable dans tous les modes, tous les temps et toutes les personnes des verbes non défectueux.

Le paradigme d'un verbe non défectueux offrira aux commençants l'occasion d'appliquer toutes ces règles préliminaires. On les trouvera développées et précisées dans le paragraphe qui suit immédiatement ce paradigme.

§ 4. PARADIGME DU VERBE NON DÉFECTUEUX کندن *kènden* « ARRACHER. »

VOIX ACTIVE.

INFINITIF.

کندن *kènden* « arracher » (racine aoriste کن *ken*).

PARTICIPES.

Présent کننده *kenendè* « arrachant ». *Adjectif verbal*
Passé   کنده *kendè*   « arraché ».
Futur   کندنی *kendeny* « qui sera arraché ».

GÉRONDIF PRÉSENT.

کنان *kenán* « en arrachant ».

DES VERBES.

MODE INDICATIF.

AORISTE.

Sing.
- 1ʳᵉ p. کنم *kenèm* ou یکنم *bekenèm* « j'arrache, j'arracherai, j'aurai arraché »;
- 2ᵉ p. کنی *kèny* ou یکنی *bekeny* « tu arraches, tu arracheras, tu auras arraché »;
- 3ᵉ p. کند *kenèd* ou یکند *bekenèd* « il arrache, il arrachera, il aura arraché »;

Plur.
- 1ʳᵉ p. کنیم *kenîm* ou یکنیم *bekenîm* « nous arrachons, nous arracherons, nous aurons arraché »;
- 2ᵉ p. کنید *kenîd* ou یکنید *bekenîd* « vous arrachez, vous arracherez, vous aurez arraché »;
- 3ᵉ p. کنند *kenènd* ou یکنند *bekenènd* « ils arrachent, ils arracheront, ils auront arraché ».

PRÉSENT.

Sing.
- 1ʳᵉ p. میکنم *míkenèm* « j'arrache »;
- 2ᵉ p. میکنی *míkeny* « tu arraches »;
- 3ᵉ p. میکند *míkenèd* « il arrache »;

Plur.
- 1ʳᵉ p. میکنیم *míkenîm* « nous arrachons »;
- 2ᵉ p. میکنید *míkenîd* « vous arrachez »;
- 3ᵉ p. میکنند *míkenènd* « ils arrachent ».

IMPARFAIT.

Sing.
- 1ʳᵉ p. میکندم *míkèndem* « j'arrachais »;
- 2ᵉ p. میکندی *míkèndy* « tu arrachais »;
- 3ᵉ p. میکند *míkènd* « il arrachait »;

Plur.
- 1ʳᵉ p. میکندیم *míkèndîm* « nous arrachions »;
- 2ᵉ p. میکندید *míkèndîd* « vous arrachiez »;
- 3ᵉ p. میکندند *míkèndend* « ils arrachaient ».

PRÉTÉRIT.

Sing.
- 1ʳᵉ p. کندم *kèndem* « j'arrachai »;
- 2ᵉ p. کندی *kèndy* « tu arrachas »;
- 3ᵉ p. کند *kend* « il arracha »;

Plur.
- 1ʳᵉ p. کندیم *kèndîm* « nous arrachâmes »;
- 2ᵉ p. کندید *kèndîd* « vous arrachâtes »;
- 3ᵉ p. کندند *kèndend* « ils arrachèrent ».

DES VERBES.

PRÉTÉRIT COMPOSÉ.

Sing.
- 1ʳᵉ p. کنده ام *kendè em* « j'ai arraché »;
- 2ᵉ p. (ou ۀ) کنده ای *kendè y* ou *kendèï* « tu as arraché »;
- 3ᵉ p. کنده است *kendè est* « il a arraché »;

Plur.
- 1ʳᵉ p. کنده ایم *kendè ym* « nous avons arraché »;
- 2ᵉ p. کنده اید *kendè yd* « vous avez arraché »;
- 3ᵉ p. کنده اند *kendè end* « ils ont arraché ».

PLUS-QUE-PARFAIT.

Sing.
- 1ʳᵉ p. کنده می بودم *kendè my boûdem* « j'avais arraché »;
- 2ᵉ p. کنده می بودی *kendè my boûdy* « tu avais arraché »;
- 3ᵉ p. کنده می بود *kendè my boûd* « il avait arraché »;

Plur.
- 1ʳᵉ p. کنده می بودیم *kendè my boûdím* « nous avions arraché »;
- 2ᵉ p. کنده می بودید *kendè my boûdíd* « vous aviez arraché »;
- 3ᵉ p. کنده می بودند *kendè my boûdend* « ils avaient arraché ».

FUTUR.

Sing.
- 1ʳᵉ p. خواهم کند *khâhèm kend* « j'arracherai »;
- 2ᵉ p. خواهی کند *khâhỳ kend* « tu arracheras »;
- 3ᵉ p. خواهد کند *khâhèd kend* « il arrachera »;

Plur.
- 1ʳᵉ p. خواهیم کند *khâhím kend* « nous arracherons »;
- 2ᵉ p. خواهید کند *khâhíd kend* « vous arracherez »;
- 3ᵉ p. خواهند کند *khâhènd kend* « ils arracheront ».

CONDITIONNEL SIMPLE.

Sing.
- 1ʳᵉ p. میکندم *mîkèndem* (ou avec اگر *eguèr* « si ») « j'arracherais ou si j'arrachais »;
- 2ᵉ p. میکندی *mîkèndy* « tu arracherais ou si tu arrachais »;
- 3ᵉ p. میکند *mîkènd* « il arracherait ou s'il arrachait »;

Plur.
- 1ʳᵉ p. میکندیم *mîkèndím* « nous arracherions ou si nous arrachions »;
- 2ᵉ p. میکندید *mîkèndíd* « vous arracheriez ou si vous arrachiez »;
- 3ᵉ p. میکندند *mîkèndend* « ils arracheraient ou s'ils arrachaient ».

CONDITIONNEL COMPOSÉ.

Sing.
- 1ʳᵉ p. (اگر) کنده باشم *kendè bâchèm* « si j'avais arraché »;
- 2ᵉ p. (اگر) کنده باشی *kendè bâchỳ* « si tu avais arraché »;
- 3ᵉ p. (اگر) کنده باشد *kendè bâchèd* « s'il avait arraché »;

Plur. { 1ʳᵉ p. (اگر) کنده باشیم *kendè báchím* « si nous avions arraché »;
2ᵉ p. (اگر) کنده باشید *kendè báchíd* « si vous aviez arraché »;
3ᵉ p. (اگر) کنده باشند *kendè báchènd* « s'ils avaient arraché ».

Ou bien encore (ce qui est identique avec le plus-que-parfait) :

Sing. { 1ʳᵉ p. کنده می بودم *kendè my boúdem* « j'aurais arraché »;
2ᵉ p. کنده می بودی *kendè my boúdy* « tu aurais arraché »;
3ᵉ p. کنده می بود *kendè my boúd* « il aurait arraché »;

Plur. { 1ʳᵉ p. کنده می بودیم *kendè my boúdím* « nous aurions arraché »;
2ᵉ p. کنده می بودید *kendè my boúdíd* « vous auriez arraché »;
3ᵉ p. کنده می بودند *kendè my boúdènd* « ils auraient arraché ».

MODE SUBJONCTIF.

PRÉSENT.

Sing. 1ʳᵉ p. که بکنم *ki bekenèm* ou که کنم *ki kenèm* « que j'arrache », etc. comme l'*aoriste*.

PRÉTÉRIT.

Sing. 1ʳᵉ p. کاشکه میکندم *káchki míkèndem* « plût à Dieu que j'arra-« chasse », etc. comme le *conditionnel simple*.

PRÉTÉRIT COMPOSÉ.

Sing. 1ʳᵉ p. که (کاشکه) کنده باشم *ki* (ou *káchki*) *kendè báchèm*, ou کنده میبودم *kendè míboúdem* « que j'aie et que j'eusse arraché », etc. comme le *conditionnel composé*.

MODE IMPÉRATIF.

Sing. { 2ᵉ p. بکن *bekèn* « arrache »;
3ᵉ p. بکند *bekenèd* « qu'il arrache »;

Plur. { 1ʳᵉ p. بکنیم *bekením* « arrachons »;
2ᵉ p. بکنید *bekeníd* « arrachez »;
3ᵉ p. بکنند *bekenènd* « qu'ils arrachent ».

IMPÉRATIF PROHIBITIF.

Sing. { 2ᵉ p. مکن *mekèn* « n'arrache pas »;
3ᵉ p. نکند *nekenèd* « qu'il n'arrache pas »;

Plur. { 1ʳᵉ p. نکنیم *nekením* « n'arrachons pas »;
2ᵉ p. نکنید *nekeníd* « n'arrachez pas »;
3ᵉ p. نکنند *nekenènd* « qu'ils n'arrachent pas ».

IMPÉRATIF DE CONTINUITÉ.

Sing.
- 2ᵉ p. همی بکن *hemỳ bekèn* ou همی کن *hemỳ ken* « continue d'arracher » ;
- 3ᵉ p. همی بکند *hemỳ bekenèd* ou همی کند *hemỳ kenèd* « qu'il continue d'arracher » ;

Plur.
- 1ʳᵉ p. همی بکنیم *hemỳ bekenîm* ou همی کنیم *hemỳ kenîm* « continuons d'arracher » ;
- 2ᵉ p. همی بکنید *hemỳ bekenîd* ou همی کنید *hemỳ kenîd* « continuez d'arracher » ;
- 3ᵉ p. همی بکنند *hemỳ bekenènd* ou همی کنند *hemỳ kenènd* « qu'ils continuent d'arracher ».

40. La voix passive se conjugue moyennant le participe passé suivi du paradigme du verbe auxiliaire شدن *chùden* « devenir ». Nous en donnerons un exemple lorsqu'il s'agira des verbes défectueux.

§ 5. REMARQUES SUR LA FORMATION DES DÉRIVÉS VERBAUX. —
a. RÈGLES GÉNÉRALES.

41. Le futur composé, le participe passé, le participe futur et tous les temps prétérits d'un verbe persan, dérivent de la *racine prétérit* de ce verbe.

42. Le participe présent, le gérondif présent, le futur simple, les temps présents, les aoristes et les impératifs d'un verbe persan dérivent de la *racine aoriste* de ce verbe.

Nous savons déjà que la racine prétérit du verbe non défectueux est son infinitif, moins la dernière lettre, et que la racine aoriste en est l'infinitif, moins les deux dernières lettres.

b. DÉRIVÉS DE LA RACINE PRÉTÉRIT.

43. Le *participe passé* s'obtient en ajoutant un ه quiescent à la fin de cette racine. Exemples :

روفت *roúft* « il a balayé », روفته *roúftè* « balayé »; داد *dád* « il a donné » داده *dádè* « donné », etc.

44. Le *prétérit* s'obtient en joignant la racine en question au verbe normal. Exemples :

خواستنى *khâsten* « vouloir », خواستم *khâstem* « je voulus »; خواستى *khâsty* « tu as voulu », etc.

45. La troisième personne du prétérit au singulier est toujours la racine prétérit elle-même (37).

46. L'*imparfait* ne diffère du prétérit que par la préposition مى *my*, et, dans le vieux style et en poésie, par la préposition همى *hèmy*.

Dans les œuvres de Ferdousy et celles de ses imitateurs, on rencontre souvent un ى *y* à la fin de la première et de la troisième personne du singulier, et à la troisième personne du pluriel du prétérit imparfait.

Ainsi, on peut indifféremment dire ميمردم *mîmùrdem* ou ميمردى *mîmùrdemy* « je mourrais », ميمرد *mîmùrd* et ميمردى *mîmùrdy* « il mourrait », ميمردند *mîmùrdend* et مى مردندى *my mùrdendy* « ils mourraient »; du verbe مردن *mùrden* « mourir ».

47. Cette irrégularité se remarque aussi dans les prétérits simples de quelques verbes, mais cela arrive rarement.

Au lieu de la particule مى *my*, on rencontre quelquefois همى *hemy*, qui tantôt n'exerce aucune influence sur la signification du prétérit imparfait, et tantôt lui donne un sens de continuité, comme on peut le voir dans ces vers de Ferdousy :

برآويخت وبدريد قلب سپاه — دمان ازپس او همى رفت شاه
ber âvíkht ou bederíd qèlbi sipâh — demân ez pèsi ou hemy reft châh

« Il fondit au cœur même de l'armée et le déchira ; le chah, haletant de rage, continuait à le suivre. »

چو آمد بنزديك نخچيرگاه — تهمتن همى خورد مى با سپاه
tchu âmed benezdíki nekhtchírgâh — tehemtèn hemy khoùrd mey bâ sipâh

« Lorsqu'il fut arrivé près du lieu de chasse, il vit que Tehemten (Rustem) continuait à boire (buvait constamment) du vin avec ses soldats. »

درفش جفا پيشه افراسياب — همى تابد ازگرد چون آفتاب
dirèfchi djefâ píchè efrâsyâb — hemy tâbèd ez guerd tchoûn âfitâb

« L'étendard d'Afrasiab, le tyran, continuait à resplendir au travers de la poussière comme le soleil. »

48. Le *prétérit composé* se forme en mettant le verbe normal après le participe passé du verbe qu'on veut conjuguer. Exemples :

کندن *kènden* « arracher » ; کنده ام *kendè em* « j'ai arraché », کنده *kendèï* « tu as arraché » ; کنده است *kendè est* « il a arraché » ; کنده ایم *kendè ym* « nous avons arraché » ; کنده اید *kendè yd* « vous avez arraché » ; کنده اند *kendè end* « ils ont arraché » ; — de جستن *djèsten* « sauter », جسته ام *djestè em* « j'ai sauté », etc. ; جسته اید *djestè yd* « vous avez sauté », etc. ; — de جستن *djùsten* « chercher », جسته ام *djustè em* « j'ai cherché », etc. ; جسته اید *djustè yd* « vous avez cherché », etc.

La particule ی s'adjoint aussi au commencement de ce temps, mais les exemples s'en présentent rarement.

49. Le *plus-que-parfait* se forme en faisant suivre le participe du verbe conjugué de بودم *boûdem*, بودی *boûdy*, etc. (prétérit de بودن *boûden* « être ») sans ou avec le préfixe ی. Exemples :

دوشیدن *doûchîden* « traire », دوشیده بودم *doûchîdè boûdem* « j'avais trait », دوشیده بودی *doûchîdè boûdy* « tu avais trait » ; دوشیده بود *doûchîdè boûd* « il avait trait » ; دوشیده بودیم *doûchîdè boûdîm* « nous avions trait » ; دوشیده بودید *doûchîdè boûdîd* « vous aviez trait » ; دوشیده بودند *doûchîdè boûdend* « ils avaient trait » ; — de نالیدن *nâlîden* « se lamenter », نالیده بودم *nâlîdè boûdem* « je m'étais lamenté », etc. ; نالیده بودیم *nâlîdè boûdîm* « nous nous sommes lamentés », etc. ; — de شوریدن *choûrîden* « se révolter », شوریده بودم *choûrîdè boûdem* « je m'étais révolté », etc. ; شوریده بودیم *choûrîdè boûdîm* « nous nous étions révoltés », etc.

50. Le *futur composé* se forme en conservant invariable l'infinitif apocopé du verbe conjugué, et en le faisant précéder de خواهم *khâhèm* (aoriste du verbe خواستن *khâsten* « vouloir »). Exemples :

De خوابیدن *khâbîden* « dormir », خواهم خوابید *khâhem khâbîd* « je dormirai » ; خواهی خوابید *khâhy khâbîd* « tu dormiras » ; خواهد خوابید *khâhèd khâbîd* « il dormira » ; خواهیم خوابید *khâhîm khâbîd* « nous dormirons » ; خواهید خوابید *khâhîd khâbîd* « vous dormirez » ; خواهند خوابید *khâhend khâbîd* « ils dormiront »[1] ; — de پاییدن *pâîden* « guetter, surveiller », خواهم پایید *khâhèm pâyîd* « je guetterai » ; etc. ;

[1] Au lieu de خواهم خوابید, on peut aussi dire میخواهم بخوابم *mîkhâhèm bekhâbem*, littéralement : « je veux que je dorme », et ainsi de suite pour toutes les personnes des deux nombres ; en conversation, ce dernier mode est plus usité.

خواهیم پائید *khâhîm pâyîd* « nous guetterons »; — de زیستن *zîsten* « vivre », خواهم زیست *khâhem zîst* « je vivrai », etc.; خواهیم زیست *khâhîm zîst* « nous vivrons », etc., comme en anglais *I will live, thou wilt live*, etc.

51. Le *conditionnel simple* ne diffère en rien de deux variantes de l'imparfait. Exemples :

اگر اینرا میدانستم هرگز بآنجا نمیرفتم *eguèr ynrá mídânistem herguìz beándjá nemîrèftem* « si je l'avais su, jamais je n'y serais allé ».

Voici six exemples de la seconde variante (47) de ce conditionnel faisant autant de rimes d'un passage de یوسف و زلیخا « Joseph et Zuleykha », poëme de Ferdousy, dont W. Jones n'a cité que le premier distique :

شبی بر برت گر آسودمی — سر فخر بر آسمان سودمی
قلم در کف تیر شکستمی — کلاه از سر ماه ربودمی
بقدر از نهم چرخ بگذشتمی — به پی فرقِ گردون بفسردمی

chèby ber bèret guer âsoûdèmy — sèri fekhr ber âsmán soûdèmy — qelèm der kèfi tîr chikestèmy — kulàh ez sèri mâh rouboûdèmy — beqèdr ez nuhùm tcherkh beguzechtèmy — bè pèy fèrqi guerdoûn befusurdèmy

« Pour une seule nuit passée sur ton sein, j'irais heurter à la porte céleste avec ma tête ivre d'orgueil; je briserais le *kalam* qui est dans la main de la planète de Mercure; j'arracherais du front de la lune sa couronne de rayons. Ma puissance me ferait planer au-dessus des hauteurs de la neuvième sphère; avec mon talon, je foulerais la tête du ciel! »

52. Le *conditionnel composé* se conjugue en mettant باشم *bâchèm* ou بودم *boûdem* devant le participe du verbe conjugué sans ou avec le préfixe می. Exemples :

De دوختن *doúkhten* « coudre », دوخته باشم *doúkhtè bâchèm* « j'aurais cousu »; دوخته باشی *doúkhtè bâchỳ* « tu aurais cousu »; دوخته باشد *doúkhtè bâched* « il aurait cousu »; دوخته باشیم *doúkhtè bâchîm* « nous aurions cousu »; دوخته باشید *doúkhtè bâchîd* « vous auriez cousu »; دوخته باشند *doúkhtè bâchènd* « ils auraient cousu ». — اگر نشسته میبودید کار ساخته نمیشد *eguèr nichestè nîboûdîd kâr sâkhtè nemíchud* « si vous restiez assis, l'ouvrage ne serait pas fait ».

53. Le *prétérit du subjonctif* ne diffère pas du conditionnel

composé, si ce n'est qu'il doit être accompagné des prépositions که *ki* « que », کاشکه *kâchki* « plût à Dieu que » et مبادا *mebâdâ* « à Dieu ne plaise que », étrangères au mode conditionnel. Exemples :

De افزودن *efzoûden* « augmenter, surfaire », که افزوده باشم *ki efzoûdè bâchem* « que j'aie augmenté, surfait »; که افزوده باشی *ki efzoûdè bâchỳ* « que tu aies augmenté, surfait », etc.

54. Tous les temps optatifs, exprimant un vœu ou un regret, ressemblent à ceux du mode subjonctif, avec cette différence qu'au lieu de که il faut mettre کاشکه *kâchki* « ah! que, plaise à Dieu que », etc. Exemple :

کاشکه مرا مادر هرگز نزایده بود *kâchki merâ mâdàr herguìz nezâîdè boúd* « plût à Dieu que ma mère ne m'eût jamais donné naissance! »

C. DÉRIVÉS VERBAUX DE LA RACINE AORISTE.

55. Le *participe présent* se forme en ajoutant à la fin de la racine aoriste la désinence نده *ndè* ou *endè* et quelquefois ا *â*. Ex.:

دویدن *devíden* « courir », racine aoriste دو *dev*, participe prés. دونده *devendè* « courant »; — پختن *pùkhten* « bouillir », racine aoriste پز *pez*, part. prés. پزنده *pezendè* « bouillant »; — تراشیدن *teráchíden* « raser », racine aoriste تراش *terách*, part. prés. تراشنده *teráchendè* « rasant, qui rase ».

56. Le *gérondif présent*, que les grammairiens confondent injustement avec le participe présent, bien qu'ils diffèrent essentiellement l'un de l'autre, se forme en ajoutant à la racine aoriste d'un verbe la finale ان *ân*, qui, après les voyelles ا, و, ی, devient یان *yân*. Exemples :

لنگان ونالان وگریان وجنبان رفتم تا درخانه *lengán ou nâlán ou jdumbán reftem tâ derukhânè* « en boîtant, en poussant des gémissements, en pleurant, vacillant, je suis allé jusqu'à la cour du prince »; — de خاستن *khâsten* « se lever », racine aoriste خیز *khíz*, gér. prés. خیزان *khîzán* en se levant; — de خواستن *khâsten* « vouloir », racine aoriste خواه *khâh*, gér. prés; خواهان *khâhán* « en voulant »; — de رستن *rùsten* « croître », racine aoriste روی *rouy*, gér. prés. رویان *roûyán* « en croissant »; —de گریستن *guirísten*, گری *guirí*, gér. prés. گریان *guiryán* « en pleurant »; — de کشیدن

kechíden « traîner » racine aoriste کش *kech*, gér. prés. کشان *kechán* « en traînant » ; — de کشتن *kùchten* « tuer » ; racine aoriste کش *kuch*, gér. prés کشان *kuchán* « en tuant ».

57. Si les nuances de signification, parfois fort délicates, entre les gérondifs, les participes présents et les adjectifs verbaux persans, ont souvent embarrassé l'analyse, c'est qu'il n'y a d'uniformité ni dans leur dérivation, ni dans leur emploi. L'usage seul en fait la loi; exemples : روان *revân* « en allant » (gérondif de رفتن *reften*, racine aoriste رو *rev* « aller »), signifie aussi « âme », et l'on s'en sert aujourd'hui moins rarement que de روا *revâ* « permis, licite », ou de روانه *revânè* « partant, allant ». Le verbe توانستن *tuvánìsten* n'a pas de gérondif ni de participe en نده (55), bien qu'il donne naissance aux dérivés verbaux توانا *tevánâ* « puissant », ناتوان *natevân* « impuissant » et توان *tuvân*, racine aoriste qui, précédée de می (34), forme les locutions impersonnelles میتوان *mîtuvân* « on peut », et نمیتوان *nemîtuvân* « on ne peut pas ».

58. Les participes présents, qui sont en même temps des adjectifs verbaux, terminés en ا *â* se rencontrent moins fréquemment. Exemples :

De دیدن *díden* « voir », imp. بین *bín*, part. prés. بینا *bínâ* « voyant » ; — de دانستن *dânisten* « savoir »; racine aoriste دان *dân*, part. prés. دانا *dânâ* « sachant, savant »; — de داشتن *dâchten* « avoir »; racine aoriste دار *dâr*, part. prés. دارا *dârâ* « ayant, riche »; — de جستن *djusten* « chercher »; racine aoriste جو *djou*, part. prés. جویا *djouyâ* « cherchant »; — de گفتن *gòften* « parler », racine aoriste گو *goú*, part. prés. گویا *goúyâ* « parlant, disant »; — de زیبیدن *zíbíden* « orner », زیبا *zíbâ* « ornant, qui orne »; — de سزیدن *sezíden* « convenir », racine aoriste سز *sez*, سزا *sezâ* « qui convient ».

59. La racine aoriste, isolément prise n'est pas toujours identique avec la deuxième personne du singulier de l'impératif, car dans les verbes دویدن *devíden*, رفتن *rèften*, بودن *boûden*, شدن *chuden*, etc. *dooû* impératif, diffère de *dev* racine aoriste; *róou* impératif, diffère de *rev* racine aoriste; *bâch* ou *bâd* impératif, diffère

de *bèv* racine aoriste; *chóou* impératif, diffère de *chèv* racine aoriste, etc. Il importe de bien distinguer ces nuances (17).

Le plus souvent, elle n'a pas de sens déterminé, à moins qu'on ne précise ce sens par des particules positives ou négatives. Il en est de même pour ce qui concerne les impératifs.

60. L'*impératif* est précédé de la particule به *bè* ou ب *bè*, ou, par euphonie, بی *bey* avant un ا *meddé*. Exemples :

De فرمودن *fermoûden*, racine aoriste فرما *fermâ*, impér. بفرما *befermâ* « ordonne, daigne ! »; — de سوزانیدن *soûzânden* « incendier », racine aoriste سوزان *soûzân*, impér. بسوزان *besoûzân* « brûle »; — de آمدن *âmèden* « arriver », racine aoriste آ *â*, impér. بیا *beyâ* « viens, arrive donc »; — de افتادن *uftâden*, racine aoriste افت *uft*, impér. بیفت *beyaft*, qui s'écrit aussi بیافت *beyûft* « tombe ».

Cette particule positive به *bè* n'a presque jamais lieu devant باش *bâch* et باد *bâd*, impératifs du verbe auxiliaire du verbe بودن *boûden* « être ». On la supprime souvent en poésie, et aussi en prose dans des verbes composés avec des parties du discours déclinables et indéclinables. Exemples :

برخاستن *berkhâsten* « se lever, surgir », et برداشتن *berdâchten* « soulever », étant composés de la préposition بر *ber* « sur, sus », font, à l'impératif, برخیز *berkhîz* « lève-toi », بردار *berdâr* « soulève-cela ». — Les verbes وامانیدن *vâmânden* « rester derrière par trop de fatigue », et وایستادن *vâystâden* « s'arrêter tout d'un coup », étant composés de la préposition وا *vâ*, font, à l'impératif, وامان *vâmân* « reste derrière », et وایست *vâyst* « ne bouge pas »; — دست زدن *dest zèden* « toucher avec la main (*dest*), impér. دست زن *dest zen* « touches-y avec ta main ». Dire برخیز *berbekhîz*, بردار *berbedâr*, وامان *vâbemân*, وایست *vâbeÿst*, et دست بزن *dest bezèn* serait faire autant de pléonasmes.

61. L'*impératif prohibitif*, ou qui défend, se forme moyennant les prépositions négatives مه *mè* ou م *mè*, نه *nè* ou ن *nè*, qui peuvent se changer, par euphonie, en می *mey* et نی *ney*. Exemples :

De ساختن *sâkhten* « faire », racine aoriste ساز *sâz*, impér. مساز *mesâz* « ne fais pas »; ou, en langue vulgaire, نساز *nesâz*; — مالیدن *mâlîden* « frotter », imp. rac. مال *mâl*, impér. ممال *memâl* ou, en langue vulgaire, نمال *nemâl* « ne frotte pas »; — de آزمودن *âzmoûden* « éprouver »; racine aoriste آزمای *ázmáy*, imp. میازمای *meyázmáy*, ou, en langue vulgaire, نیازمای *neyázmáy* « n'éprouve pas ».

Dans le vers suivant, le poëte emploie ces deux variantes de l'impératif prohibitif du verbe آوردن *ávùrden* « apporter », racine aoriste آر *ár*, et en même temps il joue sur la double signification des particules négatives ی *mey* (ی *y* euphonique), voulant dire en même temps du vin, et ن *ney*, signifiant aussi une flûte [quoique نیار *neyár*, grammaticalement parlant, soit une faute] :

می نمیخواهم نیار — نی نمیخواهم میار

mey nemîkhâhèm neyâr — ney nemîkhâhèm meyâr

« Je ne veux pas de vin, ne l'apporte pas (c'est-à-dire apporte une flûte). Je n'aime pas la flûte, ne l'apporte point (c'est-à-dire apporte du vin). »

62. Les verbes qui admettent dans leur composition les parties du discours déclinables et indéclinables (98) conservent les particules négatives, mais celles-ci doivent se placer entre le verbe et la partie du discours en question. Exemples :

دست مزن *dest mezen* « n'y touche pas »; وامه‌ایست *vâmè yst* ou وانیست *váneyst* « ne t'arrête pas »; وامان *vámemân* « ne reste pas en arrière! »; برمخیز *bermekhíz* ou برنخیز *bernekhíz* « ne te lève pas, reste où tu es assis ». (Voyez les exemples, pour la langue vulgaire, du n° 61).

63. Nous verrons plus bas (88) ce que sont les *impératifs optatifs*, et comment ils se forment.

64. Les Persans ont aussi un *impératif de continuation* qui s'emploie seulement dans un sens affirmatif. Ils le forment en substituant la particule می *my* ou همی *hemy* à la particule به *bè*. Ex. :

داد گدایان میده و بداد دادخواهان میرس

dádi guedáyän mídè ou bedádi dádkháhán míres

« Donne toujours aux nécessiteux cette part de tes biens qui leur revient de droit (*dâd*), et empresse-toi d'arriver au secours (*dâd*) de ceux qui en appellent à ta justice (*dâd*) » (47).

65. L'*aoriste* n'est que la racine aoriste suivie du verbe normal. Exemples : زنم *zenem*, زنی *zeny*, زند *zenèd*, etc. Il s'emploie très-souvent en poésie et quelquefois en prose, tantôt

comme le présent, tantôt comme le futur antérieur et tantôt comme le futur simple. Dans ce dernier cas, on lui adjoint la préposition به *bè* ou ب *bè*. Dans un des *Gazels* de Hafiz, on remarque ce triple emploi de l'aoriste. Exemple :

تیغی که آسمانش از فیض خود دهد آب
تنها جهان بگیرد بی منت سپاهی
باز ارچه گاه گاهی بر سر نهد کلاهی
مرغان قاف دانند آیین پادشاهی

tîghy ki âsmânech ez fèyzi khoûd dehèd âb — tenhâ djehân beguîrèd by minnèti sipâhy — bâz er'tchi gâh gâhy ber ser nehèd kulâhy — murgâni qâf dânènd áyyni pâdchâhy

« L'épée à laquelle le ciel aura donné de la trempe dans l'eau de ses faveurs, accomplira toute seule la conquête du monde, sans le secours des armées. Bien qu'il arrive parfois qu'un oiseau de chasse se couronne la tête d'un chaperon, il n'y a que les oiseaux du Caucase qui sachent bien porter la royauté. »

Dans cet exemple, دهد *dehèd*, aoriste et en même temps futur antérieur de دادن *dâden* « donner », est employé au futur; بگیرد *beguîred*, aoriste de گرفتن *guiriften* « prendre, s'emparer », est employé au futur; نهد *nehèd*, aoriste de نهادن *nehâden*, au présent subjonctif; et دانند *dânènd*, aoriste de دانستن *dânîsten* « savoir », au présent de l'indicatif.

Voici encore un exemple où l'aoriste est employé comme futur :

چو رستم پدر باشد و من پسر بدنیا نماند یکی تاجور

tchou Rustèm pedèr bâchèd ou men pesèr — bedunyâ nemânèd yeky tâdjvèr

« A un père comme Rustem, donnez un fils comme moi, et il ne restera pas au monde un seul porteur de couronne debout! »

66. Le *présent indicatif* se forme en faisant précéder l'aoriste de la préposition می *my*. Exemples :

گریستن *guiristen* « pleurer », aoriste گریم *guirièm*, prés. ind. میگریم *mîguirîèm* « je pleure », میگری *mîguirîy* « tu pleures », میگرید *mîguirîèd* « il pleure », میگریم *mîguirîym* « nous pleurons », میگرید *mîguirîyd* « vous pleurez », میگریند *mîguirîyènd* « ils pleurent ».

67. Le *présent subjonctif* se forme en faisant précéder l'aoriste des conjonctions که به *ki bè* « que » ou کاشکه به *kâchki bè* « plaise à Dieu que ». Exemples :

مردن *mùrden* « mourir », aoriste میرم *mîrèm*, présent subjonctif که بمیرم *ki bemîrèm* « que je meure » ou کاشکه بمیرم *kâchki bemîrèm* « plaise à Dieu que je meure », که بمیری *ki bemîry* ou کاشکه بمیری *kâchki bemîry* « plaise à Dieu que tu meures », etc.

کاش کان روز که در پای تو شد خار اجل
دست گیتی بزدی تیغ هلاکم بر سر

kâch kân roûz ki der pây tu chud khâri edjèl — dèsti gueyty bezèdy tîghi helâkem ber ser

« Plût à Dieu que le jour où l'épine de la mort s'enfonça dans ton pied, la main du monde eût frappé ma tête avec son glaive exterminateur ! »

Quelquefois la préposition به *bè* s'omet, et که *ki* seul accompagne le subjonctif. Exemple :

مرا مرگ بهتر از این زندگی   که سالار باشم کنم بندگی

merâ merg behtèr ez yn zendeguy — ki sâlâr bâchèm kunèm bendeguy

« J'aime mieux la mort que cette vie où, tout chef des armées que je suis, l'on veut que je m'humilie en esclave. »

§ 6. DE L'INFINITIF.

68. L'infinitif, de même que les participes, est compté par les grammairiens orientaux au nombre des noms déclinables.

69. En ajoutant à la fin de l'infinitif un ی que l'on appelle پای لیاقت *yây lyâqèt* ou *y* de convenance, on forme le participe futur, qui est en même temps le substantif de possibilité comme on peut le voir dans les exemples suivants :

مردنی *murdeny* « *moriturus*, qui mourra, qui peut mourir », de مردن *murdèn* « mourir »; — خوردنی *khoûrdeny* « qui sera mangé, mangeable », de خوردن *khoûrden* « manger »; — آمدنی *âmedeny* « qui viendra sous peu, qui est attendu d'un jour à l'autre », de آمدن *âmèden* « venir »; — شدنی *chudeny* « possible, pouvant avoir lieu, qui sera », de شدن *chùden* « devenir »; — دیدنی *dîdeny* « qui mérite d'être vu, qui sera vu et que l'on peut voir », de دیدن *dîden* « voir »; رفتنی *refteny* « qui partira », de رفتن « aller ».

CHAPITRE II.

DES VERBES DÉFECTUEUX.

70. La défectuosité des verbes persans se rapporte seulement à la *racine aoriste*. Quant à la racine prétérit, elle se forme toujours de la manière régulière indiquée dans le chapitre précédent (37 et 45).

§ 1ᵉʳ. DES RACINES AORISTES DES VERBES DÉFECTUEUX.

Observations générales.

71. Par un caprice inhérent à la nature de l'étymologie persane, il arrive que, dans quelques verbes, le passage de l'action prétérite à l'état de l'action présente ou aoriste, fait changer des lettres qui précèdent la finale de l'infinitif (36).

Cette permutation forcée atteint toutes les voyelles et quatre consonnes, خ, س, ش et ن de l'alphabet persan.

Les voyelles brèves de la racine prétérit se changent en voyelles longues dans la racine aoriste. Exemples :

بردن *bùrden* « porter », racine aoriste بر *ber*; — زیستن *zísten* « vivre », racine aoriste زی *ziy*; — شستن *chùsten* « laver », racine aoriste شو *chou*; — مردن *màrden* « mourir », racine aoriste میر *mír*.

Le و long, *oú*, se change en ا long, *á*. Exemples :

فرمودن *numoúden* « montrer », racine aoriste نمای *numáy*; — فرمودن *fermoúden* « ordonner », racine aoriste فرمای *fermáy*; — آسودن *ásoúden* « se reposer », میاسایند *míásàyènd* « ils se reposent »; — آزمودن *àzmoúden* « éprouver », می آزمایند *my àzmayend* « ils éprouvent », etc.

La consonne ن *f* se change en ب *bè*, en و *v*, ou en و *óou*. Ex. :

یافتن *yáften* « trouver », یاب *yáb*; — آشفتن *áchùften* « troubler, se révolter », آشوب *áchoúb*; — رفتن *rèften* « aller », impér. رو *róou*; — میروم *mírevèm* « je m'en vas », نرود *nerevèd* « qu'il ne s'en aille pas »; etc.

Les mutations de la consonne خ *kh* donnent naissance au groupe le plus nombreux des verbes défectueux. Elle se change tantôt en ز *z*, tantôt en ش *ch*, tantôt en س *s*, tantôt en ل *l*, et tantôt en ج *endj*. Exemples :

انداختن *endákhten* « lancer », racine aoriste انداز *endáz* ;— فروختن *furoákhten* « vendre », فروش *furoách* ;— شناختن *chinákhten* « connaître », شناس *chinás* ;— گسیختن *gusíkhten* « rompre », گسل *gusìl* ;— سختن *sèkhten* « peser », سنج *sendj*, etc.

L'intervention de la consonne ن, comme dans ce dernier exemple, est assez fréquente dans d'autres racines aoristes :

نشستن *nichèsten* « s'asseoir », نشین *nichín* ; چیدن *tchíden* « cueillir », چین *tchín* ; کردن *kèrden* « faire », کن *kun*, etc.

La permutation de la consonne ش *ch* est non moins fréquente. Elle se change soit en یس *ys*, soit en ر *r*. Exemples :

نوشتن *nuvichten* « écrire », نویس *nuvís* ;— داشتن *dáchten* « avoir », دار *dár*, etc.

La consonne س *s* se change en ه *hé* aspiré ou en ند *end*. Exemples :

جستن *djèsten* « sauter », جه *djèh* ;— بستن *besten* « lier », بند *bend*, etc.

Il n'y a qu'un seul verbe, دیدن *díden* « voir », بین *bín*, où la lettre initiale est changée (n° 79).

Quelle est la loi qui règle toutes ces permutations ? Pourquoi la même consonne, placée dans des conditions semblables, donne-t-elle des résultats divers ? Comment s'orienter dans ce chaos d'environ cent quarante racines des verbes défectueux ? Les Persans répondent humblement خدا میداند وبس *khudâ mídáned ou bes* « Dieu seul le sait, cela suffit ».

Plusieurs orientalistes et auteurs de grammaires ont proposé maints systèmes qu'il serait moins utile et plus pénible de retenir que les verbes défectueux eux-mêmes. Le meilleur système est celui de les apprendre par cœur. Le nombre de ces verbes, rangés en groupes homogènes, se réduit seulement à une quarantaine de types, qu'une mémoire ordinaire peut retenir facilement.

§ 2. CLASSIFICATION DES RACINES AORISTES DES VERBES DÉFECTUEUX.

72. Commençons par donner encore quelques exemples de verbes non défectueux :

INFINITIF.		RACINE AORISTE.	
خوردن	*khoûrden* « manger »,	خور	*khoûr* ;
خواندن	*khânden* « appeler, lire »,	خوان	*khân* ;
ماندن	*mânden* « rester »,	مان	*mân* ;
طپاندن	*tepânden* « fourrer avec force »,	طپان	*tepân* ;
گستردن	*gustèrden* « étendre »,	گستر	*gustèr*, etc.

73. Les verbes dont la formation de la racine aoriste s'éloigne le moins de cette forme sont ceux dont les infinitifs finissent en يدن *yden*; leur racine aoriste s'obtient en supprimant toutes les trois lettres de cette finale :

رسيدن	*resíden* « arriver »,	رس	*res* ;
گزيدن	*guezíden* « mordre »,	گز	*guez* ;
بريدن	*buríden* « trancher »,	بر	*bur* ;
پريدن	*períden* « s'envoler »,	پر	*per* ;
پرانيدن	*perâníden* « faire s'envoler »,	پران	*perân* ;
ترسيدن	*tersíden* « avoir peur »,	ترس	*ters* ;
ترسانيدن	*tersâníden* « faire peur, effrayer »,	ترسان	*tersân* ;
جنبيدن	*djumbíden* « se mouvoir, vaciller »,	جنب	*djumb* ;
جنبانيدن	*djumbâníden* « ébranler »,	جنبان	*djumbân*.

La plupart des verbes persans appartiennent à ce groupe. Nous nous bornons à ce petit nombre d'exemples, vu qu'ils sont presque réguliers. Il faut y compter aussi tous les verbes dont la racine aoriste se forme en retranchant les trois dernières consonnes de l'infinitif, comme : زيستن *zísten* « vivre », racine aoriste زى *zíy*; نگريستن *niguerísten* « contempler », نگر *niguèr*; دانستن *dânisten* « savoir », دان *dân*; توانستن *tuvânisten* « pouvoir », توان *tuvân*; استادن *istâden* « être debout », است *ist*.

74. Viennent ensuite les verbes où, conformément à la loi de

permutation commune à beaucoup d'autres langues, la consonne
ن *f* de l'infinitif change en ب *bè* dans la racine aoriste.

كوفتن *koúften* « piler, battre »,	كوب *koúb*;
روفتن *roúften* « balayer »,	روب *roúb*;
تافتن *táften* « luire, tordre, tisser »,	تاب *táb*;
آشوفتن *áchoúften* « agiter, troubler »,	آشوب *áchoúb*;
فریفتن *feríften* « tromper »,	فریب *feríb*;
یافتن *yáften* « trouver »,	یاب *yáb*;
شتافتن *chitáften* « se hâter »,	شتاب *chitáb*.

Trois verbes de ce groupe peuvent s'écrire sans و *ou* : کفتن *kùften*, رفتن *rùften*, آشفتن *áchùften*; et l'on dit également فرفتن *feríften*, sans ی *y*.

75. Suivent les verbes où la racine aoriste fait changer la voyelle و *ou* de l'infinitif en ا *á* long, qui, dans la conjugaison des temps dérivés de cette racine, devient, par euphonie, ای *áy*, excepté la 2ᵉ pers. sing. impér. qui finit invariablement en ا *á*.

سودن *soúden* « frotter »,	سای *sáy*;[1]
آسودن *ásoúden* « se reposer »,	آسای *asáy*;
ستودن *sitoúden* « louanger »,	ستای *sitáy*;
آلودن *áloúden* « souiller »,	آلای *álay*;
آزمودن *ázmoúden* « essayer »,	آزمای *ázmáy*;
افزودن *efzoúden* « augmenter »,	افزای *efzáy*;
نمودن *numoúden* « montrer »,	نمای *numáy*;
ربودن *ruboúden* « ravir »,	ربای *rubáy*.

76. Viennent ensuite les verbes où la voyelle ' *u* brève, placée avant la finale de l'infinitif, change à l'impératif en و *ou* long. Exemples :

شدن *chùden* « devenir » (impératif شو *chóou*),	شو *chev*;
شستن *chùsten* « laver »,	شوی *choúy*;
جستن *djùsten* « chercher »,	جوی *djoúy*;
رستن *rùsten* « croître »,	روی *roúy*.

[1] La 2ᵉ pers. sing. de l'impératif des verbes dont la racine aoriste finit par un ی se forme en supprimant cette lettre, avec peu d'exceptions qui se trouvent marquées dans le tableau synoptique (81).

77. Les seize verbes suivants, à la racine aoriste, changent la consonne خ en ز.

اندَاختن endâkhten « lancer, tirer »,   انداز endâz;
افراختن efrâkhten « lever, porter haut »,   افراز efrâz;
افروختن efroûkhten « allumer »,   افروز efroûz;
انگيختن enguîkhten « stimuler »,   انگيز enguîz;
آويختن âvîkhten « suspendre »,   آويز âvîz;
ريختن rîkhten « épancher, verser »,   ريز rîz;
گريختن guirîkhten « fuir »,   گريز guirîz;
بيختن bîkhten « tamiser »,   بيز bîz;
تاختن tâkhten « galoper à cheval, courir sus »,   تاز tâz;
دوختن doûkhten « coudre »,   دوز doûz;
توختن toûkhten « désirer ardemment »,   توز toûz;
سوختن soûkhten « brûler »,   سوز soûz;
نواختن nevâkhten « caresser »,   نواز nevâz;
پرداختن perdâkhten « polir, perfectionner », et au figuré « vider »,   پرداز perdâz;
باختن bâkhten « perdre au jeu »,   باز bâz;
گداختن gudâkhten « liquéfier »,   گداز gudâz.

78. Les sept verbes suivants changent ش en ر. Exemples:

كشتن kichten ou كاشتن kâchten « semer »,   كار kâr;
داشتن dâchten « avoir »,   دار dâr;
نگاشتن nigâchten « écrire »,   نگار nigâr;
انباشتن embâchten « remplir »,   انبار embâr;
گماشتن gumâchten « appointer »,   گمار gumâr;
گذاشتن guzâchten « laisser, placer »,   گذار guzâr;
پنداشتن pendâchten « présumer »,   پندار pendâr.

79. Les quatre verbes suivants éliminent, à la racine aoriste, la pénultième consonne د de l'infinitif.

چيدن tchîden « cueillir, entasser »,   چين tchîn;
گزيدن guzîden « choisir »,   گزين guzîn;
آفريدن âferîden « créer ».   آفرين âferîn.

ديدن dîden « voir » est à la racine aoriste بين bîn; c'est le seul verbe de toute la langue où la première lettre de l'infinitif soit différente de celle de la racine aoriste. (Voy. p. 37, l. 21.)

DES VERBES.

80. Enfin, les verbes défectueux où la racine aoriste se forme encore plus irrégulièrement sont :

خواستن	*khâsten* « vouloir »,	خواه	*khâh*[1] ;
کاستن	*kâsten* « diminuer, dépérir »,	کاه	*kâh* ;
جستن	*djèsten* « sauter »,	جه	*djeh* ;
رستن	*rèsten* « s'affranchir »,	ره	*reh* ;
پذیرفتن	*pezirùften* « recevoir, agréer »,	پذیر	*pezîr* ;
گرفتن	*guirìften* « prendre »,	گیر	*guîr* ;
مردن	*mùrden* « mourir »,	میر	*mîr* ;
زدن	*zèden* « frapper »,	زن	*zen* ;
شکستن	*chikèsten* « briser »,	شکن	*chikèn* ;
پیوستن	*peyvèsten* « joindre »,	پیوند	*peyvènd* ;
بستن	*bèsten* « lier, garrotter »,	بند	*bend* ;
گشتن	*guèchten* « tourner, devenir »,	گرد	*guerd* ;
برگشتن	*berguèchten* « revenir, retourner »	برگرد	*berguèrd* ;
هشتن	*hìchten* « lâcher prise, laisser s'échapper »,	هل	*hil* ;
گسیختن	*gusìkhten* ou *kusíkhten* « se rompre »,	کسل	*kusìl* ;
سفتن	*sùften* « perforer, percer »,	سنب	*sumb* ;
نهفتن	*nuhùften* « céler »,	نهان	*nehán* ;
گفتن	*gòften* « parler »,	گوی	*gouy* ;
آمدن	*âmèden* « venir, arriver »,	آی	*ây* ;
نوشتن	*nuvìchten* « écrire »,	نویس	*nuvís* ;
نشستن	*nichèsten* « s'asseoir »,	نشین	*nichín* ;
خاستن ou برخاستن	*khâsten* ou *berkhâsten* « se lever »,	برخیز	*berkhîz* ;
پختن	*pùkhten* « cuire »,	پز	*pez* ;
بردن	*bùrden* « porter »,	بر	*ber* ;
کردن	*kèrden* « faire »,	کن	*kun* ;
سپردن	*supùrden* « livrer, confier »,	سپار	*sipár* ;
شمردن	*chumùrden* « compter »,	شمار	*chumár* ;
آوردن	*âvùrden* « apporter »,	آر ou آور	*âr* ou *âvèr* ;
شناختن	*chinákhten* « connaître »,	شناس	*chinás* ;
فروختن	*furoûkhten* « vendre »,	فروش	*furoûch* ;

---

[1] La racine aoriste خواه *khâh* s'emploie souvent dans le sens « ou, soit que, bon gré, mal gré ». Exemples :

خواه باشد خواه نباشد *khâh bâchèd khâh nebâchèd* « s'il est ou s'il n'est pas »; خواه نخواه *khâh nekhâh* ou خواهی نخواهی *khâhy nekhâhy* « volens nolens, bon gré, mal gré ».

DES VERBES.

درویدن *derevíden* « moissonner »,   درو *derèv* imp. *deróou*;

شنفتن *chinùften*, ou شنودن *chinoúden*, ou شنیدن *chiníden* « entendre »,   شنو *chinèv* imp. *chinóou*;

81. Pour venir en aide à la mémoire on peut consulter le tableau suivant :

§ 3. TABLEAU SYNOPTIQUE DES VERBES DÉFECTUEUX PERSANS.

INFINITIF.	RACINE AORISTE.
[1] ádjisten « planter » آجستن,	آج *adj*;
árásten آراستن ou *áresten* آرستن « orner »,	آرای *áráy*;
ázmoúden آزمودن « éprouver »,	آزمای *ázmáy*;
istáden ایستادن ou *ystáden* ایستادن « être debout »,	است *ist*;
ásoúden آسودن « se reposer »,	آسای *ásáy*;
áchùften آشفتن ou *áchoúften* آشوفتن « troubler »,	آشوب *áchoúb*;
ághìchten آغشتن « pétrir »,	[2]
uftáden اوفتادن ou *fitáden* فتادن ou *ouftáden* افتادن « tomber »,	فت *uft* et افت *fit*;
efrákhten افراختن ou *efráchten* افراشتن « lever »,	افراز *efráz*;
efroúkhten افروختن « allumer »,	افروز *efroúz*;
áferíden آفریدن « créer »,	آفرین *áferín*;
efzoúden افزودن ou *fezoúden* فزودن « augmenter »,	افزای *efzáy*;
águènden آکندن « emplir »,	آکن *águèn*;
áloúden آلودن « souiller »,	آلای *áláy*;
ámèden آمدن ou *ámáden* آماون ou *ámoúden* آمودن « venir »,	آی *áy*;
ámoúkhten آموختن « apprendre »,	آموز *ámoúz*;
ámíkhten آمیختن « mêler »,	آمیز *ámíz*;
embáchten انباشتن « emplir »,	انبار *embár*;
endákhten انداختن « lancer »,	انداز *endáz*;
endoúden اندودن « enduire »,	اندای *endáy* [3];
engáchten انگاشتن « inférer »,	انگار *engár*;

[1] Les verbes marqués d'une * sont vieux ou tombés en désuétude et l'on ne s'en sert plus en conversation.

[2] L'impératif de ce verbe est inconnu.

[3] On n'emploie plus ce verbe tel que nous l'avons ici, mais on le remplace par اندود کردن *endoúd kerden* « stuquer, enduire ».

DES VERBES.

انگیختن	enguíkhten « exciter »,	انگیز	enguíz;
اوباشتن*	oubáchten « dévorer, couper »,	اوبار	oubár;
آویختن	ávíkhten « pendre, suspendre »,	آویز*	áviz;
باختن	bákhten « perdre au jeu, jouer aux jeux de hasard, jouer »,	باز	báz;
پالودن*	páloúden « exprimer le jus, extraire »,	پالای*	pálày[1];
بالیدن ou بالودن	báliden ou báloúden « grandir »,	بالای*	bálày;
پائیدن	páiden « guetter, observer »,	پای	pày[2];
بایستن	báisten « devoir » (l'impératif n'existe pas),	بای	bày;
پختن	púkhten « cuire »,	پز	pez;
بخشودن*	bekhchoúden « pardonner »,	بخشای	bekhcháy;
بخشیدن	bekhchíden « donner gratuitement »,	بخش	bekhch;
پذیرفتن ou پذیروفتن	pezirúften ou pezíruften « agréer »,	پذیر	pezír[3];
پرداختن	perdákhten « polir, donner un dernier coup de main », et au figuré, « vider »,	پرداز	perdáz;
بردن	bùrden « porter »,	بر	ber;
پرهیختن*	perhíkhten « jeuner, s'abstenir »,	پرهیز*	perhíz;
بستن	bèsten « lier »,	بند	bend;
پنداشتن	pendáchten « juger par induction »,	پندار	pendár;
بودن	boúden « être »,	باش	bách;
بیختن	bíkhten « tamiser »,	بیز	bíz;
پیختن*	píkhten « tordre »,	پیچ	pítch;
پیراستن	peyrásten « orner »,	پیرای	peyráy;
پیمودن	peymoúden « mesurer »,	پیمای	peymáy,
پیوستن	peyvèsten « joindre, enter, fonder »,	پیوند	peyvènd;
تاختن	tákhten « courir sus, chasser »,	تاز	táz;
تافتن ou تفتن	táften ou tèften « luire, tordre, tisser »,	تاب	táb;
تنیدن ou تنودن*	teníden ou tenoúden « filer, amincir »,	تن	ten;
توانستن	tuvánisten « pouvoir »,	توان	tuván;
توختن*	toúkhten « désirer »,	توز*	toúz;
جستن ou جیستن	djèsten ou djísten « sauter »,	جه	djèh;
جستن	djùsten « chercher »,	جوی	djoúy;

[1] Ce verbe ne s'emploie plus qu'au participe passé پالوده páloudè, par exemple: پالودۀ سیب páloúdéï síb « extrait de pomme », breuvage favori des Persans.

[2] L'infinitif پایستن páisten, qui se trouve dans quelques dictionnaires, ne s'emploie plus.

[3] Aujourd'hui on se sert de پرهز perhiz ou پرهیز کردن perhíz kèrden au lieu de پرهیختن perhíkhten, tombé en désuétude.

DES VERBES.

چیدن tchíden « cueillir », چین tchín;
خاستن khásten « se lever », خیز khíz;
خاییدن kháíden ou خاییستن kháísten « macher », خای kháy;
خفتن khúften ou خسپیدن khuspíden « dormir », خسپ khusp et خفت khuft;

خواستن khásten « vouloir », خواه kháh;
دادن dáden « donner », ده deh;
داشتن dáchten « avoir », دار dár;
دانستن dánisten « savoir », دان dán;
درودن deroúden ou درویدن dereviden « moisson-ner », درو dirèv[1]; imp. diróou;
دوختن doúkhten « coudre », دوز doúz;
دیدن díden « voir », بین bín;
ربودن ruboúden ou روبودن roúboúden « ravir », روبای roúbáy ou ربای rubáy;

رستن rèsten « délivrer », ره reh;
رستن rùsten « croître » (imp. roû), روی roúy;
رشتن ríchten « tramer, filer », ریس rís;
رفتن rèften « aller » (impér. roóu), رو rèv;
ریدن ríden « stercorare », ری ríy;
روفتن roúften ou رفتن rùften « balayer », روب roúb;
ریختن ríkhten verser, épancher », ریز ríz;
زادن záden ou زاییدن záíden « donner la vie, accoucher, naître », زای záy;
زدن zèden « frapper », زن zen;
زدودن zèdoúden « purger », زدای zidáy;
زستن zisten ou زیستن zísten « vivre », زی zíy;
زنودن zinoúden « hennir, hurler », زنو zinèv, imp. zinóou;

ساختن sákhten « faire », ساز sáz;
سپوختن supoúkhten « stimuler, piquer », سپوز supoúz;
ستودن sitoúden ou ستادن sitáden « louer », ستای sitáy;
سختن sekhten ou سنجیدن sendjíden « peser », سنج sendj;
سفتن suften « enfiler, perforer », سنب sumb;
سوختن soúkhten « brûler », سوز soúz;
سودن soúden « frotter », سای sáy;

[1] L'infinitif le plus usité aujourd'hui est celui de درو کردن diróou kèrden.

DES VERBES.

شایستن *châîsten* « convenir » (l'impér. n'existe pas), شای *chây*;
شتافتن *chitâften* « se dépêcher, se hâter », شتاب *chitâb*;
شدن *chùden* « devenir » (imp. *chôou*), شو *chev*;
شستن *chùsten* « laver », شوی *choûy*;
شکستن *chikèsten* « briser », شکن *chikèn*;
شگفتن *chuguften* « être ébahi, étonné », شگفت *chuguft*;
شناختن *chinâkhten* « connaître », شناس *chinâs*;
شنیدن *chinîden* ou *شنودن *chinoûden* « entendre » (imp. *chinôou*).... شنو *chinèv*;
*غنودن *ghunoûden* « dormir », *غنو *ghunùv*;
فرستادن *firistâden* « envoyer », فرست *firist*;
فرمودن *fermoûden* « ordonner », فرما *fermâ*;
فروختن *furoûkhten* « vendre », فروش *furoûch*;
فریفتن *firîften* « tromper », فریب *firîb*;
کادن *gâden* ou کایدن *gâîden* « exercer le coït », کای *gây*;
کاستن *kâsten décroître, diminuer », کاه *kâh*;
کاشتن *kâchten* « semer ». کار *kâr*;
کافتن *kâften*[1] « creuser », کاو *kâv*;
کداختن *gudâkhten* « fondre », کداز *gudâz*;
کذاشتن *guzâchten* « poser, mettre sur, laisser », کذار *guzâr*;
کذشتن *guzèchten* « passer, dépasser », کذر *guzèr*;
کردن *kèrden* « faire », کن *kùn*;
کریستن *guirîsten* ou کرستن *guiristen* « pleurer », کری *guirîy*;
کرفتن *guiriften* « prendre », کیر *guîr*;
کریختن *gurîkhten* « fuir », کریز *gurîz*;
کزیدن *guzîden* « choisir », کزین *guzîn*;
کوزیدن *goûzîden* « lâcher un vent », کوز *goûz*;
کسستن *kusisten* « rompre », کسل *kusil*;
کسیختن *gusîkhten* casser, se rompre », کسل *gusil*;
کشودن *kuchoûden* ou کشادن *kuchâden* « ouvrir », کشای *kuchây*;
کشتن *guèchten* « circuler, devenir », کرد *guerd*;
کفتن *goften* « dire », کوی *goûy*;
کماشتن *gumâchten* « nommer à un emploi, instituer », کمار *gumâr*;
کوفتن *koûften* ou کوبیدن *koûbîden* « battre, piler », کوب *koûb*;
مانستن *mânisten* « ressembler », مان *mân*;

[1] Aujourd'hui on se sert ordinairement de l'infinitif کاویدن *kâvîden* « creuser ».

مردن	mùrden « mourir »,	میر	mîr ;
نشستن	nichèsten « s'asseoir »,	نشین	nichîn ;
نگاشتن	nigâchten « écrire, dessiner »,	نگار	nigâr ;
نگرستن	nigueristen « contempler »,	نگر	niguèr ;
نمودن	numoûden « montrer »,	نمای	numây ;
نواختن	nevâkhten « moduler, caresser »,	نواز	nevâz ;
نوشتن	nuvìchten « écrire »,	نویس	nuvîs ;
نهادن	nehâden « poser, placer sur »,	نه	nèh ;
نهفتن	nuhùften « cacher »,	نهوف	nuhoûf ;
هشتن	hìchten « laisser s'échapper »,	هل	hil ;
یافتن	yâften « trouver »,	یاب	yâb.

§ 4. PARADIGMES DES VERBES DÉFECTUEUX.

82. Rappelons-nous ce qui a été déjà dit, que la défectuosité de ces verbes consiste uniquement en ce que les racines prétérit diffèrent des racines aoristes. Quant aux particules préfixes et aux désinences, elles sont toujours les mêmes dans tous les verbes, soit non défectueux, soit défectueux.

83. Les Persans ont deux *verbes auxiliaires* : بودن *boûden* « être », et شدن *chùden*, qui tantôt signifie « être », et tantôt « se faire, devenir ».

a. PARADIGME DU VERBE بودن *BOÛDEN* « ÊTRE ».

84. C'est le verbe dont le paradigme présente le plus d'irrégularités, vu qu'il y a cinq éléments formatifs : بو *bev*, باش *bâch*, بود *boûd*, باد *bâd* et هست *hest*.

INFINITIF.

بودن *boûden* « être » (racine aoriste بو *bev* et باش *bâch*).

PARTICIPES.

Présent بونده *bevendè* « étant » (tombé en désuétude);
Passé بوده *boûdè* « été »;
Futur بودنی *boûdeny* « qui sera, qui peut être ».

GÉRONDIF (n'existe pas).

DES VERBES.

MODE INDICATIF.

AORISTE.

Sing.
- 1ʳᵉ p. باشم *báchem* ou بوم *bevèm* (vieux) « je suis et je serai »;
- 2ᵉ p. باشی *báchy* ou بوی *bevỳ* « tu es et tu seras »;
- 3ᵉ p. باشد *báchèd* ou بود *bevèd* « il est et il sera »;

Plur.
- 1ʳᵉ p. باشیم *báchîm* ou بویم *bevîm* « nous sommes et nous serons »;
- 2ᵉ p. باشید *báchîd* ou بوید *bevîd* « vous êtes et vous serez »;
- 3ᵉ p. باشند *báchènd* ou بوند *bevènd* « ils sont et ils seront ».

PRÉSENT.

Sing.
- 1ʳᵉ p. میباشم *míbáchèm* ou هستم *hèstem* « je suis »;
- 2ᵉ p. میباشی *míbáchy* ou هستی *hèsty* « tu es »;
- 3ᵉ p. میباشد *míbáchèd* ou هست *hest* « il est »;

Plur.
- 1ʳᵉ p. میباشیم *míbáchîm* ou هستیم *hestîm* « nous sommes »;
- 2ᵉ p. میباشید *míbáchîd* ou هستید *hestîd* « vous êtes »;
- 3ᵉ p. میباشند *míbáchènd* ou هستند *hèstend* « ils sont ».

IMPARFAIT.

Sing.
- 1ʳᵉ p. میبودم *míboûdem* « j'étais »;
- 2ᵉ p. میبودی *míboûdy* « tu étais »;
- 3ᵉ p. میبود *míboûd* « il était »;

Plur.
- 1ʳᵉ p. میبودیم *míboûdîm* « nous étions »;
- 2ᵉ p. میبودید *míboûdîd* « vous étiez »;
- 3ᵉ p. میبودند *míboûdènd* « ils étaient ».

PRÉTÉRIT.

Sing.
- 1ʳᵉ p. بودم *boûdem* « je fus »;
- 2ᵉ p. بودی *boûdy* « tu fus »;
- 3ᵉ p. بود *boûd* « il fut »;

Plur.
- 1ʳᵉ p. بودیم *boûdîm* « nous fûmes »;
- 2ᵉ p. بودید *boûdîd* « vous fûtes »;
- 3ᵉ p. بودند *boûdend* « ils furent ».

PRÉTÉRIT COMPOSÉ.

Sing.
- 1ʳᵉ p. بوده ام *boûdè em* « j'ai été »;
- 2ᵉ p. بوده ای *boûdè y* ou بودۀ *boûdèï* « tu as été »;
- 3ᵉ p. بوده است *boûdè est* « il a été »;

DES VERBES.

Plur.
- 1ʳᵉ p. بوده ایم *boûdè ym* « nous avons été »;
- 2ᵉ p. بوده اید *boûdè yd* « vous avez été »;
- 3ᵉ p. بوده اند *boûdè end* « ils ont été ».

PLUS-QUE-PARFAIT (n'existe pas).

FUTUR.

Sing.
- 1ʳᵉ p. خواهم بود *khâhèm boûd* « je serai et j'aurai été »;
- 2ᵉ p. خواهی بود *khâhỳ boûd* « tu seras et tu auras été »;
- 3ᵉ p. خواهد بود *khâhèd boûd* « il sera et il aura été »;

Plur.
- 1ʳᵉ p. خواهیم بود *khâhîm boûd* « nous serons et nous aurons été »;
- 2ᵉ p. خواهید بود *khâhîd boûd* « vous serez et vous aurez été »;
- 3ᵉ p. خواهند بود *khâhènd boûd* « ils seront et ils auront été ».

CONDITIONNEL.

Sing. 1ʳᵉ p. میبودم *miboûdem* (ou avec اگر *eguèr* « si ») « je serais ou si j'étais, etc. » comme l'imparfait.

CONDITIONNEL COMPOSÉ.

Sing.
- 1ʳᵉ p. (اگر) بوده باشم ¹ *boûdè bâchèm* ou (اگر) شده میبودم *chudè miboûdem* « j'aurais été et si j'avais été »;
- 2ᵉ p. (اگر) بوده باشی *boûdè bâchỳ* ou (اگر) شده میبودی *chudè miboûdỳ* « tu aurais été et si tu avais été »;
- 3ᵉ p. (اگر) بوده باشد *boûdè bâchèd* ou (اگر) شده میبود *chudè miboûd* « il aurait été et s'il avait été »;

Plur.
- 1ʳᵉ p. (اگر) بوده باشیم *boûdè bâchîm* ou (اگر) شده میبودیم *chudè miboûdîm* « nous aurions été et si nous avions été »;
- 2ᵉ p. (اگر) بوده باشید *boûdè bâchîd* ou (اگر) شده میبودید *chudè miboûdîd* « vous auriez été et si vous aviez été »;
- 3ᵉ p. (اگر) بوده باشند *boûdè bâchènd* ou (اگر) شده میبودند *chudè miboûdènd* « ils auraient été et s'ils avaient été ».

¹ On dit aussi اگر بوده میباشم *eguèr boûdè mibâchèm*, etc. mais les exemples en sont bien rares.

DES VERBES.

MODE SUBJONCTIF.

PRÉSENT.

Sing. 1ʳᵉ p. كه باشم *ki bâchèm* ou كه بوم *ki bevèm* (vieux) « que je sois » etc. comme l'aoriste.

PRÉTÉRIT.

Sing. 1ʳᵉ p. میبودم (ou كاشكه) كه *ki* (ou *kâchki*) *mîboûdem* « que je fusse, » etc. comme le conditionnel.

PRÉTÉRIT COMPOSÉ.

Sing. 1ʳᵉ p. بوده باشم (ou كاشكه) كه *ki* (ou *kâchki*) *boûdè bâchèm* « que j'aie été, que j'eusse été, » etc. comme le conditionnel composé.

MODE IMPÉRATIF.

Sing. { 2ᵉ p.   باش *bâch* « sois »;
{ 3ᵉ p.   باشد *bâchèd* ou باد *bâd* ou بادا *bâdâ* ou بواد *bevâd* (vieux) « qu'il soit »;

Plur. { 1ʳᵉ p.   باشیم *bâchîm* « soyons »;
{ 2ᵉ p.   باشید *bâchîd* « soyez »;
{ 3ᵉ p.   باشند *bâchènd* « qu'ils ou qu'elles soient ».

IMPÉRATIF PROHIBITIF.

Sing. { 2ᵉ p.   مباش *mebâch* « ne sois pas »;
{ 3ᵉ p.   نباشد *nebâchèd* ou مباد *mebâd* ou مبواد *mebevâd* ou مبادا *mebâdâ* « qu'il ne soit pas, à Dieu ne plaise que »;

Plur. { 1ʳᵉ p.   نباشیم *nebâchîm* « ne soyons pas »;
{ 2ᵉ p.   نباشید *nebâchîd* « ne soyez pas »;
{ 3ᵉ p.   نباشند *nebâchènd* « qu'ils ou qu'elles ne soient pas ».

IMPÉRATIF DE CONTINUITÉ.

Sing. 1ʳᵉ p. همی باش *hemy bâch* « continue à être, sois comme tu es, » etc. comme l'impératif prohibitif avec l'affixe همی *hemy* devant chaque personne.

85. Il y a deux particularités à remarquer concernant l'emploi des temps présents de l'indicatif :

4

86. Le préfixe می *my* ne s'adjoint jamais à هستم *hestèm* dans aucune personne, parce qu'anciennement ce temps était un prétérit (29, note 3). On le prononçait *hèstem* ou *ìstem*.

87. Dans les phrases interrogatives avec négation, les temps présents de بودن *boúden* « être » doivent être remplacés par le verbe normal (29, note 4). Exemples :

On ne peut pas dire آیا نه هستند مگر نمیباشد *meguèr nemîbâchèd*, *âyâ ne hèstend*, etc., mais il faut dire آیا نیستند مگر نیست *megnèr nîst*, *âyâ nîstend*, etc. « est-ce qu'il n'est pas, est-ce qu'ils ne sont pas, etc. »

88. Il y a un optatif qui se forme de deux manières :

1° En plaçant un ا *a* avant د *d* final de la 3ᵉ pers. du sing. de l'aoriste. Par ce moyen, de کند *kunèd* « qu'il fasse », شود *chevèd* « qu'il devienne », دهد *dehèd* « qu'il donne », etc. on peut faire des optatifs où le vœu exprimé aura plus d'emphase qu'il n'en a dans des optatifs et dans des impératifs réguliers. Exemples :

طالع ویرا مدد کناد *tâle'a veyrâ medèd kunâd* « que son horoscope lui porte secours ! » بخت برگشته شواد *bekhtèt berguechtè chevâd* « que ta bonne fortune te tourne le dos ! » خدا ترا روزی دهاد *khudâ turâ roûzỳ dehâd* « que Dieu te donne le pain quotidien ! » etc.

2° En faisant précéder les verbes du mot گو *goú* (2ᵉ pers. sing. impér. de گفتن *gòften*) « dis ! » ou de گو تا *goú tâ* « dis afin que, dis que ». Exemples :

آنها که اسیر ماهارا میبردند خدارا شکر اسیر خود دیدیم و گو تا ببینم *ânhâ ki esîri mâhâra mîbùrdend khudârâ chukr esîri khoúd dîdîm ou goú tâ bebînìm* (voyez dans l'appendice la dépêche du Kaïmakam) « Ceux qui tant de fois avaient traîné les nôtres en captivité, maintenant, grâce à Dieu, nous les voyons prisonniers dans notre camp. Puissions-nous les voir toujours tels ! »

دهن گو زنا خوردنیها نخست
بشوی ای که از خوردنیها بشست(ی)

dehèn goú zi nákhoúrdenîhâ nukhùst bechoúỳ ey ki ez khoúrdenîhâ bechùst (ỳ)

(Hypocrite gorgé de richesses mal acquises!) « Toi, dont toute la piété consiste à te rincer soigneusement la bouche après tes repas, ave-toi d'abord l'âme des crimes qui la souillent! » (Littéralement : « lave-toi d'abord la bouche des choses non mangeables ».)

b. PARADIGME DU VERBE شدن *CHÙDEN* « DEVENIR ».

89. Ce verbe, surtout lorsqu'on l'emploie dans le sens de « devenir, se faire », peut être remplacé par son synonyme کشتن *guèchten* (racine aoriste کرد *guerd*).

INFINITIF.

شدن *chùden* « devenir, être » (racine aoriste شو *chèv*).

PARTICIPES.

Présent شونده *chevendè* « devenant » (tombé en désuétude);
Passé شده *chudè* « devenu »;
Futur شدنی *chudenỳ* « qui peut devenir, qui deviendra ».

GÉRONDIF (n'existe pas).

MODE INDICATIF.

AORISTE.

Sing. { 1ʳᵉ p. شوم *chevèm* « je deviens et je deviendrai »;
2ᵉ p. شوی *chevỳ* « tu deviens et tu deviendras »;
3ᵉ p. شود *chevèd* « il devient et il deviendra »;

Plur. { 1ʳᵉ p. شویم *chevím* « nous devenons et nous deviendrons »;
2ᵉ p. شوید *chevíd* « vous devenez et vous deviendrez »;
3ᵉ p. شوند *chevènd* « ils deviennent et ils deviendront ».

PRÉSENT.

Sing. { 1ʳᵉ p. میشوم *míchevèm* « je deviens »;
2ᵉ p. میشوی *míchevỳ* « tu deviens »;
3ᵉ p. میشود *míchevèd* « il devient »;

Plur. { 1ʳᵉ p. میشویم *míchevím* « nous devenons »;
2ᵉ p. میشوید *míchevíd* « vous devenez »;
3ᵉ p. میشوند *míchevènd* « ils deviennent ».

IMPARFAIT.

Sing. { 1ʳᵉ p. میشدم *míchùdem* « je devenais »;
2ᵉ p. میشدی *míchùdy* « tu devenais »;
3ᵉ p. میشد *míchùd* « il devenait »;

DES VERBES.

Plur.
- 1ʳᵉ p. میشدیم *míchùdím* « nous devenions »;
- 2ᵉ p. میشدید *míchùdíd* « vous deveniez »;
- 3ᵉ p. میشدند *míchùdend* « ils devenaient ».

PRÉTÉRIT.

Sing.
- 1ʳᵉ p. شدم *chùdem* « je devins »;
- 2ᵉ p. شدی *chùdy* « tu devins »;
- 3ᵉ p. شد *chùd* « il devint »;

Plur.
- 1ʳᵉ p. شدیم *chùdím* « nous devînmes »;
- 2ᵉ p. شدید *chùdíd* « vous devîntes »;
- 3ᵉ p. شدند *chùdend* « ils devinrent ».

PRÉTÉRIT COMPOSÉ.

Sing.
- 1ʳᵉ p. شده ام *chudè em* « je suis devenu »;
- 2ᵉ p. شده ای *chudè y* ou شدهٔ *chudèï* « tu es devenu »;
- 3ᵉ p. شده است *chudè est* « il est devenu »;

Plur.
- 1ʳᵉ p. شده ایم *chudè ym* « nous sommes devenus »;
- 2ᵉ p. شده اید *chudè yd* « vous êtes devenus »;
- 3ᵉ p. شده اند *chudè end* « ils sont devenus ».

PLUS-QUE-PARFAIT.

Sing.
- 1ʳᵉ p. شده بودم *chudè boúdem* « j'étais devenu »;
- 2ᵉ p. شده بودی *chudè boúdy* « tu étais devenu »;
- 3ᵉ p. شده بود *chudè boúd* « il était devenu »;

Plur.
- 1ʳᵉ p. شده بودیم *chudè boúdím* « nous étions devenus »;
- 2ᵉ p. شده بودید *chudè boúdíd* « vous étiez devenus »;
- 3ᵉ p. شده بودند *chudè boúdend* « ils étaient devenus ».

FUTUR.

Sing.
- 1ʳᵉ p. خواهم شد *kháhèm chud* « je deviendrai et je serai devenu »;
- 2ᵉ p. خواهی شد *kháhy chud* « tu deviendras et tu seras devenu »;
- 3ᵉ p. خواهد شد *kháhèd chud* « il deviendra et il sera devenu »;

Plur.
- 1ʳᵉ p. خواهیم شد *kháhím chud* « nous deviendrons et nous serons devenus »;
- 2ᵉ p. خواهید شد *kháhíd chud* « vous deviendrez et vous serez devenus »;
- 3ᵉ p. خواهند شد *kháhènd chud* « ils deviendront et ils seront devenus ».

DES VERBES.

CONDITIONNEL.

Sing. 1ʳᵉ p. ميشدم *míchùdem* (ou avec اگر *eguèr* « si ») « je deviendrais ou si je devenais », etc. comme l'imparfait.

CONDITIONNEL COMPOSÉ.

Sing. 1ʳᵉ p. (اگر) شده باشم *chudè bâchèm* ou (اگر) شده میبودم *chudè míboûdem* « je serais devenu et si j'étais devenu », etc. l'inverse du conditionnel composé de بودن.

MODE SUBJONCTIF.

PRÉSENT.

Sing. 1ʳᵉ p. که بشوم *ki bechevèm* ou که شوم *ki chevèm* « que je devienne », etc. comme l'aoriste.

PRÉTÉRIT.

Sing. 1ʳᵉ p. ميشدم (ou كاشكه) که *ki* (ou *kâchki*) *míchùdem* « que je devinsse », etc. comme le conditionnel simple.

PRÉTÉRIT COMPOSÉ.

Sing. 1ʳᵉ p. شده میبودم (ou كاشكه) که *ki* (ou *kâchki*) *chudè míboûdem* ou شده باشم *chudè bâchem* « que je fusse devenu », etc. comme le conditionnel composé.

MODE IMPÉRATIF.

Sing. {
2ᵉ p. شو *chôou* « deviens »;
3ᵉ p. شود *chevèd* « qu'il ou qu'elle devienne »;
}

Plur. {
1ʳᵉ p. شويم *chevím* « devenons »;
2ᵉ p. شويد *chevíd* « devenez »;
3ᵉ p. شوند *chevènd* « qu'ils ou qu'elles deviennent ».
}

IMPÉRATIF PROHIBITIF.

Sing. {
2ᵉ p. مشو *mechóou* « ne deviens pas »;
3ᵉ p. نشود *nechevèd* « qu'il ou qu'elle ne devienne pas »;
}

Plur. {
1ʳᵉ p. نشويم *nechevím* « ne devenons pas »;
2ᵉ p. نشويد *nechevíd* « ne devenez pas »;
3ᵉ p. نشوند *nechevènd* « qu'ils ou qu'elles ne deviennent pas ».
}

IMPÉRATIF DE CONTINUITÉ (n'existe pas).

DES VERBES.

90. L'impératif avec le préfixe ب *bè*, بشو *bechôou*, ne s'emploie que dans quelques patois iraniens, et alors il signifie « va, pars », car شدن *chùden* veut dire dans ces patois, de même que dans quelques passages de Ferdousy, « aller, se mettre en route ».

C. PARADIGME DU VERBE زدن *ZÈDEN* « FRAPPER ».

VOIX ACTIVE.

INFINITIF.

زدن *zèden* « frapper » (racine aoriste زن *zen*).

PARTICIPES.

Présent   زننده *zenendè* « frappant » ;

Passé   زده *zedè* « frappé » ;

Futur   زدنی *zedeny* « qui sera frappé, qui mérite d'être frappé ».

GÉRONDIF.

زنان *zenân* « en frappant » (peu usité).

MODE INDICATIF.

AORISTE.

Sing. { 1ʳᵉ p. زنم *zenèm* « je frappe et je frapperai » ;
2ᵉ p. زنی *zeny* « tu frappes et tu frapperas » ;
3ᵉ p. زند *zenèd* « il frappe et il frappera » ;

Plur. { 1ʳᵉ p. زنیم *zenîm* « nous frappons et nous frapperons » ;
2ᵉ p. زنید *zenîd* « vous frappez et vous frapperez » ;
3ᵉ p. زنند *zenènd* « ils frappent et ils frapperont ».

PRÉSENT.

Sing. { 1ʳᵉ p. میزنم *mîzenèm* « je frappe » ;
2ᵉ p. میزنی *mîzeny* « tu frappes » ;
3ᵉ p. میزند *mîzenèd* « il frappe » ;

Plur. { 1ʳᵉ p. میزنیم *mîzenîm* « nous frappons » ;
2ᵉ p. میزنید *mîzenîd* « vous frappez » ;
3ᵉ p. میزنند *mîzenènd* « ils frappent ».

DES VERBES.

IMPARFAIT.

Sing.
- 1ʳᵉ p. ميزدم *mízèdem* « je frappais »;
- 2ᵉ p. ميزدى *mízèdy* « tu frappais »;
- 3ᵉ p. ميزد *mízèd* « il frappait »;

Plur.
- 1ʳᵉ p. ميزديم *mízèdím* « nous frappions »;
- 2ᵉ p. ميزديد *mízèdíd* « vous frappiez »;
- 3ᵉ p. ميزدند *mízèdend* « ils frappaient ».

PRÉTÉRIT.

Sing.
- 1ʳᵉ p. زدم *zèdem* « je frappai »;
- 2ᵉ p. زدى *zèdy* « tu frappas »;
- 3ᵉ p. زد *zed* « il frappa »;

Plur.
- 1ʳᵉ p. زديم *zédím* « nous frappâmes »;
- 2ᵉ p. زديد *zèdíd* « vous frappâtes »;
- 3ᵉ p. زدند *zèdend* « ils frappèrent ».

PRÉTÉRIT COMPOSÉ.

Sing.
- 1ʳᵉ p. زده ام *zedè em* « j'ai frappé »;
- 2ᵉ p. زده ى ou زدۀ *zedè y* ou *zedèï* « tu as frappé »;
- 3ᵉ p. زده است *zedè est* « il a frappé »;

Plur.
- 1ʳᵉ p. زده ايم *zedè ym* « nous avons frappé »;
- 2ᵉ p. زده ايد *zedè yd* « vous avez frappé »;
- 3ᵉ p. زده اند *zedè end* « ils ont frappé ».

PLUS-QUE-PARFAIT.

Sing.
- 1ʳᵉ p. زده بودم *zedè boûdem* « j'avais frappé »;
- 2ᵉ p. زده بودى *zedè boûdy* « tu avais frappé »;
- 3ᵉ p. زده بود *zedè boûd* « il avait frappé »;

Plur.
- 1ʳᵉ p. زده بوديم *zedè boûdím* « nous avions frappé »;
- 2ᵉ p. زده بوديد *zedè boûdíd* « vous aviez frappé »;
- 3ᵉ p. زده بودند *zedè boûdend* « ils avaient frappé ».

FUTUR.

Sing.
- 1ʳᵉ p. خواهم زد *khâhèm zed* « je frapperai et j'aurai frappé »;
- 2ᵉ p. خواهى زد *khâhy zed* « tu frapperas et tu auras frappé »;
- 3ᵉ p. خواهد زد *khâhèd zed* « il frappera et il aura frappé »;

Plur.
- 1ʳᵉ p. خواهيم زد *khâhím zed* « nous frapperons et nous aurons frappé »;
- 2ᵉ p. خواهيد زد *khâhíd zed* « vous frapperez et vous aurez frappé »;
- 3ᵉ p. خواهند زد *khâhènd zed* « ils frapperont et ils auront frappé ».

CONDITIONNEL.

Sing. 1ʳᵉ p. میزدم *mízèdem* (ou avec اگر *eguèr* « si ») « je frapperais et si je frappais », etc. comme l'imparfait.

CONDITIONNEL COMPOSÉ.

Sing. 1ʳᵉ p. میبودم زده (اگر) *zedè míboûdem* ou باشم زده (اگر) *zedè báchèm* « j'aurais frappé et si j'avais frappé », etc. comme les conditionnels de کندن (39, § 4).

MODE SUBJONCTIF.

PRÉSENT.

Sing. 1ʳᵉ p. بزنم که *ki bezenèm* ou زنم که *ki zenèm* « que je frappe », etc. comme l'aoriste.

IMPARFAIT.

Sing. 1ʳᵉ p. میزدم (ou کاشکه) که *ki* (ou *káchki*) *mízèdem* « que je frappasse », etc. comme le conditionnel composé.

PRÉTÉRIT COMPOSÉ.

Sing. 1ʳᵉ p. باشم زده (ou کاشکه) که *ki* (ou *káchki*) *zedè báchèm* « que j'aie frappé », etc. comme le conditionnel composé.

Ou bien encore :

Sing. 1ʳᵉ p. میبودم زده (ou کاشکه) که *ki* (ou *káchki*) *zedè míboûdem* « que j'eusse frappé », etc. comme la première variante du conditionnel composé.

MODE IMPÉRATIF.

Sing.
- 2ᵉ p. بزن *bezèn* « frappe »;
- 3ᵉ p. بزند *bezenèd* « qu'il frappe »;

Plur.
- 1ʳᵉ p. بزنیم *bezenîm* « frappons »;
- 2ᵉ p. بزنید *bezenîd* « frappez »;
- 3ᵉ p. بزنند *bezenènd* « qu'ils frappent ».

IMPÉRATIF PROHIBITIF.

Sing.
- 2ᵉ p. مزن *mezèn* « ne frappe pas »;
- 3ᵉ p. نزند *nezenèd* « qu'il ne frappe pas »;

Plur. { 1ʳᵉ p. نزنیم *nezenîm* « ne frappons pas »;
2ᵉ p. نزنید *nezenîd* « ne frappez pas »;
3ᵉ p. نزنند *nezenènd* « qu'ils ne frappent pas ».

IMPÉRATIF DE CONTINUITÉ.

Sing. 1ʳᵉ pers. همی بزن *hemỳ bezèn* « continue à frapper, frappe toujours », etc. comme l'impératif affirmatif avec همی *hemỳ* devant toutes les personnes.

§ 5. VOIX PASSIVE DU VERBE زدن ZÈDEN « FRAPPER ».

91. La voix passive se forme en mettant le participe passé du verbe que l'on veut conjuguer avant tous les temps du verbe auxiliaire شدن *chùden* « (devenir) être ». Ce participe reste toujours invariable. Voici le paradigme de la voix passive du verbe زدن :

INFINITIF.

زده شدن *zedè chùden* « être frappé ».

PARTICIPE PASSÉ.

زده شده *zedè chudè* « ayant été frappé ».

MODE INDICATIF.

AORISTE.

Sing. 1ʳᵉ p. زده شوم *zedè chevèm* « je suis frappé et je serai frappé », etc. comme l'aoriste de شدن *chùden*.

PRÉSENT.

Sing. 1ʳᵉ p. زده میشوم *zedè mîchevèm* « je suis frappé », etc. comme le présent de شدن *chùden*.

IMPARFAIT.

Sing. 1ʳᵉ p. زده میشدم *zedè mîchùdem* « j'étais frappé », etc. comme l'imparfait de شدن *chùden*.

PRÉTÉRIT.

Sing. 1ʳᵉ p. زده شدم *zedè chùdem* « je fus frappé », etc. comme le prétérit de شدن *chùden*.

DES VERBES.

PRÉTÉRIT COMPOSÉ.

Sing. 1re p. زده شده ام zedè chudè em « j'ai été frappé », etc. comme le prétérit composé de شدن chùden.

PLUS-QUE-PARFAIT.

Sing. 1re p. زده شده بودم zedè chudè boúdem « j'avais été frappé », etc. comme le plus-que-parfait de شدن chùden.

FUTUR.

Sing. 1re p. زده خواهم شد zedè khâhèm chud « je serai frappé », etc. comme le futur de شدن chùden.

CONDITIONNEL.

Sing. 1re p. (اگر) زده میشدم zedè míchùdem « si j'étais frappé et je serais frappé », etc. comme le conditionnel de شدن chùden.

CONDITIONNEL COMPOSÉ.

Sing. 1re p. (اگر) زده شده باشم zedè chudè báchèm « si j'avais été frappé et j'aurais été frappé », etc. comme le conditionnel composé de شدن chùden.

MODE SUBJONCTIF.

PRÉSENT.

Sing. 1re p. که زده شوم ki zedè chevèm ou که زده بشوم ki zedè bechevèm « que je sois frappé », etc. comme le présent du subjonctif de شدن chùden.

PRÉTÉRIT.

Sing. 1re p. که (ou کاشکه) زده میشدم ki (ou káchki) zedè míchùdem « que je fusse frappé », etc. comme le prétérit du subjonctif de شدن chùden.

PRÉTÉRIT COMPOSÉ.

Sing. 1re p. که (ou کاشکه) زده شده باشم ki (ou káchki) zedè chudè báchèm ou زده شده میبودم zedè chudè míboúdem « que j'aie été frappé ou que j'eusse été frappé », etc. comme le prétérit composé du subjonctif de شدن chùden.

MODE IMPÉRATIF.

Sing. 2ᵉ p. زده شو *zedè chôou* « sois frappé », etc. comme l'impératif de شدن *chùden*.

IMPÉRATIF PROHIBITIF.

Sing. 2ᵉ p. زده مشو *zedè mechôou* « ne sois pas frappé », etc. comme l'impératif prohibitif de شدن *chùden*.

IMPÉRATIF DE CONTINUITÉ (n'existe pas dans la voix passive).

§ 6. REMARQUES SUR LA VOIX PASSIVE.

92. Quoique tous les temps de ce paradigme existent selon la grammaire, l'usage les admet rarement. On dirait que, dans le génie de la langue persane, il y a quelque chose d'antipathique à l'emploi de la voix passive.

Ainsi, au lieu de dire زده میشوم *zedè míchevèm* ou زده شدم *zedè chùdem*, ou زده شد *zedè khâhèm chud*, ou اگر زده شده باشم *eguèr zedè chudè bâchem*, ou کاشکه زده شده باشم *kâchki zedè chudè bâchem*, etc. expressions qu'un Persan illettré aurait de la peine à comprendre, on dira plus volontiers et en même temps plus élégamment :

مرا میزنند *merâ mízenènd* « on me frappe », مرا زدند *merâ zèdend* « on m'a frappé », مرا خواهند زد *merâ khâhènd zed* « on me frappera », ou bien چوب خواهم خورد *tchoûb khâhem khoûrd* « je serai battu » (littéralement : « je mangerai du bâton »), اگر مرا میزنند *eguèr merâ mízenènd* « si l'on me frappe », کاشکه مرا زده میبودند *kâchki merâ zedè míboûdend* « plût à Dieu que je fusse battu » ! etc.

93. Il n'en est pas de même pour ce qui concerne les verbes persans qui ne sont passifs que par leur forme, mais qui ne marquent pas l'action dirigée sur un objet, comme روانه شدن *revânè chùden* « s'en aller, partir », ناخوش شدن *nâkhôch chùden* « tomber malade », پژمرده شدن *pejmurdè chùden* « se faner », ضایع شدن *zâyéa chùden* « se gâter, etc. ». Cette forme de verbes, dis-je, neutres ou réfléchis, est d'un usage fréquent sans qu'on cherche à les paraphraser.

94. Voici encore une autre manière de former la voix passive d'un verbe persan :

Pour obtenir le *présent de l'indicatif* on prend un participe passé arabe, ou bien quelque mot persan qui représente un de ces participes, et on les conjugue avec le verbe normal (32). Ex. : De مرسول *mersoûl* « envoyé » (arabe), خبردار *kheberdâr* « averti » (persan), مغبون *meghboûn* « trompé » (arabe), آماده *âmâdè* « prêt, préparé » (persan), etc. on forme مرسولم *mersoûlem* « je suis envoyé », خبر داری *khebèrdáry* « tu es averti », مغبونیم *meghboûnîm* « nous sommes trompés », آماده اند *âmâdè end* « ils sont prêts », ou « elles sont prêtes », etc.

95. Pour la formation des autres temps et modes, on conjugue ces participes, ou leurs équivalents, avec les verbes auxiliaires بودن *boûden*, شدن *chùden* ou گشتی *guèchten* indifféremment. Exemples : مرسول گشت *mersoûl guècht* « il fut envoyé »; خبردار نبودیم *kheberdâr neboûdîm* « nous n'étions pas avertis »; مغبون مشو *meghboûn mechôou* « ne deviens pas trompé, ne te laisse pas tromper »; آماده باشند *âmâdè bâchend* « qu'ils soient prêts », etc.

CHAPITRE III.

DES DIFFÉRENTES ESPÈCES DE VERBES PERSANS.

§ 1ᵉʳ. DES VERBES DÉRIVÉS.

96. Les Persans n'ont qu'une seule espèce de verbes dérivés qui correspondent aux *verba causativa* du latin, et qui se forment en ajoutant اندن *anden* ou انیدن *anîden* à la fin de la racine aoriste. Par ce moyen, les verbes intransitifs se changent en transitifs, et ces derniers deviennent doublement transitifs. Exemples :

پوشیدن *poûchîden* « couvrir », rac. aor. پوش *poûch* et پوشاندن *poûchânden* ou پوشانیدن *poûchânîden* « faire couvrir, cacher »; خوردن *khoûrden* « manger », rac. aor. خور *khoûr* et خوراندن *khoûránden* ou خورانیدن *khoûránîden* « faire manger »; رستن *rèsten* « être libre », rac. aor. ره *reh* et

رهاندن rehânden ou رهانیدن rehâníden « délivrer, élargir un prisonnier »; خوابیدن khâbíden « dormir », rac. aor. خواب khâb et خوابانیدن khâbânden ou خوابانیدن khâbâníden « endormir quelqu'un, le faire coucher sur le dos », etc. Il n'y a que نشستن nichèsten « s'asseoir », rac. aor. نشین nichîn, qui forme irrégulièrement son verbe transitif, نشاندن nichânden « faire quelqu'un s'asseoir, planter, établir » et non pas nichînânden.

97. L'usage seul peut apprendre si tel ou tel autre verbe persan peut former un dérivé causatif, car il y en a qui en sont incapables, tels que دیدن díden « voir », گفتن gòften « parler », آزمودن âzmoûden « éprouver », et beaucoup d'autres. Tous les verbes dérivés se conjuguent comme les verbes défectueux du groupe deuxième (73).

§ 2. VERBES COMPOSÉS.

98. La majeure partie des verbes persans appartient à cette catégorie. Il faut y distinguer trois divisions.

1° Ceux que l'on forme en les faisant précéder d'un nom persan ou arabe; ce sont les *verbes nominaux*. Exemples :

سلام شکستن selâm chikesten « lever la séance » (littéralement : « briser l'audience »); گوش دادن goûch dâden « prêter l'oreille »; سر دادن ser dâden « mettre en liberté, laisser s'échapper » (littéralement : « donner la tête »); تیر انداختن tîr endâkhten « décocher une flèche », et, en parlant d'une arme à feu, « tirer »; ادا کردن edâ kerden « s'acquitter d'une dette », etc.

On peut aussi remplacer کردن kerden par les verbes نمودن numoûden « montrer » et فرمودن fermoûden « ordonner », lesquels perdent alors leur sens primitif et se traduisent par « faire ». Ce changement de signification a surtout lieu dans le style élevé, et lorsqu'on parle des faits accomplis par quelques personnages haut placés.

2° Les verbes dont le radical est arabe et la terminaison persane[1]. Exemples :

Les substantifs arabes رقص reqs « danse », طلب telèb « demande », فهم

---

[1] On peut à peine dire que ce soient des composés; il serait plus exact de les appeler verbes d'une formation bâtarde, *hybrides*.

fehm « entendement », بلع *bele'a* « acte d'avaler », etc. ont donné lieu aux formes hybrides رقصیدن *reqsíden* « danser », طلبیدن *telebíden* « demander », فهمیدن *fehmíden* « comprendre », بلعیدن *bel'aíden* « avaler », etc.

3° Enfin les *verbes adverbiaux*, qui sont composés des parties du discours indéclinables, ainsi que des préfixes در *der* ou اندر *endèr* « dedans », بر *ber* « sur », باز *bâz* « en arrière », گیر *guír* « capture », etc. on forme در(ou اندر)آمدن *der* (ou *ender*) *âmèden* « entrer » et aussi « sortir », برآویختن *berávíkhten* « suspendre, planer au-dessus », بازگفتن *bâzgòften* « répéter, redire », گیرآمدن *guírâmeden* « devenir prisonnier », etc. Exemples :

یك مرغ خوبی گیر آورده بودم حیف كه از دستم در رفت *yek mùrghi khoúby guír ávùrdè boúdem hhèyf ki ez dèstem der reft* « J'avais attrapé un bel oiseau ; quel dommage qu'il se soit échappé de mes mains ! »

بی مصلحت مجلس آراستند نشستند وگفتند و برخاستند

pèy meslehhèt medjlìs árástend nichèstend ou gòftend ou berkhástend

« Pour une affaire d'état ils s'unirent en assemblée : ils s'assirent, ils parlèrent et ils levèrent la séance. » —

پیش بیا پس مرو نزد ما وایست *pích beyâ pes meróou nèzdi mâ váíst* « Viens en avant, ne recule pas et tiens-toi debout près de nous », etc.

§ 3. VERBES IMPERSONNELS.

99. Les Persans ont trois verbes impersonnels : سزیدن *sezíden* « être bienséant », بایستن *bâisten* « falloir, être de nécessité » et شایستن *cháisten* « convenir », qui tous les trois régissent le datif. Il importe d'en savoir l'emploi et l'application.

100. سزیدن *sezíden* ne se conjugue qu'à la 3° personne et se construit avec un datif. Exemples :

مرا ترا اورا مارا شمارا ایشانرا میسزد (ou نمی سزد) *merá, turá, oúrá, márá, chumárá, ychánrá mísezèd* ou *nèmy sezèd* « il n'est » ou « il n'est pas bien séant à moi, à toi, à lui, à nous, à vous, à eux, à elles », et ainsi de suite pour tous les temps » ; بسزد نسزد بمن چه *besezèd nesezèd bemèn tchi* « il convient ou il ne convient pas, qu'est-ce que cela me fait ? »

101. On peut paraphraser, et cela est plus élégant, en substituant au verbe en question les noms سزاوار *sezâvâr* ou لایق *lâiq* « convenable » ou لیاقت *leyâqet* « convenance » et dire :

این رخت لیاقتی شما را ندارد *yn rekht leyâqèti chumârâ nedârèd* « cet habillement ne vous sied point, n'est pas convenable à votre rang ou à votre âge »; این حرف سزاواری ou لایقی شما نبود *yn hherf sezâvâri* ou *lâiqi chumâ nebood* « cette parole ne vous convenait pas, un homme comme vous devrait parler autrement. »

102. بایستن *bâisten* se conjugue aussi à la 3ᵉ personne seulement. Exemples :

همه باید بمیریم *hemè bâyèd bèmîrim* « tous (nous) devons mourir »; میبایست بمیرد *mîbâist bemîred* « il lui a fallu mourir, qu'il mourût ».

103. Pour donner une idée de la construction de بایستن *bâisten* avec les pronoms personnels conjonctifs, je transcris ici, volontiers, l'exemple suivant de la grammaire de Mirza Ibrahim, dont la rédaction persane est toujours élégante et correcte :

میبایستم *mîbâistem* « il m'a fallu », میبایستی *mîbâisty* ou میبایستت *mîbâistet* « il t'a fallu », میبایستمان *mîbâistimân* « il nous a fallu », میبایستتان *mîbâistitân* « il vous a fallu », میبایستشان *mîbâistichân* « il leur a fallu ».

Afin de mieux comprendre le mécanisme grammatical de ces locutions familières mais très-usitées, l'élève ferait bien de les relire après avoir appris les pronoms personnels conjonctifs.

104. En style familier, au lieu de باید *bâyèd* « il faut » et نباید *nebâyèd* « il ne faut pas », on dit impersonnellement می خواهد *my khâhèd* « on en veut » et نمی خواهد *nemy khâhèd* « on n'en veut pas ». Exemples :

آیا میفرمائید که بالاپوش شما را بردارم *âyâ mîfermâyd ki bâlâpoûchi chumârâ berdârèm* « ordonnez-vous que je prenne votre manteau ? » — نمیخواهد *nemîkhâhèd* « il ne faut pas. »

این تصویر یک قدری بیشتر رنگ میخواهد *yn tesvîr yek qèdry bîchtèr reng mîkhâhèd* « il faut renforcer un peu les couleurs de ce tableau. »

آبرو باین سیاهی وسمه نمی خواهد
لب باین نازیکی گلبرگ نمی خواهد

abroú beín siydhỳ vesmè nemỳ khâhèd — leb beín nazíkỳ gulbèrg nemỳ khâhèd [1]

« Pour des sourcils aussi noirs il ne faut pas (du cosmétique) de vesmé ; à côté d'une bouche aussi délicate et vermeille il ne faut pas de feuilles de rose », etc. (Chanson des rues de Téhéran.)

105. شایستی ne s'emploie qu'à l'infinitif et aux troisièmes personnes. Exemples :

شایستی دیگر وبایستی دیگر *châísten díguèr ou báísten díguèr* « autre chose est convenir et autre chose falloir » (locution proverbiale).

آنچه صاحبریشرا میباید بچّه را نمیشاید وزنرا نمیسزد *ántchi sahhèbríchrá míbâyèd betchtchèrá nemỳ châyèd ou zenrá nemísezèd* « ce qui devient obligatoire pour un homme mûr (littéralement : « au maître de la barbe ») ne convient pas à un enfant et est malséant pour une femme. »

106. Dans des locutions ironiques ou dubitatives, شاید *châyèd* répond aux expressions françaises « eh ! qui le sait ? mais peut-être ? je le crois bien, il peut se faire, il est possible ». Ex. :

هوا ابر است شاید ببارد *hevá ebr est châyèd bebárèd* « le temps est couvert, il pleuvra peut-être. »

نادرست تو این همه شرابرا تنها خوردی — شاید *nâdurùst tou yn hemè cherábrá tenhá khoúrdy — châyèd* « Coquin, tu as donc bu tout ce vin à toi seul ? — Il se peut bien. »

اسپم حاضر باشد شاید مرا شاه بخواهد *èspem hházir báchèd châyèd merá cháh bekhâhèd* « Que mon cheval soit prêt, car il peut se faire que le roi me demande [2] (littéralement « me veuille ») », etc.

---

[1] Le poëte joue ici sur la double signification du verbe خواستن *khâsten* qui, employé dans le sens de « vouloir », s'accorde avec les substantifs ابرو *ábroú* et لب *leb*, et en même temps signifie « il ne faut pas ». Ce sens double a aussi lieu dans l'exemple précédent.

[2] Il y a des cas où le verbe داشتن *dâchten* « posséder, avoir », employé impersonnellement, fait fonction d'un verbe substantif comme, par exemple : چه عیب دارد *tchi 'eỳb dáred* « quel mal y aurait-il ? », عیبی ندارد *'eỳby nedáred* « il n'y a pas de mal, c'est bon », چاره ندارد *tchárè nedáred* « il n'y a pas de remède ».

TROISIÈME PARTIE.

DES NOMS.

CHAPITRE PREMIER.

DES NOMS SUBSTANTIFS.

107. Ce qu'on appelle dans nos grammaires *les genres*, soit des substantifs, soit des adjectifs, soit des pronoms, n'existe pas dans la langue persane.

108. Les noms des choses inanimées, ainsi que les noms des choses intellectuelles, comme :

هوش *hoûch* «intelligence»; خرد *khirèd* «raison»; جان *djân* «âme»; خواب *khâb* «sommeil»; شب *cheb* «nuit»; خانه *khânè* «maison»; روزگار *roûzgâr* «sort»; تیر *tír* «flèche»; داس *dâs* «serpe»; سوكات *sóoukât* «cadeau»; كلم *kelèm* «choux»; فلیز *felíz* «jardin potager», etc.

s'emploient indifféremment sans qu'on y attache aucune idée de sexe ou de genre.

109. Le sexe des êtres doués de vie est désigné de deux manières :

1° En appelant autrement les individus mâles que les individus femelles d'une espèce. Exemples :

غوچ *goûtch* «bélier» et میش *mîch* «brebis»; مرد *merd* «homme» et زن *zen* «femme»; دختر *dukhtèr* «fille» et پسر *pesèr* «garçon»; غلام *ghulâm* «serviteur» et كنیز *keníz* «servante»; خروس *khuroûs* «coq» et ماكیان *mâkyân* ou مرغ *murgh* «poule»; اسپ *esp* ou نریان *neryân* «étalon» et مادیان *mâdyân* «jument»; ورزو *verzôou* «bœuf» et گاو *gâv* «vache» (et aussi «bœuf»); ریش سفید *rîch séfîd* «vieillard» et كیس سفید *guîs séfîd* «vieille femme»; شوهر *chôouhèr* «époux» et زن *zen* ou كوچ *koûtch* ou خانه *khâné* (littéralement «maison») «épouse».

2° En ajoutant aux substantifs du genre masculin le mot

نر *ner* « mâle », et à ceux du genre féminin ماده *mâdè* « femelle. » Exemples :

گامش نر *gâmùchi ner* « buffle » et گامش ماده *gâmùchi mâdè* « femelle du buffle » ; شیر نر *chîr ner* ou نرشیر *nerèchîr* « lion » et شیر ماده *chíri mâdè* ou ماده شیر *mâdè chîr* « lionne » ; ببر نر *bèbri ner* « tigre » et ببر ماده *bèbri mâdè* « tigresse » ; گراز نر *gurâzi ner* « sanglier » et گراز ماده *gurâzi mâdè* « truie » ; گوزن نر *guevèzni ner* « cerf » ; گوزن ماده *guevèzni mâdè* (ou گاو گوزن *gâvi guevèzn*) « sa femelle » ; چل نر *tchìli ner* (ou خروس *khuroûsi tchil*) « le mâle d'une perdrix grise » et چل ماده *tchìli mâdè* (ou مرغ *mùrghi tchil*) « sa femelle » ; لاکپشت نر *lâkpùchti ner* « tortue mâle » et لاکپشت ماده *lâkpùchti mâdè* « tortue femelle ».

110. Les participes masculins et féminins arabes pris substantivement, en passant dans la langue persane, y conservent les désinences qui caractérisent leurs genres respectifs. Exemples :

محبوب من *mehhboûbi men* « mon ami », محبوبۀ من *mehhboûbèi men* « mon amie » ; مرحوم *merhhoûm* « le défunt », مرحومه *merhhoûmè* « la défunte », etc.

Les mêmes participes pris adjectivement s'emploient toujours au masculin :

پسر مقبول *pesèri meqboûl* « joli garçon » et aussi دختر مقبول *dukhtèri meqboûl* (pour *meqboulè*) « jolie fille » ; اسپ ضعیف *èspi zeíf* « un cheval faible » et مادیان ضعیف *mâdyâni zeíf* (pour *zeífè*) « une jument sans force », etc.

111. Par exception, quelques substantifs persans deviennent féminins moyennant la finale و *ou*. Exemples :

یار *yâr* « ami » et یارو *yaroû* « amie » ; بان *bân* « gardien » (mot qui ne s'emploie plus que dans les noms composés) et بانو *bânoû* « gardienne des femmes d'un seigneur, première dame d'un harem ».

Le substantif خانم *khânùm* « madame » est fém. de خان *khân* « seigneur » et کمینه *kemînè* « la plus petite », substantivement pris, est féminin de کمترین *kemtèrîn* superlatif (151 b) de کم *kem* « peu ».

DES CAS.

112. Les cas des noms persans sont au nombre de six. On les forme en ajoutant des particules tantôt avant et tantôt après le nominatif singulier.

113. Les Persans n'ont pas de génitif proprement dit, car c'est au nom qui régit et non pas au régime qu'ils ajoutent le signe de ce cas.

114. Pour traduire un génitif isolé, comme *terræ, hominis*, etc. on fait précéder les nominatifs singuliers زمين *zemîn* « terre » آدم *âdèm* « homme », etc. du mot مال *mâl* « propriété », auquel on ajoute un *i* dans la prononciation. Exemples :

مال زمين *mâli zemîn* « de la terre »; مال آدم *mâli âdèm* « de l'homme »; اين توله از که ميباشد *yn toûlè ez ki mîbâchèd* « à qui est ce chien de chasse »? مال شاهزاده *mâli chahzâdè* « au prince » (du prince); پدر اين طفلك كيست *pèdèri yn tiflèk kîst* « qui est le père de ce petit enfant? » مال برادرم است *mâli berâdèrem est* « il est à mon frère » (de mon frère), etc.

115. Cet *i* copulatif, qui sert ainsi à établir le rapport du génitif, est appelé par les grammairiens orientaux ياى اضافه *yây izâfè* « l'y annexé » ou tout simplement اضافه *izâfè* « jonction, annexe. » Nous l'appellerons *izafet*.

116. Dans les génitifs qui ne sont pas absolus, on supprime مال en lui substituant le nom qui régit et en l'affectant d'un izafet. Exemples :

اسپ سردار *èspi serdâr* « le cheval du généralissime »; كارد آشپز *kârdi âchpèz* « le couteau du cuisinier »; پر قو *pèri qôou* « la plume du cygne », etc.

Toutes les fois que le nom qui régit se trouve terminé en ا *â*, و *ou* et ه *e* quiescent, l'izafet, pour des raisons d'euphonie, se montre sous la forme d'un ى *y* ou d'un ء ou ء *eï*. Exemples :

Les substantifs عصا *'esâ* « bâton », پارو *pâroû* « rame », غنچه *ghuntchè* « bouton », mis en rapport du génitif avec پيرى *pîry* « vieillesse », نو *nôou* « barque », لاله *lâlè* « coquelicot », devront s'écrire et se prononcer : عصاى پيرى *'esây pîry* « le bâton de la vieillesse »; پاروى نو *pâroûy nôou* « la rame de la barque », غنچهٔ لاله *ghuntchèï lâlè* « le bouton du coquelicot ».

Mais si la finale du nom qui régit est un ى *y*, les izafets du génitif ne s'écrivent pas dans le corps d'écriture et on les fait seulement sentir dans la prononciation, de même que nous l'avons déjà vu dans les noms terminés par une consonne. Exemples :

مى خرابات *mèyi kherâbât* « le vin de la taverne »; دى خزان *dèyi khezân*

« le plus long mois de l'automne », مردم نادرستی *mâdurustii merdùm* « la perversité des hommes ».

117. Le *datif* se forme de trois manières :

1° D'abord, et c'est la formation la plus usitée aujourd'hui, en mettant devant les nominatifs singuliers la préposition ب *bè*. Exemples :

بپادشاه عرض کرد بخانه آمد *behhânè âmed* « il arriva à la maison »; *bepâdichâh 'erz kerd* « il parla respectueusement au roi »; باو گفتم *beoû gòftem* « je lui ai dit », etc.

2° En mettant le signe را *râ* après le nominatif singulier. Ex. :

پادشاهرا غلامی بود *pâdichâhrâ ghûlâmy boûd* « le roi avait un serviteur »; حمد و سپاس خدای پاکرا *hhemd ou sipâs khudây pâkrâ* « louanges et actions de grâce (soient rendues) au Dieu de pureté », etc.

Ce datif est plus élégant et s'emploie dans un style élevé, mais le datif avec ب le remplace en conversation et dans les locutions familières.

3° Enfin, en mettant la particule مر *mer* avant, et en même temps را après le nominatif singulier d'un nom, ce qui n'a lieu que dans le vieux style et en poésie. Exemples :

مرنخچیروانرا *mernekhtchîrvânrâ* « au chasseur », مرسالاررا *mersâlârrâ* « au chef de l'armée », etc.

118. L'*accusatif* ne diffère point des deux dernières formes du datif, et il n'y a que le sens du passage qui puisse en faire voir la différence. Exemples :

خانهرا آتش زدند *khânèrâ âtèch zèdend* « ils ont incendié la maison »; مر سپهبدرا دار کشیدند *mer sipehbùdrâ dâr kechîdend* « ils ont pendu le chef »; پادشاهرا غلامی زد *pâdichâhrâ ghûlâmy zed* « un serviteur frappa le roi »; حمد و سپاس خدارا نمی کنند *hhemd ou sipâsi khudârâ nemy kunènd* « Ils ne louent pas Dieu convenablement ».

Les verbes آتش زدن *âtèch zèden* « incendier », دارکشیدن *dâr kechîden* « pendre », زدن *zèden* « frapper » et کردن *kèrden* « faire », régissant l'accusatif, les substantifs خانه, سپهبد, پادشاه et حمد و سپاس, sont accompagnés des particules formatives qui ne peuvent représenter ici que l'accusatif.

119. Mais ce en quoi l'accusatif diffère essentiellement du datif, c'est que le signe را *râ* formatif de celui-ci ne peut être supprimé dans aucune construction, tandis que les meilleurs auteurs font souvent disparaître را *râ* de l'accusatif. Ainsi, dans le distique suivant de Séady, on rencontre quatre suppressions de ce genre :

جهان ای برادر نماند بکس
دل اندر جهان آفرین بند و بس
مکن تکیه بر ملك دنیا وپشت
که بسیار کس چون تو پرورد وکشت

djehân ey berâdèr nemânèd bekes dil (pour *dilrâ*) *endèr djehân âferîn bend ou bes mekùn tekiè* (pour *tekièrâ*) *ber mùlki dunyâ ou pucht* (pour *puchtrâ*) *ki besyâr kès* (pour *kèsrâ*) *tchoûn tou pervèrd ou kucht*

« Frère! Le monde ne restera à personne. Attache uniquement ton cœur au créateur du monde, cela suffit. Ne t'adosse et ne t'accoude point contre (le rempart) des biens terrestres, car il (ce perfide appui s'écroule et) a déjà tué beaucoup d'hommes comme toi, après les avoir abrités et protégés ».

En général les Persans se plaisent dans des expressions plus ou moins vagues, et par conséquent ne font pas volontiers usage de را *râ*, qui, pour ainsi dire, fixe et arrête le sens d'un régime. Nous en reparlerons plus d'une fois aux chapitres respectifs de diverses parties du discours où le را de l'accusatif n'est pas obligatoire. En attendant, un distique emprunté à Hâfiz suffira pour développer la règle dont il s'agit ici :

حدیث از مطرب و می گو و راز دهر کمتر جو
که کس نکشود ونکشاید بحکمت این معمّی را

hhedîs (pour *hhedîsrâ*) *ez mutrib ou mey goú ou râzi dehr* (pour *dehrrâ*) *kemter djoû ki kes nekuchoâd ou nekûchâyèd behhikmèt yn mu'emmarâ* (accusatif)

« Trêve de ces légendes sur les mystères de la prédestination! Parle-moi musique ou vin; ma légende à moi n'est qu'une chanson bachique. Quant à la prédestinée c'est une énigme dont aucun théologien n'a su et ne saura jamais le mot. » (Littéralement : « Dis la légende du musicien et du vin, et cherche moins le secret du siècle, car personne, avec de la théologie, n'a ouvert et n'ouvrira cette énigme ».)

Dans le premier hémistiche, Hâfiz supprime le را de حديث « légende », ainsi que le را de راز دهر « secret du siècle », parce qu'il généralise sans nous dire positivement de quel musicien et de quel vin nommément il veut qu'on l'entretienne, ni sans qualifier non plus le mystère en discussion dont il ne veut plus entendre parler. Remarquons aussi que l'absence de la particule affirmative به devant les impératifs جو, et گو, et que le comparatif كمتر « moins », contribuent à augmenter le vague dans le vœu du poëte. Mais, dans le second hémistiche, le را devient obligatoire après le régime معمّى « l'énigme », car ce nom est précédé du démonstratif اين, qui en détermine et en qualifie le sens.

120. Le *vocatif*. Il y a trois manières de former ce cas :

1° La plus usitée est celle de mettre devant le nominatif une de ces exclamations : اى *ey* « ô ! », يا *yâ* « ah ! ô ! », ايا *eyâ* « ohé ! dis donc ! », ايّها *èyyuhâ* « ô ! ohé ! holà ! ». Exemples :

اى فلك *ey felèk* « ô ciel ! », ايا ساقى *eyâ sâqy* « dis donc, échanson ! », يا صاحبان *yâ sâhhibân* « ah ! messieurs », ايّها گروه گناهکاران *èyyuhâ gueroûhi gunâhkârân* « ô nation des pécheurs ! », etc.

2° On ajoute un ا *élif* long à la fin du nominatif. Exemples :

پادشاها *pâdichâhâ* « ô souverain ! », بارخدايا *bâri khudâyâ* « seigneur Dieu ! », پروردگارا *perverdigâra* « ô Providence ! ».

3° Enfin, la formation la moins usitée du vocatif consiste à faire suivre le nominatif singulier de را. Exemples :

دل ميرود زدستم صاحبدلان خدارا
دردا که راز پنهان خواهد شد آشکارا

dil mîrevèd zidèstem sâhhibdilân khudârâ (ô Dieu, vocatif) *dèrdâ* (ô douleur, vocatif) *ki râzi punhân khâhèd chud âchkârâ* (pour *âchkâr*)

« On me ravit mon cœur (littéralement : « le cœur s'en va de ma main »).

Ô vous dont le cœur est encore à votre disposition, gare à vous! Ô Dieu! ô douleur! le mystère que j'y ai caché avec autant de soin deviendra public et notoire! » (Hâfiz).

121. L'*ablatif* se forme en mettant از *ez* « de » avant le nominatif. Exemples :

از پشت بام توی اوطاق افتاد و از پنجره در رفت *ez pùchti bám toùy ótâq uftâd ou ez pendjerè der reft* « du haut de la terrasse il est tombé dans la chambre et il s'est échappé par la fenêtre ».

122. Lumsden, et ceux d'entre les grammairiens qui l'ont suivi, comptent au nombre des variantes de l'ablatif قضارا *qezârâ* « par hasard », اتّفاقرا *ittifâqrâ* « fortuitement », et quelques autres substantifs suivis du را des cas obliques. En effet, on peut les rendre par des ablatifs réguliers persans : از قضا *ez qezâ*, از اتّفاق *ez ittifâq*, etc. mais ils n'en sont pas moins de véritables accusatifs traduisant ceux obtenus par le formatif arabe ـً, qu'on appelle تنوین فتحه *tenvîni fethhè*, vu qu'en arabe on dit اتّفاقًا *ittifâqèn* et قضاً *qezâèn* dans le même sens.

DES NOMBRES.

123. La déclinaison des substantifs persans a trois nombres, savoir : le *singulier*, le *pluriel* et le *duel;* ce dernier appartenant exclusivement à des noms empruntés à la langue arabe.

124. Pour former le pluriel, on ajoute une des trois terminaisons ها *hâ*, ان *ân*, ات *ât* à la dernière lettre du nominatif singulier.

§ 1er. DES PLURIELS EN ها.

125. Dans la langue moderne, soit parlée, soit écrite, la terminaison ها est la plus usitée. Elle s'applique également à toute espèce de noms substantifs, animés ou inanimés, arabes ou persans, sans exception. Exemples :

آدمها *âdemhâ* « les hommes »; زنها *zenhâ* « les femmes »; اسپها *esphâ* « les chevaux »; مرغها *murghhâ* « les oiseaux »; لاشه‌ها *lâchéhâ* « les cadavres de bêtes mortes »; جنگلها *djenguelhâ* « les forêts »; چمنها *tchemenhâ* « les prairies »; فکرها *fikrhâ* « les pensées »; نعمتها *ne'amethâ* « les bienfaits », etc.

§ 2. — DES PLURIELS EN ان *ÁN.*

126. Il paraît qu'anciennement ان *án* formait le pluriel des substantifs doués de vie, et ها *há* le pluriel des êtres inanimés seulement. Aujourd'hui l'application de cette règle n'a plus lieu, et il n'y a que l'usage qui décide laquelle des deux finales doit être préférée dans un cas donné. Il n'en est pourtant pas moins vrai que les meilleurs auteurs de l'âge d'or de la littérature persane, et que ceux de nos temps qui écrivent avec élégance, se servent plus volontiers de la terminaison ان *án* toutes les fois qu'il s'agit des êtres animés et surtout des êtres humains, comme لشكريان *lechkeríán* « les soldats », شاهان *cháhán* « les souverains », طوپچيان *touptchíán* « les artilleurs », مُسُلْمَانان *musulmánán* « les musulmans », etc. Sćady donne cette terminaison même aux choses inanimées, comme درختان *direkhtán* « les arbres », pour les ennoblir en quelque sorte, et on la trouve aussi à la fin du substantif رز *rez* « cep de vigne » dans le distique suivant :

من خونِ رزان خورم تو خونِ كسان
انصاف بده كدام يكى خونخوارتريم

men khoûni rezán khoûrèm tou khoûni kesán insâf bedèh kudâm yèky khoûn-khârterîm

« Je bois du sang des ceps de vigne et toi du sang des hommes; sois juste et décide qui d'entre nous deux est plus sanguinaire ? »

Des exemples semblables se rencontrent bien rarement en persan moderne.

127. L'euphonie et la loi de permutation des lettres exigent que :

1° La terminaison ان *án* mise en contact avec les voyelles longues ا ou و soit précédée d'un ى long euphonique. Ex. :

ميرزا *mírzá* « homme de plume, savant »; خوشرو *khochroú* « un homme beau, une femme belle », ont le pluriel خوشرويان, ميرزايان *gán*. Ex. :

2° Après ه *hè* quiescent, ان se change en گان *gán*. Ex. :

مژگان, بندگان *bendegán* « les serviteurs »; ديدگان *dídegán* « les yeux »;

mujegân « les cils », sont autant de pluriels de بَنْدَه *bendè*, دِيدَه *dîdè*, مُژَه *mujè* (o quiescent disparaît, étant absorbé par le ك de la finale).

§ 3. DES PLURIELS EN ات *ÂT*.

128. La terminaison ات *ât* est d'origine arabe, quoiqu'on la trouve aussi à la fin des substantifs persans. Exemples : حيوانات *hheïvânât* (arabe) « les animaux »; حشرات *hhecherât* (arabe) « les insectes »; دِيمات *deïmât* (arabe) « les champs qui n'ont pas besoin d'être arrosés artificiellement, auxquels la rosée et la pluie suffisent »; گرمسيرات *guermesîrât* (persan) « les campements d'hiver »; سردسيرات *serdesîrât* (persan) « les campements d'été », etc.

129. Après ه *hé* quiescent la terminaison ات *ât* se change en جات *djât* et quelquefois aussi en كات *kât*, mais les exemples de cette dernière permutation sont peu fréquents. Exemples : مراسلجات *murâsiledjât*[1] ou نوشتجات *nuvichtedjât* « les écrits, les lettres »; قلعجات *qel'adjât* « les forteresses »; حوالجات *hhevâledjât* « les reports, les transferts »; شوركات *choûrekât* « les marais salants, sables blanchis d'efflorescence du sel et du kali », sont formés des singuliers نوشته ou مراسله , شوره et حواله , قلعه. Les substantifs بقسومات *beqsoûmât* « les biscuits » et سيوسات *soûrsât* « les comestibles », ne s'emploient qu'au pluriel.

130. Le substantif ايل *yl* « tribu nomade » forme son pluriel irrégulièrement en يات *yât*, ايليات *ylîât* « les tribus nomades ».

131. Par un pléonasme, la terminaison ات *ât* se trouve quelquefois annexée à d'autres pluriels, et par ce moyen donne lieu à des pluriels doubles, ou pluriels de pluriels. Exemples : كلانات *guilânât* « les marais », nom d'une province marécageuse sur le littoral Caspien, n'est qu'un pluriel de كلان *guilân*, lequel, à son tour, est pluriel du singulier گل *guil* « boue, crotte ». De même que بنادرات *benadirât* « les ports de mer », عجايبات *'edjâïbât* « les merveilles », عيوبات *u'yoûbât* « les défauts », etc. dérivent des pluriels arabes بنادر, عجايب et عيوب.

§ 4. DES PLURIELS ARABES.

132. Le mode de formation de ces pluriels est du ressort de la grammaire arabe; on les trouve indiqués dans tous les

[1] L'usage seul peut apprendre si les terminaisons جات et گان (127) sont ou ne

74 DES NOMBRES.

bons dictionnaires de cette langue. Nous n'en constatons ici l'existence que pour avertir les commençants qu'en Perse, dans la conversation, l'on s'en sert rarement. Il n'y a que les mollas arabisants et ceux qui visent à un langage savant qui fardent leurs écrits et leurs discours des pluriels arabes; le bon goût les répudie ou en use sobrement.

133. Quant aux *duels* arabes, comme سلطان برّين و بحرين *sultâni berrëïn ou behhrëïn* «le souverain des deux continents et des deux mers», ذو القرنين *zoûl qernëïn* «maître de deux siècles» ou «maître de deux cornes», épithète d'Alexandre le Grand, حسنين *hhesenëïn* «Hassan et Hussein, les deux fils d'Ali», etc. on ne s'en sert guère que dans le langage des chroniques, celui du clergé et des diplômes gouvernementaux.

134. Les pluriels, de même que les singuliers arabes employés en persan, se déclinent comme les noms d'étymologie persane.

§ 5. DE LA DÉCLINAISON.

135. Une seule forme de déclinaison sert pour tous les noms substantifs. Il n'y a que le pluriel qui diffère et les divise en trois catégories. Nous en connaissons déjà et la formation et les variantes des cas obliques (112 jusqu'au 122).

1°. — SINGULIER.

Nom.	لجن	*ledjèn* « le bourbier »;
Gén.	مال لجن	*mâli ledjèn* « du bourbier »;
Dat.	به لجن	*bè ledjèn* « au bourbier »;
Acc.	لجن را	[1] *ledjènrá* « le bourbier »;
Voc.	اى لجن	*ey ledjèn* « ô bourbier! »;
Abl.	از لجن	*ez ledjèn* « du bourbier ».

sont pas admissibles pour tel ou tel autre nom. Là où elles ne le sont pas on se sert de la finale ها *há*.

[1] Le را des cas obliques peut s'écrire séparément ou bien se lier au mot qui le précède.

DES NOMBRES.   75

PLURIEL.

Nom.   لجنها   ledjenhá « les bourbiers » (125);
Gén.   مال لجنها   máli ledjenhá « des bourbiers »;
Dat.   به لجنها   bè ledjenhá « aux bourbiers »;
Acc.   لجنهارا   ledjenhárá « les bourbiers »;
Voc.   اى لجنها   ey ledjenhá « ô bourbiers! »;
Abl.   از لجنها   ez ledjenhá « des bourbiers ».

2°. — SINGULIER.

Nom.   يل   yel « le héros »;
Gén.   مال يل   máli yel « du héros »;
Dat.   به يل   bè yel « au héros »;
Acc.   يلرا   yelrá « le héros »;
Voc.   اى يل   ey yel « ô héros! »;
Abl.   از يل   ez yel « du héros ».

PLURIEL.

Nom.   يلان   yelán « les héros » (126);
Gén.   مال يلان   máli yelán « des héros »;
Dat.   به يلان   bè yelán « aux héros »;
Acc.   يلانرا   yelánrá « des héros »;
Voc.   اى يلان   ey yelán « ô héros! »;
Abl.   از يلان   ez yelán « des héros ».

3°. — SINGULIER.

Nom.   ده   deh « le village »;
Gén.   مال ده   máli deh « du village »;
Dat.   بده   bè dèh « au village »;
Acc.   دهرا   dèhrá « le village »;
Voc.   اى ده   ey deh « ô village »;
Abl.   از ده   ez deh « du village ».

PLURIEL.

Nom.   دهات   dehát « les villages » (128);
Gén.   مال دهات   máli dehát « des villages »;
Dat.   بدهات   bè dehát « aux villages »;
Acc.   دهاترا   dehátrá « les villages »;
Voc.   اى دهات   ey dehát « ô villages! »;
Abl.   از دهات   ez dehát « des villages ».

CHAPITRE II.

DES NOMS ADJECTIFS.

136. Les noms adjectifs persans, isolément pris, sont indéclinables et ne prennent point de pluriel. Ils ne manifestent, pour ainsi dire, des signes de vie grammaticale, que lorsqu'ils sont unis à leurs substantifs.

137. Dans une construction, la place obligée d'un adjectif est la seconde, c'est-à-dire immédiatement après son substantif, et ils s'accordent l'un avec l'autre moyennant un izafet, tout à fait de la même façon que lorsqu'il s'agit de l'accord du génitif (115 et 116). Exemples :

ديو سفيد *dívi sefíd* « le démon blanc »; گیسوی سیاه *gueysoúy siyáh* « la chevelure (de femme) noire »; دریای موّاج *deryáy mevvádj* « la mer houleuse »; رودخانهٔ غود *roúdkhánèï ghóoud* « le fleuve profond ».

138. Partout où, en français, un temps du verbe auxiliaire *être* peut se placer entre un adjectif et un substantif, les Persans suppriment l'izafet de l'adjectif. Exemples :

یخ سرد و آتش گرم است *yekh serd ou átèch guerm est* « la glace est froide et le feu est chaud »; خدا کریم است آدم گناهکار *khudá kerím est ádem gunáhkár* « Dieu est miséricordieux, l'homme enclin au péché ».

139. Toutes les fois qu'un substantif, uni à son adjectif, se décline, le substantif renvoie le signe را des cas obliques à la fin de l'adjectif, et en même temps il garde auprès de lui les prépositions et la finale du pluriel. Exemples :

SINGULIER.

Nom. بازوی پرزور *bázoúy purzoúr* « le bras vigoureux »;
Gén. مال بازوی پرزور *máli bázoúy purzoúr* « du bras vigoureux »;
Dat. به بازوی پرزور *be bázoúy purzoúr* « au bras vigoureux »;
Acc. بازوی پرزوررا *bázoúy purzoúrrá* « le bras vigoureux »;
Voc. ای بازوی پرزور *ey bázoúy purzoúr* « ô bras vigoureux! »;
Abl. از بازوی پرزور *ez bázoúy purzoúr* « du bras vigoureux ».

PLURIEL.

Nom. بازوهای پرزور *bâzoûháy purzoûr* « les bras vigoureux »;
Gén. مال بازوهای پرزور *mâli bâzoûháy purzoûr* « des bras vigoureux »;
Dat. به بازوهای پرزور *be bâzoûháy purzoûr* « aux bras vigoureux »;
Acc. بازوهای پرزوررا *bâzoûháy purzoûrrâ* « les bras vigoureux »;
Voc. ای بازوهای پرزور *ey bâzoûháy purzoûr* « ô bras vigoureux! »;
Abl. از بازوهای پرزور *ez bâzoûháy purzoûr* « des bras vigoureux ».

140. Quelquefois on peut intervertir l'ordre de la construction dont on vient de parler, c'est-à-dire placer l'adjectif avant le substantif et en supprimer l'izafet. Exemples :

عجب هوای دارد خوب پادشاهیست *khoûb pádichâhíst* « c'est un bon roi »; اینجا *'edjèb hevây dârèd yndjâ* « l'air est ici d'une étonnante (pureté) ».

On verra plus tard beaucoup de substantifs formés de cette manière, comme :

خوش رو *khoch roû* « beau », pour روی خوش *roúy khoch* « le visage beau »; بدذات *bedzât* « méchant », pour ذات بد « le naturel mauvais »; بلند جایگاه *bulènd djâygâh* « élevé en dignité, l'homme haut placé », pour جایگاه بلند *djâygâhi bulènd* « endroit élevé, dignité haute », etc.

CHAPITRE III.

DE L'ARTICLE.

141. Avant de passer à d'autres espèces de noms, arrêtons-nous un moment pour faire connaissance avec l'article indéfini, que les grammairiens persans appellent یای وحدت *yáy vehhdèt* « l'y d'unité », que l'on place à la fin d'un nom (comme dans le mot français *quelqu'un*) et qui correspond à l'article français « un, une ». Exemples :

آدمی *âdèmy* « un homme »; زنی *zèny* « une femme »; کسی *kesy* « quelqu'un »; سگی *sèguy* « un chien »; کاهی *káhy* « un brin de paille », etc.

C'est le seul et unique article qui existe dans la langue persane.

142. Dans les noms terminés en ه quiescent, l'article d'unité est représenté par un *hemzé*. Exemples :

چلپاسهٔ *tchelpâseï* « un lézard » ; گربهٔ *gurbeï* « un chat » ; اوبهٔ *óoubeï* « un campement de nomades » ; جگرگوشهٔ *djiguergoûcheï* « un enfant chéri » (litt. « un coin de foie ») ; مورچهٔ *moûrtcheï* « une petite fourmi ».

143. Le signe را des cas obliques doit se placer immédiatement après cet article d'unité. Ainsi le veut la syntaxe, mais l'usage s'y oppose, et le plus souvent on le supprime.

Ainsi il est plus élégant de dire دزدی گرفتند *dâzdy guiriftend* « on a pris un voleur » ; ماری کشتم *mâry kùchtem* « j'ai tué un serpent » ; اسپی خریدم *èspy kherîdem* « j'ai acheté un cheval » ; گلی چیدیم *gùly tchîdîm* « nous avons cueilli une fleur », que de dire دزدی را *duzdîrâ*, اسپی را *espîrâ*, ou گلی را *gùlyrâ*.

Il n'y a que dans les locutions où la suppression de la particule را rendrait le sens obscur qu'elle ne peut avoir lieu.

Par exemple, pour traduire « il envoya quelqu'un », il faut dire کسی را فرستاد *kèsyrâ firistâd*, car کسی فرستاد signifierait « quelqu'un a envoyé ».

144. Dans l'accord du substantif avec son adjectif, l'article d'unité ی ou ء se met ordinairement à la suite de l'adjectif. Ex. :

آدم خوبی *âdèmy khoûby* « un homme doux, beau ou bon » ; حرف درشتی *hhèrfi durùchty* « une parole dure » ; رفتار شایستهٔ *reftâri châîsteï* « une conduite convenable » ; شخص چیز فهمی *chèkhsi chîz fèhmy* « une personne intelligente ».

145. Il arrive quelquefois de rencontrer, même dans de bons auteurs, des constructions comme خوب آدمی et آدمی خوبی ; mais c'est une déviation de la règle générale.

146. Si le substantif uni à son adjectif se met au pluriel, l'article indéfini accompagne ce dernier. Exemple :

این ولایت مردمان خوبی دارد *yn vilâyèt merdumâni khoûby dârèd* « il y a des bonnes gens dans ce pays ».

147. Enfin, sous le point de vue étymologique, les patois persans nous apprennent que le ی en question n'est autre chose

que le numératif يك *yek* ou يگ *yeg* «un», dont le *k* ou *g* mouillé a disparu. Exemple, une chanson en patois taliche dit :

Qâlyoúnem kiok okèrdy Y (pour YEK) *teniô; dìlem soutè kebâby* Y (pour YEK) *teniô; asmânem ômyc heftïô melâtkè hemèchon sudjdè bestè* Y (pour YEK) *teniô* « Tu as rempli ma pipe (kalian) pour UNE personne seulement. Mon cœur brûle comme un rôt grillé au feu, pour UNE personne seulement. Dans mon ciel, soixante et dix anges se prosternent devant UN seul ».

La même chose a lieu en patois guilek, où l'on emploie toujours ى pour يك :

Y (pour YEK) *tâ bousè fadeh* « donne un baiser »; *Ber sery* Y (pour YEK) *keftè djenguy dou bâzy* « pour avoir une seule colombe, deux faucons sont en guerre », etc.

Pour l'analyse de ces exemples, voyez *Specimens of the popular poetry of Persia*, p. 559 et *passim*.

CHAPITRE IV.

DEGRÉS DE COMPARAISON.

148. Il n'y a qu'une règle pour la formation de chaque degré de comparaison en persan, savoir :

a. En ajoutant تر *ter* à la fin d'un adjectif, on en forme le degré comparatif.

b. En ajoutant à la fin d'un adjectif la particule ترين *terín*, on en forme le degré superlatif. Exemples :

Positif.	Comparatif.	Superlatif.
به *bèh* «bon»;	بهتر *behtèr* «meilleur»;	بهترين *behterín* «le meilleur».
خوب *khoûb* «bon»;	خوبتر *khoûbtèr* «meilleur»;	خوبترين *khoûbterín* «le meilleur».
خوش *khôch* «bon, beau»;	خوشتر *khochtèr* «meilleur»;	خوشترين *khôchterín* «le meilleur».
نيكو *níkoû* «bon»;	نيكوتر *níkoûtèr* «meilleur»;	نيكوترين *níkoûterín* «le meilleur».

Positif.	Comparatif.	Superlatif.
بد *bed* « mauvais »;	بدتر *bedtèr* « pire »;	بدترین *bedterín* « le pire ».
ابله *eblèh* « stupide »;	ابلهتر *eblehtèr* « plus stupide »;	ابلهترین *eblehterín* « le plus stupide ».
زرد *zerd* « jaune »;	زردتر *zerdtèr* « plus jaune »;	زردترین *zerdterín* « le plus jaune ».
تند *tund* « rapide »;	تندتر *tundtèr* « plus rapide »;	تندترین *tundterín* « le plus rapide ».

149. Le *que* placé à la suite du comparatif français se rend en persan par از *ez* « de ». Exemples :

تو از پری چابکتری از برگ گل نازیکتری *tu ez pèry tchábuktèry ez bèr-gui gul názíktèry* « tu es plus leste qu'une péri, plus tendre qu'une feuille de fleur; » عذر شما بدتر از گناه است *'uzri chumá bedtèr ez gunáh est* « votre excuse est pire que le péché (que vous avez commis) ».

150. Si l'adverbe *beaucoup* ou *bien* précède le comparatif français, on rend ce premier par خیلی *kheỳly* (littéral. « une troupe »). Exemple :

لیلی از زهرا خیلی مقبولتر است *leyly ez zohrá khely meqboultèr est* « Leila est beaucoup ou bien plus jolie que Zohra ».

151. Le positif به *beh* s'emploie quelquefois dans le sens de son comparatif بهتر. Exemple :

نان به از زر است *nán bèh ez zer est* « le pain vaut mieux que l'or ».

152. L'accord du superlatif se fait de la même manière que celui du comparatif, avec cette différence que از est remplacé par l'izafet du génitif (115). Exemple :

خدا بهترین پادشاهان است *khudá behteríni pádicháhán est* « Dieu est le meilleur de tous les souverains ».

On peut aussi, pour plus d'énergie, déplacer le premier terme de comparaison et le mettre immédiatement avant le verbe. Ex. :

بهترین پادشاهان خداست *behteríni pádicháhán khudást* « le meilleur des rois, c'est Dieu ».

156. Dans le style familier, l'adverbe باز *bâz* « derechef, encore », placé avant le positif, lui donne la valeur d'un superlatif. Ex.:

دوست شیرین عمر شیرینتر وامّا وطن باز شیرین است *doúst chîrîn 'umr chîrînter vè emmâ vetèn bâz chîrîn est* « l'ami (est) doux, la vie (est) plus douce, mais la patrie est encore (plus) douce ».

Régulièrement parlant, il faudrait dire :

وطن شیرینترین همهٔ آنهاست *vetèn chîrînterîni hemeï ânhâst* « la patrie est la plus douce d'entre tous ceux-là ».

157. Lorsqu'il s'agit d'une comparaison entre plusieurs personnes ou plusieurs choses, on met, entre le superlatif relatif et le second terme de comparaison, همه *hemè* « tout » (pour « tous, toutes »). Exemples :

افلاطون عاقلترین همهٔ حکما بود *eflâtoûn 'âqilterîni hemeï hhukemâ boúd* « Platon fut le plus intelligent d'entre tous les sages » ;
مریم پاکدامنترین زنها میباشد *meryèm pâkdâmenterîni hemeï zenhâ mîbâched* « Marie est la plus vertueuse de toutes les femmes » (mot à mot « a les basques les plus pures »).

CHAPITRE V.

DES NOMS COMPOSÉS ET DE LEUR DÉRIVATION.

158. La facilité avec laquelle la syntaxe persane se prête à la formation des noms composés est surprenante. Pour peu qu'on soit familiarisé avec le génie de la langue, chacun peut les former lui-même ; car verbes et débris des verbes, substantifs et adjectifs, adverbes et prépositions, tout y obéit au premier appel de la pensée, et vient aussitôt la traduire au gré du penseur. C'est, sans contredit, une des plus riches et des plus belles ressources de la phraséologie persane. Aussi les prosateurs et les poëtes y puisent-ils fréquemment, et, lorsqu'il s'agit de les reproduire dans nos langues dépourvues de cette facilité, on est obligé d'avoir recours à des paraphrases souvent prolixes,

et qui toujours détruisent le charme de l'expression indigène. Un exemple suffira :

آسمان درکشتی عمرم کند دایم دو کار
وقت شادیبادبانی گاه اندوهلنگری

ásmân der kechtíy 'ùmrem kunèd dâym doù kâr — veqt châdîbâdbâny gâh endoùhlenguery (159).

« Le ciel dans le navire de ma vie, fait toujours (une de ces) deux choses : tantôt *de-la-joie-à-pleines-voiles*, tantôt *de-l'ancrage-d'angoisse*. »

Les deux expressions en italiques correspondent à deux substantifs que le poëte Envéry a improvisés, et qui peignent on ne peut mieux les vicissitudes de la vie humaine comparée à un navire endurant les intempéries d'un climat maritime.

159. Sous le point de vue étymologique, on pourrait grouper tous les noms composés persans en deux sections : ceux qui se forment moyennant une seule désinence, souvent vide de sens, ajoutée à la fin d'un nom, et ceux dans la formation desquels entrent deux ou plusieurs parties du discours, d'une dérivation connue. Nous appellerons ceux-là *monogènes*, et ceux-ci *polygènes*.

Les noms composés étant fort nombreux et pouvant se multiplier selon le désir d'un auteur, nous nous bornons à indiquer les manières de formation les plus usitées seulement.

SECTION PREMIÈRE.

NOMS COMPOSÉS MONOGÈNES.

160. Les finales formatives de ces noms sont ou des parties du discours d'une dérivation connue, ou bien, ce qui arrive plus souvent, ne sont que des formes grammaticales qui modifient l'usage grammatical du nom qu'elles suivent.

§ 1ᵉʳ. ى Y RELATIF [1].

161. Le formatif ى *y* donne lieu à la classe la plus nombreuse et la plus usitée des monogènes.

[1] Ce ى formatif est nommé, par les grammairiens orientaux, یای نسبی *yây*

Par euphonie, il se change en گی *guy* toutes les fois que la finale du mot auquel il s'adjoint est un ه quiescent.

162. Le ی ajouté à la fin d'une fraction de verbe, d'un participe passé, d'un adjectif, d'un substantif ou des parties du discours indéclinables, les transforme en autant de substantifs. Ex. :

De هست *hest* « il est », نیست *níst* « il n'est pas », شکسته *chikestè* « brisé », برجسته *berdjestè* « convexe (sauté) », بلند *bulènd* « haut », پست *pest* « bas », بسیار *besyár* « beaucoup », کم *kem* « peu », ساخته *sákhtè* « fait », زنده *zindè* « vivant », باز *báz*, rac. aor. de باختن *bákhten* « jouer », افراز *efráz*, rac. aor. de افراختن *efrákhten* « lever », etc., se forment : هستی *hestỳ* « essence, existence », نیستی *nístỳ* « néant », شکستگی *chikesteguỳ* « fracture », برجستگی *berdjesteguỳ* « relief, tumeur », بلندی *bulendỳ* « hauteur », پستی *pestỳ* « dépression ; bassesse », بسیاری *besyárỳ* « abondance », کمی *kemỳ* « petitesse ; manque », ساختگی *sákhteguỳ* « contrefaçon ; postiche », زندگی *zindeguỳ* « vie », بازی *bázỳ* « jeu », افرازی *efrázỳ* « élévation », etc.

بلندی و پستی نخوانم ترا   مقید باینها ندانم ترا

bulendỳ ou pestỳ nekhánèm turá, muqeyyèd beínhá nedánèm turá

« Je ne t'appellerai ni hauteur ni abîme, car ni l'un ni l'autre ne sauraient contenir (enchaîner) ton immensité. » (Le poëte parle de Dieu.)

163. Ajouté aux noms de lieu, ی les change en noms patronymiques, et aux noms d'un prophète, ی désigne ses sectateurs. Exemples :

De ایران *yrán* « Perse », فرانسه *feránsè* « France », فرنگ *ferèng* « Europe », له *leh* « Pologne », اندلوس *endeloús* « Espagne », مصر *misr* « Égypte », ینگیدنیا *ýenguídunyá* (de ینگی *yenguỳ*, en turc oriental « nouveau » et *dunyá* « monde ») « Amérique », عیسی *'ysá* « Jésus », موسی *moúsa* « Moïse », زردشت *zerdúcht* « Zoroastre », محمد *muhhammèd* « Mahomet », on forme ایرانی *yránỳ* « Persan », فرانسوی *feránsevỳ*[1] « Français », فرنگی *ferenguỳ* « Européen », لهی *lehỳ* « Polonais », اندلوسی *endeloúsỳ* « Espagnol », ینگیدنیای *ýenguídunnesbỳ* ou « l'y relatif », parce qu'il marque toujours un rapport de relation quelconque entre le nom primitif et son dérivé.

[1] Le و qui précède ی dans les mots *feránsevỳ*, *ysevỳ* et *moúsevỳ* est un formatif arabe.

yâŷ[1] « Américain », عیسوی *'ysevŷ* « chrétien », موسوی *mousevŷ* « sectateur de Moïse », زردشتی *zerduchtŷ* « sectateur de Zoroastre », مُحَمَّدی *muhhammedŷ* « mahométan ».

164. Ajouté à la fin des substantifs persans, le ی les transforme en substantifs de qualité ou en adjectifs. Exemples :

De مرد *merd* « homme », مردم *merdùm* « les hommes en général; du monde », زبان *zebán* « langue », دست *dest* « main », سفر *sefèr* « voyage », خانه *khânè* « maison », پول *poûl* « monnaie », etc., on forme مردی *merdŷ* « virilité, bravoure », مردمی *merdumŷ* « mansuétude, humanité », زبانی *zebânŷ* « orale, ce qui se transmet de vive voix », دستی *destŷ* « portatif », et aussi « ce qu'on donne ou fait de sa propre main », سفری *seferŷ* « ce qui est destiné pour un voyage », خانگی *khâneguŷ* « ce qui est de la maison; apprivoisé », پولی *poûlŷ* « ce qui s'acquiert avec de l'argent; âme vénale », etc.

مردی ومردمی از هر دو چنان منتشرنـد
که شعاع از مه ورنك ازگل وبوی ازعودست

merdŷ ou merdumŷ ez her doû tchenân muntechìrend — ki chu'â'a ez meh ou reng ez gul ou boûy ez 'oûdest

« La bravoure et l'humanité émanent aussi naturellement de ces deux (jeunes princes), que les rayons émanent de la lune, les couleurs de la fleur et le parfum de l'aloès. »

165. Les substantifs arabes en يّة *iyet*, usités en persan, comme انسانيّة *insânîyèt* « humanité », كيفيّة *keyfîyèt* « qualité »,

---

[1] Tous ces noms de nations sont aussi autant de noms des langues de ces nations. Ainsi, فرانسوی *ferânsevŷ* veut dire « Français » et en même temps « la langue française », انگلیسی *inglisŷ* « Anglais » et « la langue anglaise », etc. Cependant, ایرانی *yrânŷ* se dit seulement d'un natif de Perse et فارسی *fârsŷ* seulement de la langue persane. هندی *hindŷ* (ou هندوستانی *hindoûstânŷ*) حرف میزند *hherf mîzenèd* veut dire « il parle hindoustani » et aussi « il bredouille, il ne prononce pas bien le persan », parce que les Hindous qui ont appris le persan aux Indes ont un accent fort désagréable à l'oreille d'un Persan. کتابی حرف میزند *kitâbŷ hherf mîzenèd* veut dire « il parle comme un livre, il n'a pas l'usage du langage de conversation »; زبانی بایشان بگو *zebânŷ beîchân begoû* « dis-leur de vive voix, oralement, ne leur écris pas »; حیدری نعمتی میکند *hheyderŷ ne'ametŷ mìkunèd* ou میگوید *mîgoûyèd* « il est partial », litt. : « il fait ou il parle tantôt pour Heyder et tantôt pour Néamet » (allusion aux deux chefs de différents partis qui divisent les Sunnis et les Chyites). Si je multiplie ces exemples, c'est qu'ils donnent l'idée des différentes nuances que le ی formatif fait subir à la signification primitive des mots.

امنیّت *emniyèt* « tranquillité », etc., qui correspondent aux substantifs du n° 164, donnent lieu à des formations bâtardes, comme خریّت *kheriyèt* « bêtise » (de خر *kher*, subst. pers. « âne »); سگیّت *seguiyèt* « méchanceté » (de سگ *seg*, subst. pers. « chien »), etc. Mais il n'y a que les gens illettrés qui en fassent usage actuellement.

166. Tous les infinitifs des verbes persans pouvant être employés substantivement, on peut les faire suivre d'un ی formatif. Les dérivés qui en résultent nous sont déjà connus (69).

§ 2. ه É QUIESCENT.

167. Cette désinence formative ajoutée à la fin d'un primitif, spécialise ce qu'il y avait de trop général ou de trop vague dans la signification de celui-ci, et la restreint dans des limites mieux déterminées. Par ce moyen :

a. Les racines aoristes بند *bend*, de بستن *bèsten* « lier »; مال *mâl*, de مالیدن *mâlîden* « frotter »; گری *guirîy*, de گریستن *guirîsten* « pleurer »; نال *nâl*, de نالیدن *nâlîden* « se lamenter »; شکوف *chukoûf*, de شکوفتن *chukoûften* « fleurir »; دید *dîd*, racine prétérit de دیدن *dîden* « voir », etc., se transforment en substantifs بنده *bendè* « esclave », ماله *mâlè* « truelle », گریه *guiryè* « action de pleurer », شکوفه *chukoûfè* « bouton d'une plante », دیده *dîdè* « œil », etc.

b. Les adjectifs خراب *kherâb* « ruiné », سفید *sefîd* « blanc », سیاه *siyâh* « noir », شور *choûr* « salé », زیو *jîv* ou جیو *djîv*, qui en sanscrit veut dire « vivant », پنج *pendj* « cinq », etc., deviennent substantifs : خرابه *kherâbè* « décombre », سفیده *sefîdè* « blancheur » (صبح *sefîdèi subhh* « l'aube du jour »), سیاهه *siyâhè* « un point noir; brouillon d'un manuscrit; registre, facture », شوره *choûrè* « salpêtre », زیوه *jîvè* ou جیوه *djîvè* « vif-argent, mercure », پنجه *pendjè* « main avec ses cinq doigts, poignet », etc.

c. Les substantifs دنب *dumb* « queue », آواز *âvâz* « son, voix quelconque », چار چوب (pour چهار) *tchâr choûb* « quatre bâtons », گرماب *guermâb* « eau chaude », روز *roûz* « jour », etc. changent en دنبه *dumbè* « excroissance grasse sous la queue des moutons », آوازه *âvâzè* « bonne ou mauvaise voix pour le chant, bonne ou mauvaise réputation », چارچوبه *tchârtchoûbè* « cadre », گرمابه *guermâbè* « baignoire remplie d'eau chaude » et aussi « eaux minérales chaudes », روزه *roûzè* « pain quotidien » et « jeûne », etc.

168. La lettre ه sert aussi à former les diminutifs, et elle change les primitifs en autant de termes, soit de tendresse, soit de mépris. Exemples :

De مردك *merdèk* « homme petit de taille », زنك *zenèk* « petite femme », دختر *dukhtèr* « fille », پسر *pusèr* « fils », كوه *koûh* « montagne », آستان *âstân* « seuil », فلك *felèk* « ciel », نشان *nichân* « signe », بچ *betch* ou *bîtch*, qui anciennement signifiait « progéniture » (comme en slave *vich*), etc. dérivent مردكه *merdekè* « peliot, homme méprisable, capon », زنكه *zenekè* « pauvre femme, virago », دخترة *dukhterè* « fille petite, charmante », كوهه *koûhè* « bosse d'un chameau », آستانه *âstânè* « seuil sacré, mausolée d'un santon », فلكه *felekè* ou فلاكه *felâkè* « instrument de supplice auquel on attache les pieds d'un homme pour le fouetter » et aussi « bastonnade » (serait-ce « petite admonition envoyée par le ciel ? ») نشانه *nichânè* « cible, petit point blanc ou noir pour s'exercer au tir », بچه *betchè*[1] « enfant, petit d'un animal ».

J'ignore l'étymologie des diminutifs برّه *berrè* « agneau »; كرّه *kurrè* « poulain, pouliche »; جوجه *djoudjè* « poulet »; ainsi que celle de شپه *chepè* « avalanche »; بونه *boûnè* « propriété meuble ».

Tous ces diminutifs en ه sont d'un usage moins fréquent que ceux du paragraphe suivant.

§ 3. چه TCHÈ, ك K.

169. Ces finales sont destinées à la formation des substantifs diminutifs. Exemples :

مور *moûr* « fourmi », طاق *tâq* « arcade », كمان *kemán* « arc », در *der* « porte, etc. », سوزن *soûzèn* « aiguille », تلخ *telkh* « amer »; زر *zer* « de l'or », مردم *merdùm* « hommes », زنبور *zemboûr* « guêpe », پول *poûl* « pièce de monnaie », اند *end* « quantité, unité, chaque chiffre depuis 1 jusqu'à 9 inclusivement », etc., font dériver : مورچه *moûrtchè* « petite fourmi », طاقچه *tâqtchè* « niche », كمانچه *kemántchè* « violon » (parce que l'archet du violon persan a la forme d'un petit arc), درچه *derîchè* (ى euphonique) « petite porte, vasistas, سوزنك *soûzenèk* « petite aiguille » et « gonorrhée », تلخك *telkhèk* « tant soit peu amer », زرك « poudre d'or », مردمك *merdumèk* « prunelle d'yeux » (parce qu'on y voit le reflet des hommes en petit), پولك *poû-*

---

[1] Le ّ *techdid* qu'on trouve quelquefois (24) au-dessus de ce mot ne se fait pas sentir dans la prononciation. On ne l'y met que pour avertir qu'il ne faut pas confondre ce mot avec بچه *betchi* « à quoi ? »; de même qu'on écrit نهّم prononcez *nuhùm* « neuvième », pour le distinguer de نهم *nehèm* « je place », etc.

lèk « paillette », زنبورك zemboûrèk « petit canon ajusté au pommeau de la selle du chameau » (c'est par une semblable analogie qu'en français *coulevrine* dérive de *couleuvre*), اندك endèk « un peu, petite quantité », etc.

هان مرغك من خوراك ملاها بود
هان چشمك مرغكم آينهٔ عروسها بود

hemán murghèki men khoûráki molláhá boûd — hemán tchechmèki murghèkem áïnèï 'eroushá boûd

« Cette poulette même que j'avais et que j'aimais tant, devint la proie des mollas. Les yeux tout petits de ma poulette étaient si brillants, que les fiancés venaient s'y mirer comme dans une glace. (*Chanson de Téhéran*.)

170. Pour rapetisser encore ce qu'il y a de menu dans le sens d'un diminutif, on y ajoute l'article d'unité (141). Ainsi Envéry, en parlant de lui-même, dit, avec une modestie peu commune chez les poëtes persans :

گویند که چیست حاصل تو ای بیحاصل ززندگانی
گویم خطّی وبیتی چند از دولتهای این جهانی

goûyènd ki tchîst hhásili tou — ey bíhhásil zi zendegánỳ — goûyèm khettèky ou beytèky tchend — ez doûletháy yn djeháný

« On me demande : Quelle est donc ta quote-part (littéral. « ta moisson ») dans les bonnes choses de la vie, toi qui n'en jouis point ? Je réponds : Un peu d'écriture (c'est-à-dire « une jolie écriture ») et quelques petits vers, voilà tout ce que je tiens en fait de richesses de ce monde immense. »

§ 4. ان *AN*, سار *SÁR*, زار *ZÁR*, ستان *STÁN*.

171. La finale ستان, qui paraît être dérivée du verbe استادن *istáden*, et que le savant auteur du commentaire sur le *Yaçna* a retrouvée dans le zend, s'ajoute aux substantifs dans le sens de « localité, demeure, lieu d'abondance ». Exemples :

قبرستان *qebristán* « cimetière, lieu de tombeaux (*qebr*) », گلستان *gulistán* « parterre de fleurs (*gul*) », کوهستان *koûhestán* « pays de montagnes (*koûh*) », باغستان *bághestán* « pays de jardins (*bágh*) », لغزستان *leghzístán*

« pays des Lezguiens (*leghzy*) du Caucase », فرنگستان *ferenguistân* « pays d'Européens (*ferèng*), Europe », etc.

172. Quelques érudits persans m'ont assuré qu'anciennement le formatif du pluriel ان (127) donnait le même sens géographique aux mots primitifs que leur donne *stân*. Exemples :

همدان *hemedân*, nom d'une ville, آردلان *árdelân*, nom d'une province, گلان *guilân*, nom d'une province, مازندران *mâzenderân*, de même, آذربیجان *âzerbîdjân*, de même, دشت خاوران *dèchti khâverân* « le désert de Havérân », suivant ces érudits, doivent être traduits : « les Hémèds; les Ardels; les marais (*guil*); la contrée dans laquelle (*ender*) il y a beaucoup de grands (*mâz*) arbres ou des chênes (*mâzou*); les adorateurs ou les enfants (*bîdj*) du feu (*âzer*); les déserts de l'Occident (*khâver*) », etc.

173. La finale formative زار *zâr* s'annexe aussi pour donner le sens de multiplicité. Exemples :

کارزار *kârzâr* « combat, lieu de beaucoup de faits (*kâr*) et d'efforts », علفزار *'elefzâr* « pâturage où l'herbe (*'elèf*) abonde », etc.

174. La finale سار *sâr* donne le même sens :

سنگسار *sengsâr* « enseveli sous un tas de pierres (*seng*), lapidé »; کوهسار *koûhsâr* « pays de montagnes », سیمسار *sîmsâr* « officier préposé à veiller sur le bon aloi de l'or et de l'argent (*sîm*), essayeur ». Dans نیگونسار *nigoûnsâr* « précipité de haut en bas, tombé, ruiné », *sâr* est explétif.

Dans d'autres mots, سار *sâr* répond au mot « semblable », comme

شاهسار *châhsâr* « semblable à un chah », etc.

Dans le substantif رخسار *rukhsâr*, la finale en question ne modifie aucunement le sens du primitif, « visage, joue (*rukh*) ».

§ 5. دان *DÂN*.

175. Cette finale, qu'il ne faut pas confondre avec دان *dân*, racine aoriste de دانستن *dânisten* « savoir », répond aux mots « étui, boîte ». Exemples :

قلمدان *qelemdân* « boîte d'écrivain, contenant son encrier, ses ciseaux, son canif et ses roseaux (*qelèm*) à écrire » ; خاكدان *khâkdân* « boîte à poussière (*khâk*), globe terrestre » ; سنگدان *sengdân* « jabot où l'oiseau conserve des graines et des cailloux (*seng*) » ; انفیەدان *enfiédân* « tabatière » (*enfiè*, « tabac à priser », qu'il ne faut pas confondre avec تمبکو *tembekou* « tabac à fumer »).

§ 6. سا *SÂ*, اسا *ÂSÂ*, فام *FÂM*, وش *VECH*, مان *MÂN*.

176. Toutes ces finales servent à former des substantifs de similitude. Exemples :

الفاسا *olifâsâ* « droit comme un ا élif » ; فلكاسا *felekâsâ* « élevé comme le ciel (*felèk*) » ; مینافام *mînâfâm* « coloré en émail (*mîna*) » ; ماهوش *mâhvèch* « semblable à la lune (*mâh*) » ; عنبرسا *'embersâ* « musqué comme l'ambre (*embèr*). »

Dans les inscriptions achéméno-persanes de Behistoun, Cyrus s'appelle *Khouroûch*, c'est sans doute le moderne خوروش *khourvèch* « semblable au soleil (*khoûr*) » ; Darius y est appelé *Darivouch*, c'est peut-être le moderne دریاوش *deryâvèch* « semblable à l'Océan (*deryâ*) ».

177. مان *mân*, de même que sa variante مانند *mânènd*, sont des dérivés verbaux de مانستن *mânìsten* « ressembler ». Ex. :

سپهرمان *sipèhrmân* « semblable à la sphère céleste (*sipèhr*) » ; شیرمانند *chîrmânènd* « comme un lion (*chîr*) ».

§ 7. مند *MEND*, ناك *NÂK*, اك *ÂK*.

178. La désinence مند *mend* correspond aux finales françaises *ible, eux, able*. Exemples :

سودمند *soûdmènd* « profitable (*soûd* « profit ») » ; خردمند *khiredmènd* « raisonnable, doué de sagacité (*khirèd*) », etc.

179. ناك *nâk* sert à former les adjectifs de qualité, et اك *âk* les substantifs seulement. Exemples :

De غم *ghèm* « tristesse » ; درد *derd* « douleur » ; خوف *khôouf* « peur » ; خطر *khetèr* « danger », etc., on forme غمناك *ghemnâk* « triste » ; دردناك *derdnâk* « douloureux » ; خوفناك *khôoufnâk* « périlleux » ; خطرناك *kheternâk* « dangereux », etc.; پوشاك *poûchâk* « habillement » (de پوش *poûch*, racine aoriste de پوشیدن *poûchîden* « habiller ») ; خوراك *khourâk* « nourriture », de خور *khoûr* (racine aoriste de خوردن *khourden* « manger »), etc.

§ 8. آنه *ÁNE*, ین *YN*, ینه *YNE*.

180. La finale آنه *âne* dérive, ce me semble, du substantif آن *ân* « propriété » suivi d'un ه formatif (167), parce qu'elle donne lieu aux exemples :

شاهانه *châhâne* « ce qui est propre à un châh, en vrai roi, royal »; شاگردانه *châguirdâne* « ce qu'un élève (*chaguird*) doit à son professeur, argent qui revient pour étude », روباهانه *roûbâhâne* « conduite propre aux renards (*rubâh*), en vrai renard »; مژدگانه *mujdegâne* « ce qui revient de droit à celui qui apporte une heureuse nouvelle (*mujdè*), un pour-boire »; گدایانه *guedâyâne* « en vrai mendiant (*guedâ*) » et « ce qui appartient à un pauvre »; زنانه *zenâne* « gynécée, appartement de femmes » et حمّام زنانه *hhemmâmi zenâne* « bains réservés à l'usage spécial des femmes »; دیوانه *dîvâne* « possédé par un démon (*dîv*), maniaque, fou », etc.

181. ین *yn* devient ینه *ynè* par un procédé semblable. Ex. :

De زر *zer* « de l'or »; پشم *pechm* « laine »; پوست *poûst* « peau » etc., on forme زرین *zerîn* « doré, en or » et زرینه *zerînè* « drap d'or »; پشمین *pechmîn* « laineux » et پشمینه *pechmînè* « manteau en laine tissue, froc de cénobites mahométans »; پوستین *poûstîn* ou پوستینه *poûstînè* « pelisse », etc.

§ 9. بان *BÁN*, وان *VÁN*.

182. بان *bân* et sa variante وان *vân*, ne sont qu'un substantif tombé en désuétude, qui signifiait « gardien, maître », et qu'on peut encore retrouver dans بانو *bânoû* (111). Aujourd'hui l'un et l'autre servent à former beaucoup de substantifs. Exemples :

مرزبان *merzebân* « gardien de frontières de mer » (*merz*); پاسبان *pâsbân* « gardien » (litt. : « préposé à la patrouille (*pás*) »); شتربان *chuturbân* ou شتروان *chuturvân* « gardien des chameaux (*chutùr*) »; مهربان *mehrebân* « fidèle à l'amour (*mehr*) »; باغبان *bâghbân* « jardinier », gardien du jardin (*bâgh*), etc.

§ 10. گار *GÁR*, گر *GUER*, ار *ÁR*.

183. Les deux premières finales, گار *gâr* et son abréviation گر *guer*, correspondent aux mots « faiseur, ouvrier ». Exemples :

پروردگار *perverdegâr* « Providence, épithète de Dieu » (littéralement : « faisant éducation »); روزگار roûzgár « sort, heur et malheur » (littéralement : « faisant jours (heureux ou malheureux) »; سازگار sâzgâr « effectif, qui impressionne »; دادگر dâdguèr « équitable, faisant justice »; کارگر kârguèr synonyme de sâzgâr; دواتگر devâtguèr « fabricant d'encriers (devât); زرگر zerguèr « orfévre, ouvrier en métaux précieux »; کیمیاگر kîmîâguèr « alchimiste, chercheur de la pierre philosophale », etc.

184. Quant au formatif ار on le rencontre à la fin des racines prétérit. Exemples :

De گفت goft « il dit », رفت reft « il est parti », گرفت guirift « il a pris », خرید kherîd « il acheta », دید dîd « il vit », dérivent گفتار goftâr « parole », رفتار reftâr « marche; conduite », خریدار kherîdâr « chaland, acheteur », دیدار dîdâr « vue ».

این توی یا سروستان برفتار آمده
یا ملک در صورت انسان برفتار آمده

yn toùy yá servistán bereftár âmèdè — yá melèk der soûrèti insán be reftár[1] âmèdè

« Est-ce bien toi ou toute une forêt de cyprès qui se meut et marche ? ou peut-être un ange qui, revêtu de formes humaines, s'avance vers nous ? »

§ 11. ش ECH, بش YCH.

185. Des racines aoriste et prétérit, suivies de ces formatifs, donnent lieu à des noms d'action tels que

گردش guerdich « rotation »; جوشش djoûchich « ébullition »; آزمایش âzmâich « épreuve »; آرایش ârâich « ornement »; ورزش verzich « gymnastique », etc. de گردیدن guerdîden « tourner »; جوشیدن djoûchîden « bouillir »; آزمودن âzmoûden « éprouver »; آراستن ârâsten « orner »; ورزیدن verzîden « s'exercer à faire de la gymnastique » et « labourer », etc.

SECTION II.

NOMS COMPOSÉS POLYGÈNES.

186. L'étymologie persane permet de puiser dans toutes les parties du discours, indifféremment, pour obtenir la formation de ces noms. Aussi les diviserons-nous selon la nature de l'étymologie de leurs formatifs :

---

[1] Aujourd'hui, reftár s'emploie plutôt dans le sens de « conduite morale d'un individu. » On dit : اسپم راه خوبی دارد espèm ráhi (et non pas reftári) khoûbi dârèd « mon cheval a un bon pas, une bonne allure ».

§ 1ᵉʳ. DEUX SUBSTANTIFS.

187. Pour former un composé de cette espèce:

a. On supprime ou bien on conserve l'izafet qui devrait les unir l'un à l'autre dans une sentence régulière (137). Exemples :

شبخون *chebkhoûn* ou *chèbi khoûn* « nuit de sang, une attaque nocturne où l'ennemi est passé au fil de l'épée »; پایتخت *pâitekht* ou پایْتخت *pâtèkht* « ville capitale, chef-lieu » (littéralement : « le pied du trône »); دربار *deribâr* ou *derbâr* (littér. : « la porte du seigneur (*bâr*) ») ou درخانه que l'on prononce *derukhânè* pour *dèri khânè* (littéralement: « la porte de la maison »), l'un et l'autre signifient « cour princière, palais d'un seigneur; audience » (de même qu'en turc قاپو *qâpoû* « porte, sublime porte »[1]), etc.

شتریپیکری رُستـﻪ زو بال وپــر   ولـیکن نه زیرنده نه باربر

chutùrpeykèry rustè zi oû bâl ou per — ve liken ne ziperendè ne bârbèr

« (Le griffon) avait la figure d'un chameau; on voyait croître sur lui des plumes et des ailes, et, cependant, ce n'était ni un oiseau ni une bête de somme ». (Littér. « ni des volatiles, ni portant fardeau ».)

b. On forme un adjectif en intervertissant l'ordre grammatical (137). Exemples :

بختیار *bekhtiâr,* littéralement : « l'ami (*yâr*) ou maître du bonheur, heureux »; هوشیار *hoûchyâr* « intelligent, éveillé » pour *yâri hoûch* « l'ami ou le maître de l'intelligence »; اللهیار *allahyâr* « aimé et protégé de Dieu ».

c. On supprime le pronom et le verbe d'une sentence. Ex. :

گنهکار *gunâhkâr* « pécheur »; مجدّتپناه *medjdètpenâh* « glorieux »; پدرسگ *pedersèg* « ignoble », etc., dont la construction régulière serait : پناه مجدّت کناه کار اوست *gunâh kâri oûst* « le péché est son affaire »;

---

[1] Les noms de lieu composés, qu'anciennement on faisait suivre du substantif گرد *guird* « ville », se forment aujourd'hui en remplaçant celui-ci par l'adjectif آباد *âbâd* « construit, peuplé ». Ex.: لاسگرد *lâsguird* « ville de Las », دارابگرد *dârâbguird* « ville de Darâb », یزدگرد *yezdguird* « ville de Yézid », etc., sont des formations anciennes, tandis que شاهاباد *châhâbâd* « bâti par le châh », جهاناباد *djehânâbâd* « construit par le prince Djehân », سلطاناباد *sultânâbâd* « peuplé par le sultan », etc. sont de formation plus moderne, et l'usage en prévaut aujourd'hui.

درنزد او میباشد penâhi medjdèt der nèzdi oû mîbâchèd « c'est auprès de lui que la gloire trouve abri et protection »; پدر او سگست pedèri oû sè-guest « son père est un chien », etc.

Ces inversions et ellipses sont fort en usage toutes les fois qu'il s'agit de louer ou de blâmer quelqu'un. Exemples :

ملکزاده‌ایست متناسب الاعضا صاحبدولتیست فرشته سیما melikzâdèist mutenâsib-ul-e'azâ sahhibdôoulètîst firichtesîmâ « C'est un fils du roi, un prince royal, aux formes élégantes et bien proportionnées, c'est un seigneur fortuné, dont tous les contours sont moulés sur le modèle de ceux d'un ange », etc. (*Tarikhi Kedjer*).

d. On intercale entre les deux substantifs un ا *élif*, et quelquefois la conjonction و *ou* « et ». Exemples :

De رنگ *reng* « couleur », بر *ber* « poitrine », گون *goûn* « espèce », سر *ser* « tête », یک *yek* « un », صف *sef* « rang », مال *mâl* « propriété », etc. on forme des adjectifs رنگارنگ *rengârèng* « bigarré, de différentes couleurs »; برابر *berâbèr* « ensemble, vis-à-vis »; گوناگون *goûnâgoûn* « varié, de différentes espèces »; سراسر *serâsèr* « d'un bout à l'autre »; سراپا *serâpâ* « de la tête aux pieds »; یکایک *yekâyèk* « un à un, depuis le premier jusqu'au dernier »; صف‌اصف *sefâsèf* « en lignes droites, peloton par peloton [1] »; مالامال *mâlâmâl* « tout plein, très-abondant », etc.; تاروپود *târoûmâr* (littéralement : « trame et serpent ») synonyme de پیچاپیچ *pîtchâpîtch* et de کژووپژ *kejouvîj* « confusion, embarras, sens dessus dessous »; دادوبیداد *dâd* ou *bidâd* [2] « le verbe haut, incrimination, plainte » (litt. « cri et injustice »).

§ 2. ADJECTIF ET SUBSTANTIF.

188. Pour former ces composés, on détruit l'accord du substantif avec son adjectif, soit en supprimant les izafets, soit en plaçant l'adjectif avant son substantif; alors celui-ci prend la

---

[1] C'est ici qu'il faudrait aussi ranger les mots de commandement militaire qui datent de l'introduction de l'infanterie régulière en Perse, en 1806, comme دوشفنگ *douchfèng* « arme sur l'épaule » (abrégé de بدوش تفنگ *tufèng* « fusil » *bedoûch* « sur l'épaule »), پیشفنگ *pîchfèng* « présentez armes! » (abrégé de پیش *pîch tufèng* littéralement « en avant fusil »), نیزه پیش *neyzè pîch* « à la baïonnette! » littéralement « la baïonnette (*neyzè*) en avant (*pîch*) », etc.

[2] Il ne faut pas confondre داد *dâd* « justice » avec داد *dâd* « cri, appel au secours », et c'est dans ce dernier sens que داد s'emploie ici.

première place et celui-là la seconde, et, par conséquent, l'izafet disparaît. Exemples :

Ainsi de ریش *rích* « barbe » et سفید *sefíd* « blanc »; de سر *ser* « tête » et نیگون *nígoûn* « renversé, les pieds en l'air »; de وا *vá* (pour باز *báz*) « ouvert » et ران *rán* « cuisse »; de کج *ketch* « de travers » et خلق *khulq* « caractère »; de ساده *sâdè* « simple, uni » et لوح *lôouhh* « planche »; de پاك *pák* « pure » et طینت *tînèt* « argile, terre dont Dieu créa l'homme », etc., on forme ریشسفید *ríchsefíd* « chef de famille »; سرنیگون *sernîgoún* « précipité de haut en bas »; وارونه *váránè* ou وارونه *vároûnè* « tourné la face en bas (litt.: les cuisses à découvert) »; این رختر ا نمیتوان وارونه کرد *yn rekhtrá nemítuván vároûnè kerd* « cet habit ne peut se retourner »; کجخلق *ketchkhùlq* « irascible »; ساده لوح *sâdè lôouhhy* « sincérité, caractère franc et ouvert » mot à mot « table rase »; پاکطینتی *páktînety* « conscience pure », etc. (Pour le ی des deux derniers exemples voyez 164.)

§ 3. DEUX FRACTIONS DE VERBE.

189. Les verbes, comme nous l'avons dit, fournissent aussi leur contingent à la formation des noms composés, et alors les débris verbaux s'unissent l'un à l'autre par la conjonction و *ou* « et ». Exemples :

دادوستد *dádousitèd*[1] « transactions commerciales » littéralement « il donna et il prit »; خریدوفروش *kherídoufuroûch* « trafic, commerce » littéralement « il acheta et vend »; رفتوآمد *reftouámèd* (littéralement « il s'en alla et il arriva ») synonyme de آمد وشد *ámèd ou chud* (littéralement « il arriva et il devint ») « voies de communication, circulation »; برد وباخت *burd ou bákht* « jeux de hasard » (littéralement « il gagna et il perdit »); گفتوگو *goftougoú* (littéralement « il dit et dis ») synonyme de گفتوشنید *goft ou chinîd* (littéralement « il dit et il entendit ») « conversation, entretien »: l'on se sert aussi, dans ce dernier sens, de deux prétérits arabes, en mettant l'un à la voix passive et l'autre à la voix active: قیلوقال *qíloûqál* (*quîlè* « il est dit » *ou* « et » *qâlè* « il a dit »); بگیروبکش *beguíroubekùch* (littéralement « prends et tue ») synonyme de بگیروبزن *beguíroubezèn* (littéralement « prends et frappe ») « tumulte confus, coups de main échangés de part et d'autre, brouille »; کج دار ومریز *ketch dâr ou merìz* « conduite

[1] Du verbe défectueux ستادن *sitáden* ou ستدن *sitèden*, rac. aor. ستان *sitán* « prendre, saisir », omis dans le tableau synoptique (81).

cauteleuse, juste milieu »; litt. : « tiens penché (*ketch dâr*) et ne verse pas (*merîz*) », métaphore empruntée au liquide prêt à se répandre, synonyme de l'arabe اوسطها الامور خبر *kheir ulumoûr ôousetuhâ* « ce qu'il y a de mieux dans les choses, c'est leur centre » (lat. « *medio tutissimus ibis* »).

190. Remarquons que beaucoup de racines aoriste et prétérit des verbes persans s'emploient isolément en guise des substantifs. Exemples :

گذشت *guzècht* « pardon, grâce »; سر نوشت *ser nuvicht* « adresse d'une lettre » et aussi « prédestination », décrets divins qu'un ange du ciel de Mahomet inscrit sur le rôle appelé محفوظ لوح *lôoùhhi mehhfoûz* « tablettes commémoratives » où se trouvent consignés tous les actes de chaque homme et prédits avant qu'il vienne au monde; آشوب *áchoâb* « révolte »; انبار *embâr* « magasin, dépôt », ریخت *rîkht* « moule, forme primitive », etc.

191. C'est ici qu'on doit placer aussi les formes emphatiques lorsque, pour donner plus d'expression à ce qu'on veut faire entendre, on répète la même fraction d'un verbe. Exemples :

کشان کشان *kechán kechán* (deux gérondifs) « en se tiraillant l'un l'autre »; ریش کنان زلف کنان *rich kenán zulf kenán* « voies de fait » (littéralement « en s'arrachant la barbe, en s'arrachant les boucles de cheveux » deux gérondifs); افتان خیزان *uftán khîzán* (deux gérondifs) « clopin clopant » (littéralement « en tombant en se relevant »); شسته رفته *chustè ruftè* (deux participes passés) « élégance, propreté » (littéralement « lavé, balayé »), رفته رفته *reftè reftè* « allant petit à petit, doucement ».

§ 4. SUBSTANTIF ET RACINE AORISTE.

192. C'est le groupe le plus nombreux d'entre les noms composés polygènes. Pour l'analyse des dérivés des verbes défectueux dans les exemples ci-dessous, voyez le tableau synoptique (81). Exemples :

Des racines aoristes unies aux substantifs آدم *ádèm* « homme », عالم *â'lèm* « monde », کشور *kechvèr* « contrée », مادر *mádèr* « mère », رو *roû* « visage », شب *cheb* « nuit », سحر *sehhèr* « matin, de bonne heure », سیل *seyl* « torrent de montagnes », تیر *tîr* « flèche, tir, coup de feu », لکد *lekèd* « ruade », آش *âch* « potage », تب *teb* « fièvre », دل *dil* « cœur », سخن *sukhèn* « discours », دانش *dánich* « science, savoir », پینه *pînè* « haillon », عنبر

'ember « ambre », مشك michk « musc », خواب khâb « sommeil », نكطه nuktè « point, question difficile à résoudre, problème », حساب hhesáb « compte », قاعده qâï'dè « règle, loi, us et coutume », etc., se forment آدمخور âdemkhoúr « anthropophage », عالمارا 'álemárá « qui fait l'ornement du monde », كشوركشا kechvèrkuchá, synonyme de جهانگیر djehânguîr « conquérant du monde (djehán) », مادرزا máderzá « qualité ou défaut qu'on apporte avec soi en venant au monde », رونما roúnumá « cadeau de la première nuit de noce que l'époux doit offrir à sa nouvelle mariée lorsqu'elle se dévoile devant lui » (littéralement « le visage montré »), شبخسپ chebkhùsp « dormeuse de nuit » (nom que les habitants des côtes méridionales de la mer Caspienne donnent aux plantes mimosas, comme *Gleditzia caspica*, etc.), سحرخیز sehherkhíz « matinal, qui se lève matin », سیلخیز seylkhíz « crue subite d'un torrent de montagnes », تیرانداز tírendâz « tireur d'arc ou d'arme à feu », لگدكوب lekedkoúb « qui est foulé aux pieds, maltraité », جان همه روز لگدكوب خیالست djánhemè roûz lekedkoúbi kheyálest « tous les jours notre âme reçoit des ruades de notre imagination » (Roumy), آشپز áchpèz « cuisinier », تبلرز teblèrz « fièvre intermittente », دلاور dilâvèr « homme de cœur, courageux », سخناور sukhenávèr « éloquent », دانشور dánichvèr (ver pour áver) « savant », پینه دوز pínèdoûz « ravaudeuse de vieux chiffons », عنبر آگین 'embèr águín مشكاگین michkâguín « plein d'ambre, plein de musc », خواب آلود khábáloúd littéralement « souillé de sommeil, somnolent », comme چشمهای خواب آلودش tchechmháy khábáloúdech « ses yeux moitié endormis, yeux languissants » (marque de beauté); نكته دان nuktèdán « homme habile à discuter, gentilhomme parfait », حساب دان hhesâbdán « bon arithméticien », قاعده دان qâ'idè dán « homme versé dans toutes les minuties des mœurs d'un pays », گوهربار góouherbár « plein de pierres précieuses (góouhèr) », رودبار roúdbár « abondant en ruisseaux » (littéralement « où il pleut des pierres précieuses et des ruisseaux »).

ملك فیلیپوس آن شه سرافراز
بروی سکندر چو شد دیده باز

melik feylipoús án chèhi serefráz beroúy sikendèr tchou chud dídè báz

« Lorsque le roi Philippe, ce souverain magnanime (littéralement : « à la tête élevée »), ouvrit ses yeux (littéralement : « devint l'œil ouvert ») pour contempler la figure d'Alexandre, son fils ».

NOMS COMPOSÉS POLYGÈNES. 97

§ 5. SUBSTANTIF ET GÉRONDIF.

193. Ici, de même qu'on a vu dans le paragraphe ci-dessus, le dérivé verbal doit suivre le substantif. Exemples :

De ناله *nâlè* « plainte », مو *moú* « cheveu », برگ *berg* « feuille d'une plante », خلعت *khel'èt* « robe d'honneur », آب *âb* « eau », etc. se forment ناله کنان *nâlè kunân* « plaintif, gémissant », موکنان *moúkenân* « désespoir extrême » et aussi « deuil » (où la douleur fait verser les larmes et s'arracher les cheveux), برگریزان *bergrîzân* « chute des feuilles, automne », خلعتپوشان *khel'èt poúchân* « la solennité où le roi distribue les robes d'honneur » et aussi « le lieu où elle se passe », آبریزان *âbrîzân* (littéralement « averse ») « fête nationale qui date du temps de Zoroastre et que les Persans musulmans ont conservée encore, espèce de carnaval où il est permis de jeter des seaux d'eau sur les passants », etc.

§ 6. SUBSTANTIF ET PARTICIPE PASSÉ.

194. Les composés de cette espèce abondent en persan. Ex :

De دنیا *dunyâ* « monde », زحمت *zehhmèt* « peine », دم *dùm* ou دمب *dumb* « queue », کوتک *koutèk* « punition », پدر *pedèr* « père », مصیبت *musîbèt* « malheur, خروس *khuroûs* « coq », on forme دنیا دیده *dunyâ dîdè* « homme qui a l'usage du monde », زحمت کشیده *zehhmèt kechîdè* « qui a souffert et travaillé beaucoup » (littér. « qui a traîné la peine »), دمبریده *dumburîdè* « écourté, fin matois » (littéralement « la queue tronquée »), کوتک خورده *koûtèk khoûrdè* « châtié, puni » (littéralement « qui a mangé la punition »), پدر سوخته *pedèr soûkhtè* « vaurien » (littéralement « celui dont le père fut brûlé »), مصیبت زده *musîbèt zedè* « accablé (frappé) d'infortune », آخته خروس *âkhtè khuroûs* « chapon » (littér. « coq extrait »), etc.

195. Les exemples des noms composés d'un prétérit sont assez rares, et c'est le verbe دادن *dâden* « donné » qui en fait le plus souvent les frais. Exemples :

De قرار *qerâr* « repos, stabilité », خدا *khudâ* « Dieu », etc., on forme قرارداد *qerârdâd* « institution, établissement, règle, mesure », خداداد *khudâdâd* « Dieudonné, arrivé fortuitement » etc., سرنوشت *sernuvicht* « décret », سرگذشت *serguzècht* « accident, aventure », etc.

7

§ 7. ADJECTIF ET RACINE AORISTE.

196. Le dérivé verbal, ici comme presque partout ailleurs, suit le nom. Exemples :

De باریک *bârîk* « fin, délicat », تند *tund* « rapide », خوش *khoch* « beau », دروغ *duroûgh* « mensonge », راست *râst* « vrai », دور *doûr* « lointain », سیاه *siyâh* « noir » et سفید *sefîd* « blanc », etc., on forme باریک بین *bârîk bîn* « doué d'une vue d'aigle » comme دیدۀ باریک بین *dîdèi bârîk bîn* « les yeux voyant les choses les plus délicates », تند شتاب *tund chitâb* « qui court, qui vole très-vite », خوشنویس *khochnuvîs* « calligraphe », دروغگو *duroûghgoû* « menteur », راستگو *râstgoû* « véridique », سیاهپوش *syâhpoûch* ou سفیدپوش *sefîd poûch* « vêtu de noir » ou « vêtu de blanc », دوربین *doûrbîn* « longue-vue, lunette d'approche », دورباش *dourbâch* « bâton des domestiques à pied qui écartent les promeneurs pour laisser passer le harem », etc.

Le nombre de ces composés est, comparativement, peu considérable, et comme tous les adjectifs précités s'emploient aussi substantivement, on peut les considérer comme appartenant au § 4 (192).

CHAPITRE VI.

DES NUMÉRATIFS.

§ 1ᵉʳ. NUMÉRATIFS CARDINAUX.

197. Les numératifs cardinaux persans sont :

یک *yek* (pour ای *iy*, tombé en désuétude), « un » ;
دو *doû* « deux » ;
سه *se* « trois » ;
چهار *tchehár* « quatre » ;
پنج *pendj* ou پنچ *pentch* « cinq » ;

شش *chech* « six » ;
هفت *heft* « sept » ;
هشت *hecht* « huit » ;
نوه *nouh* ou نه *nuh* « neuf » ;
ده *deh* « dix ».

198. Les dizaines se forment en mettant les unités avant l'ablatif (از ده *ez deh* « de dix »), et alors, pour éviter l'hiatus :

a. اى *iy* « un » change en يان *yán*, دو *dou* « deux » en دوان *deván*, سه *se* « trois » en سين *sín*, پنج *pendj* « cinq » en پان *pán*, et شش *chech* « six » en شان *chán*.

b. از *ez* est remplacé par son abréviation ز *z*.

c. Après چهار *tchehár* « quatre » on supprime از *ez*.

d. Après هفت *heft* « sept », هشت *hecht* « huit » et نوه *nouh* « neuf », la même suppression a lieu et leurs consonnes finales ت disparaissent en même temps :

يانزده *yánzdèh* ou يازده *yázdèh* « onze » ;
دوانزده *devánzdèh* ou دوازده *devázdèh* « douze » ;
سينزده *sínzdèh* ou سيزده *sízdèh* « treize » [1] ;
چهارده *tchehárdèh* « quatorze » ;
پانزده *pánzdèh* « quinze » ;
شانزده *chánzdèh* « seize » ;
هفده *hifdèh* « dix-sept » ;
هشده *hichdèh* « dix-huit » ;
نوانزده *nevánzdèh*, نوازده *nevázdèh*, ou, ce qui est le plus usité, نوزده *nouzdèh* « dix-neuf ».

199. Depuis vingt, les dizaines se forment irrégulièrement :

بيست *bíst* « vingt » ;
سى *sy* « trente » ;
چهل *tchehil* « quarante » ;
پنجاه *pendjáh* « cinquante » ;
شصت *chest* [2] « soixante » ;
هفتاد *heftád* « soixante et dix » ;
هشتاد *hechtád* « quatre-vingts » ;
نود *nevéd* « quatre-vingt-dix ».

200. Les centaines se forment à l'instar des dizaines, avec cette différence que l'ablatif n'y a plus lieu, que les trois dernières dizaines conservent leurs finales, et enfin que دويست *doúvíst* « deux cents » prend la même désinence formative que بيست *bíst* « vingt » :

---

[1] Les Persans, croyant que le chiffre *treize* porte malheur à ceux qui le prononcent, au lieu de dire سينزده *sínzdèh*, disent هى *hitch* « rien », ou bien زياد *ziádè* « beaucoup trop ».

[2] Dans شصت *chest* et صد *sed*, la lettre ص est employée pour س afin de ne pas confondre le premier mot avec شست *chest* « perche, pouce », et le second avec سد *sedd* « barrière, borne ».

صد sed « cent »; پانصد pânsèd « cinq cents »;
دویست doûvîst « deux cents »; ششصد chechsèd « six cents »;
سیصد sîsèd « trois cents »; هفتصد heftsèd « sept cents »;
چهارصد tchehársèd « quatre cents »; هشتصد hechtsèd « huit cents »;
  نوهصد noûhsèd « neuf cents ».

201. هزار hezár « mille » est le seul des cardinaux qui s'emploie aussi au pluriel : هزاران hezárân « les mille ». Au reste, ils n'offrent aucune irrégularité dans leur formation. Exemples :

دوهزار doûhezár « deux mille », سه هزار se hezár « trois mille »;

Et ainsi de suite, en conservant l'ordre numérique, comme chez nous. Exemple :

سنۀ هزار وهشتصد وپنجاه ودو تاریخ مسیحیّه مطابق سال هزار و دویست وشصت وهشت هجره است senèï hezár ou hechtsèd ou pendjáh ou doû tárîkhi mesîhhyyè mutâbiqi sâli hezár ou douvîst ou chest ou hecht hidjrè est. « L'année 1852 datant de la venue du Messie, correspond à l'année 1268 de l'hégire. »

La conjonction و ou « et » est de rigueur. Elle doit toujours séparer les unités des dizaines, les dizaines des centaines, etc.

202. Les dénominations spéciales des chiffres persans s'arrêtent à cinq cent mille, qu'on appelle یک کرور yek kuroûr « un kourour ». Pour exprimer un, deux, trois millions, etc., les Persans font la multiplication, et disent دو کرور dou kuroûr « deux kourours (un million) »; سه کرور se kuroûr « trois kourours (un million cinq cent mille) »; چهار کرور tchehár kuroûr « quatre kourours (deux millions) », etc.

203. Dans une phrase, les nombres cardinaux ne prennent jamais d'izafet; les noms qui s'accordent avec ces numératifs restent au nominatif singulier, et le verbe seul se met au pluriel. Exemples :

پانصد ششصد نفر بودند pansèd chechsèd nefer boûdend « ils étaient (au nombre de) cinq ou six cents individus. بعد از انقضای مهلت شش ماهه فلان تخواهرا ادا نمود یا کارسازی کرد be'ad ez inqizáy muhlèti chechmâhè fulán tenkhâhrá edâ numoûd ou kársázy kerd « après l'expiration du terme de six mois, il s'acquitta de telle et telle somme ».

204. Les substantifs que l'on veut compter dans une sentence, sont ordinairement accompagnés d'autres substantifs qui en spécialisent la qualité, de même qu'on dit en français : « tant de *têtes* de bétail, tant de *pièces* de cent sous », etc. Ainsi نفر *nefèr* « individu », appartient exclusivement aux hommes et aux chameaux ; رأس *reès* « tête », aux quadrupèdes en général ; زوج *zôoudj* « couple », aux bœufs de labour et aux pendants d'oreilles ; طاقه *tâqè* « série », aux châles seulement ; عرّاده *'errâdè* « baliste », aux canons sur leurs affûts ; فروند *fervènd* (pour پرېند *perbènd*) « pourvu d'ailes », aux navires ; عدد *'edèd* « nombre », à des pièces de monnaie quelconque, et en général aux choses inanimées ; زنجير *zendjír* « chaîne », ou مربط *merbèt* « train », aux éléphants ; قلّاده *qellâdè* « collier », aux chiens ; دست *dest* « main », aux faucons ; قطار *qetâr* « suite », aux mulets, etc. Le mot تا *tâ* « fois » est applicable à tout indifféremment. Tous ces mots, précédés des numératifs ordinaux, ne prennent pas d'izafet, ni de désinences را de cas obliques, ni celles de pluriel non plus. Exemple :

در طویله او پنج رأس اسپ وسه نفر شتر ودوانزده قلّاده تازی ودو زوج گاو شخمی ودو نفر مهتر موجود وحاضر دیدیم واز آنجا بیرون آمده داخل زیر زمینش شدیم اسباب واجناس متفرّقه بنظر آمد از آنجمله چند تا کیسهٔ سر مهر ونه قبضه شمشیر جوهردار ویانزده طاقه رضای بوته‌دار ودو لنگه آقا بانوی چشم بلبل وچهار دسته فنجان نعلبکیٔ کارخانهٔ انگلس وچهار صد عدد بلغاری حاج طرخانی ومخمل فرنگی شانزده توپ وابریشم کج بیست فرده وغیره وغیره از قرار سیاههٔ مفصّلهٔ ذیل هه پراکنده وبی‌صاحب

der tevíléï où pendj reès esp ou se nefèr chutùr ou devânzdèh qellâdè tâzy ou doú zôoudj gâvi chukhmy ou doú nefèr mehtèr móoudjoúd ou hhâzir dídím ve ez ândjâ bíroún âmedè dâkhili zírzemínech chùdím esbâb ou edjnâsi muteferriqè benezèr âmed ez ândjumlè tchend tâ kíseï ser bemùhr ou nuh qebzè chemchírn djóouherdâr ou yânzdèh tâqè rizâỳ boutèdâr ou doú lenguè âqâ bânoúy tchèchmi bulbùl ou tchehâr destè findjânu ne'albekè kârkhâneï inglís ou tchehâr sed 'edèd bulghâ-rỳi hhâdji terkhâny ou mekhmèli frenguỳ chânzdèh toúp ou ebríchími kedj bíst ferdè ou gheyrè ou gheyrè ez qerári siyáhèï mufessilèï zeyl hemè perákendè ou bísáhhib

« Dans son écurie, nous vîmes présents et devant nous cinq (têtes de) chevaux, trois (personnes de) chameaux, douze (colliers de) lévriers, deux (couples de) bœufs de labour, deux (personnes de) garçons d'écurie. Sortis de là, nous entrâmes dans les caves de sa maison ; beaucoup d'objets et d'effets épars et en désordre s'y présentèrent à nos regards, et nommément quelques (pièces de) sacs d'argent cachetés, neuf (poignées de) sabres damasquinés, onze châles des Indes, grandes palmes, deux colis (*lenguè*) de mousseline (*aga bánoú*) mouchetée (litt. « yeux de rossignol »), quatre services de thé (litt. « tasse et soucoupe ») de fabrique d'Angleterre, quatre cents pièces (chiffres) de cuir (*bulghárỳ*) d'Astrakhan, seize pièces (canons de) velours d'Europe, vingt ballots (*ferdè*) de soie écrue de qualité inférieure (*kedj*), et bien d'autres choses, détaillées dans une note marginale (de cet écrit), tout cela jeté pêle-mêle, et sans maître [1].

§ 2. NUMÉRATIFS ORDINAUX.

205. Les numératifs ordinaux persans se forment des cardinaux en ajoutant à la finale de ceux-ci مُ *um* [2]. Les savants se servent aussi des ordinaux de la langue arabe :

يكم *yekùm* ou نخست *nukhùst* ou اوّل *evvèl*, arabe, « premier ».

دوّم *duvvùm* ou دوّیوم *doúyyoûm* ou دوّیم *doúiiùm* ou ثانی *sánỳ*, arabe, « second ».

سیّوم *seyyoûm* ou سیّم *seiiùm* ou ثالث *sálìs*, ar., « troisième ».

چهارم *tcheharùm* ou رابع *rabe'à*, ar., « quatrième ».

پنجم *pendjùm* ou خامس *khámìs*, ar., « cinquième ».

ششم *chechùm* ou سادس *sádìs*, ar., « sixième ».

هفتم *heftùm* ou سابع *sábi'à*, ar., « septième ».

هشتم *hechtùm* ou ثامن *sámìn*, ar. « huitième ».

نهّم *nuhhùm* ou تاسع *tásse'à*, ar., « neuvième ».

دهم *dehùm* ou عاشر *'áchìr*, ar., « dixième ».

---

[1] Extrait d'un inventaire de biens trouvés après un décès.

[2] Le substantif collectif مردم *merdùm* « humanité » se forme de مرد *merd* en prenant le même formatif م *ùm*. C'est le seul exemple ou *ùm* soit employé ailleurs que dans les numératifs ordinaux.

206. Les numératifs ordinaux arabes en ﺍً *en* s'emploient aussi en persan pour rendre les adverbes français :

« Premièrement », اوّلاً *evvelèn*,

« Secondement », ثانیاً *sánièn*, etc.

207. Les ordinaux persans peuvent prendre le formatif بین *yn*, que nous connaissons déjà (182) :

نخستین *nukhustín* « premier ».

دوّیومین *doûyyumín* « deuxième », etc.

چهارمین *tchehárumín* « quatrième », etc.

208. Lorsqu'il y a plus d'un chiffre, il n'y a que le dernier qui prenne le formatif ordinal. Exemple :

صد و پنجاه و سیّوم *sed ou pendjâh ou seyyoûm* « cent cinquante-troisième »,

چهار صد و سیّوم *tchehâr sed ou síyyoûm* « quatre cent trentième », etc.

209. Sous l'influence d'un verbe qui régit l'accusatif, les numératifs ordinaux prennent quelquefois le signe را des cas obliques, ce qui n'arrive presque jamais aux cardinaux; ainsi on peut très-bien demander et répondre :

کدام یکیرا میخواهی بگیری *kudám yekírâ míkhâhỳ beguîry* « Lequel voulez-vous prendre? » ششمرا *chechùmrâ*, هفتمرا *heftùmrâ*, هشتمرا *hech-tùmrâ*, بیستمرا *bístùmrâ*, صد و نهمرا *sed ou nuhùmrâ*, etc.; « le sixième, le septième, le huitième, le vingtième, le cent neuvième, » etc.

Mais il faut supprimer le را du régime toutes les fois que celui-ci se trouve accompagné des numératifs cardinaux employés soit substantivement, soit adjectivement. Exemples :

در ولایات فرنگستان مراجعهٔ سالیانه از تنخواه اصلی صد و پنج بازیافت می نمایند *der viláyáti ferenguistán murábihheï sályânè (râ* supprimé*) ez tenkhâhi eslỳ sed ou pèndji (râ* suppr.*) bâzyâft my numâyènd* « En Europe, on perçoit les cinq pour cent de la somme prêtée (litt. primitive) pour un an »; امروز *imroûz hecht dánè kebk (râ* supprimé*) ou don tá khergoûch (râ* supprimé*) chikâr kerdîm* « A la chasse d'aujourd'hui, nous avons pris huit perdreaux rouges et deux lièvres »; روز محاصرهٔ شهر کرمان لطف علیخان زند شش نفر سواره با دست خود کشت *roûzi muhhâsireï kermán lutf 'alíkhâni zend chech nefer sevârè (râ* supprimé) *bá dèsti khoúd kucht* « Au jour du siége de la ville de Kerman, Lutf Aly khan, de la tribu Zend, tua cinq cavaliers de sa propre main »; etc.

§ 3. DES NUMÉRATIFS DISTRIBUTIFS ET MULTIPLICATIFS.

210. Pour former les distributifs persans, on répète, comme en français, le même nombre. Exemples :

يكايك *yekâyèk* ou bien يك يك *yek yek* « un à un »; دو بدو *doú bedoú* « deux à deux »; چهار چهار *tchehâr tchehâr* ou bien, ce qui est une forme vieillie, چهاران چهاران *tchehârân tchehârân* « quatre à quatre », سه وسه *se ou se* « trois à trois »; anciennement on disait يگان يگان *yegán yegán* « un à un », etc.

Il n'y a que l'usage qui rende telle ou telle de ces formations applicable à tel ou tel numératif.

211. Les multiplicatifs se rendent le plus souvent moyennant le ه quiescent ajouté au substantif qui précise leur quotité. Exemples :

تفنگ دو لوله *tufèngui dou loulè* ou bien دو لولۀ *dou loulèï* (147) « le fusil double (à deux canons); سنگ چهار روبه *sèngui tchehâr roúyè* ou مربّعه *murrebba'è* « la pierre à quatre faces (quadrilatérale), قوس سمای هفترنگه *qôousi semáy heftrenguè* « l'arc-en-ciel de sept couleurs », etc.

Ou bien on paraphrase la locution :

خدا صد باره ين قدر بشما *khudâ sed bárè yn qedèr* ou صد تا ينقدر بهده *sed tâ ynqedèr be chumâ bedehèd* « Dieu vous le rende au centuple ».

212. Les expressions françaises « deux fois deux, etc. » se rendent ainsi : Exemples :

دو بر سه شش است *dou ber sè chech est* « deux fois trois font six »; پنج بر هشت چهل است *pendj ber hecht tchehil est* « cinq fois huit font quarante » (littér. « deux sur trois, cinq sur huit »), etc.

§ 4. DES FIGURES NUMÉRIQUES.

213. La finance et le commerce en Perse, se servent des chiffres appelés حساب رقومی *khessábi rukoúmy*[1] qui s'écrivent de

---

[1] Ils ont beaucoup de rapport avec les chiffres nommés par Jean de Nimègue (Bronchorst) «nombres chaldéens». (Voy. son ouvrage *De numeris*, Paris, 1539.)

droite à gauche, et dont on trouvera quelques exemples à la fin de ce volume. On les nomme aussi سیاق *seyâq*.

214. Les figures numériques empruntées aux Arabes et leurs équivalents en lettres de l'alphabet arabe, sont :

۱	1	ا	a		٦٠	60	س	s
۲	2	ب	b		۷٠	70	ع	a'
۳	3	ج	dj		۸٠	80	ف	f
۴	4	د	d		۹٠	90	ص	s
۵	5	ه	h		۱٠٠	100	ق	q
۶	6	و	ou		۲٠٠	200	ر	r
۷	7	ز	z		۳٠٠	300	ش	ch
۸	8	ح	hh		۴٠٠	400	ت	t
۹	9	ط	t		۵٠٠	500	ث	s
۱٠	10	ى	y		۶٠٠	600	خ	kh
۲٠	20	ك	k		۷٠٠	700	ذ	z
۳٠	30	ل	l		۸٠٠	800	ض	z
۴٠	40	م	m		۹٠٠	900	ظ	z
۵٠	50	ن	n		۱٠٠٠	1000	غ	gh

Le zéro, صفر *sifr*, pl. ar. اصفار *esfâr*, est représenté par un point ٠, et le système de numération ne diffère pas du nôtre.

215. Les Persans modernes se servent de figures numériques arabes seulement pour les dates, les livres d'arithmétique et la pagination. On les écrit de gauche à droite. Exemple :

بحساب تقویم عثمانلو سال ۱۲۷۸ هجره در روز ۲۷ ماه اوکتبر سنهٔ ۱۸۵۱
مطابق تاریخ عیسویّه مبتدی وفی یوم ۱۴ شهر اوکتبر سنهٔ ۱۸۵۲ هان تاریخ
مسیحیّه منتهی میشود چنانکه در صحیفهٔ ۶۰۲ ذکر شده ورق ۳

behhesâbi teqvîmi 'osmânlù sâli hezâr ou doûvîst ou bîst ou yekùmi hidjrè der roûzi bîst ou hechtùmi mâhi oktòbri senèï hezâr ou hechtsèd ou pendjâh ou yek mutâbiqi târîkhi 'ysevyyè mubtedâ ou fy yôoumi tchehârdehùmi chèhri oktòbri senèï hezâr ou hechtsèd ou pendjâh ou doû hemân târîkhi mesîhhyyè muntehà micheved tchenânki der sehîfèï chech sed ou doû zikr chudè verèqi seyyùm

« D'après le calcul du calendrier des Turcs de Constantinople, l'année 1268 de l'hégire commence le 27 octobre 1851 de l'ère chrétienne, et finit le 14 octobre 1852 de la même ère, comme il en a été fait mention à la page 602, feuillet 3. »

Le premier jour de chaque mois s'appelle غرّه *ghurrè* « prémice », et le dernier, سلخ *silkh* « dépouille »[1]. On ne les chiffre jamais ni l'un ni l'autre.

216. Quant aux lettres-chiffres, l'usage en est encore moins fréquent. Les poëtes et les orateurs y ont quelquefois recours pour désigner le millésime d'un événement. C'est un tour de force qui consiste à arranger une phrase de manière à ce que la valeur numérique de toutes ces lettres de cette phrase corresponde à l'année de l'hégire où l'événement en question a eu lieu[2].

217. Il y a d'autres systèmes et manières de compter par les lettres, mais celle qu'on vient de lire est la plus usitée. Afin de faciliter le moyen de s'en souvenir, les Orientaux ont groupé toutes les lettres-chiffres en huit mots vides de sens :

ابجد هوّز حطّی کلمن سعفص قرشت تخذ ضظغ

---

[1] Ce qui a donné naissance à cette locution proverbiale : ماه عمرت از غرّه بسلخ رسید *mâhi 'ùmret ez ghurrè be silkh resíd* « tu vas mourir bientôt », litt. : « le mois de ta vie (en partant) du premier, arriva au dernier (de ses jours) ».

[2] Dans un des manuscrits des OEuvres complètes d'Envèry que possède la Bibliothèque nationale de Paris, le copiste, poëte lui-même, ajoute à la fin du livre un poëme de sa propre composition, qu'il termine par ce distique :

اگر از تو پرسند تاریخ سال ⸺ بگو شعرهای حکیم انوری

oguèr ez tou pursènd tárîkhi sâl — begoû che'arhây hhekîmi envèry

« Si quelqu'un te demande la date de l'année, dis-lui : *les vers d'Envèry le sage*. »

Or en faisant l'addition de la valeur numérique de toutes les lettres comprises dans *begoû che'arhây hhekîmi envèry*, on obtient la somme de 959, correspondante à l'année de l'hégire où le copiste a achevé son manuscrit.

Pour les quatre lettres que les Persans ont ajoutées à l'alphabet arabe, پ a la valeur de ب, چ, celle de ج, ژ, celle de ز, et enfin گ, la valeur de ك.

CHAPITRE VII.

DES PRONOMS.

§ 1ᵉʳ. DES PRONOMS PERSONNELS.

218. La déclinaison des pronoms personnels persans se fait à l'instar de celle des substantifs, avec cette différence que, dans les cas obliques, il y a élimination des lettres ن *n* et و *ou*, comme on peut le voir dans l'exemple de déclinaisons ci-dessous.

219. Ces pronoms sont ou *isolés*[1], c'est-à-dire qu'ils peuvent être employés et déclinés abstraction faite du nom qu'ils représentent, ou *conjonctifs*, c'est-à-dire qu'ils n'ont pas d'existence isolée, et ne peuvent figurer dans une sentence que conjointement avec ce nom.

DÉCLINAISON DES PRONOMS PERSONNELS.

PRONOMS ISOLÉS.

PREMIÈRE PERSONNE.

Sing.
- Nom. من *men* « moi »;
- Gén. مالِ من *mâli men* « de moi (le mien) »;
- Dat. بمن *bemèn* ou مرا *merá* « à moi »;
- Acc. مرا *merá* ou م *em* « moi (me) »;
- Abl. از من *ez men* « de moi ».

---

[1] Le pronom absolu de la 1ʳᵉ pers. au sing. من *men* « moi » est le seul de tous les pronoms personnels persans qui, employés substantivement, puisse s'accorder avec un adjectif. Exemple:

صلاح کار کجا و من خراب کجا   بین تفاوت ره کز کجاست تا کجا

selâhhi kár kudjá ou mèni kheráb kudjá — bin tefávùti reh kez kudjást tá kudjá

« Moi, ruiné (par trop d'amour) que je suis, comment pourrais-je y remédier? Jette un regard sur l'immensité de la distance (litt.: la différence des routes) à parcourir, vois où en est le point de départ et où est le terme. »

Il arrive parfois de rencontrer des expressions comme توی بیچاره *toùy bitchárè* « toi, infortuné », où le pronom personnel de la 2ᵉ pers. au singulier s'adjoint aussi un adjectif, mais ces cas sont bien rares.

DES PRONOMS.

Plur.
- Nom. ما *má*[1] « nous »;
- Gén. مال ما *máli má* « de nous (le nôtre) »;
- Dat. بما *bemá* ou مارا *márá*;
- Acc. مارا *márá* « nous »;
- Abl. از ما *ez má* « de nous ».

2ᵉ PERSONNE.

Sing.
- Nom. تو *tou* « toi »;
- Gén. مال تو *máli tou* « de toi (le tien) »;
- Dat. بتو *betou* ou ترا *turá*;
- Acc. ترا *turá* « toi (te) »;
- Abl. از تو *ez tou* « de toi ».

Plur.
- Nom. شما *chumá* « vous »;
- Gén. مال شما *máli chumá* « de vous (le vôtre) »;
- Dat. بشما *bechumá* ou شمارا *chumárá* « à vous »;
- Acc. شمارا *chumárá* « vous »;
- Abl. از شما *ez chumá* « de vous ».

3ᵉ PERSONNE.

Sing.
- Nom. او *oú* « lui, elle »;
- Gén. مال او *máli oú* « de lui, d'elle (le sien) »;
- Dat. باو *beoú* ou اورا *oúrá*;
- Acc. اورا *oúra*;
- Abl. از او *ez oú* « de lui, d'elle ».

Plur.
- Nom. ایشان *ychán* « eux, elles »;
- Gén. مال ایشان *máli ychán* « d'eux, d'elles (leur) »;
- Dat. بایشان *beychán* ou ایشانرا *ychánrá* « à eux, à elles »;
- Acc. ایشانرا *ychánrá* « les »;
- Abl. از ایشان *ez ychán* « d'eux, d'elles ».

PRONOMS CONJONCTIFS.

PREMIÈRE PERSONNE.

Sing.
- Nom. م *em* « mon, ma »;
- Gén. م *em* « de mon »;
- Dat. مرا *emrá* ou م *em* avec به avant le nom;
- Acc. مرا *emrá* ou م *em* « mon »;
- Abl. م *em* avec از *ez* avant le nom.

---

[1] En conversation, on dit ماها *máhá* et شماها *chumáhá* pour ما *má* et شما *chumá* : ce sont des pluriels doubles.

DES PRONOMS.

Plur. { Nom. مان *imân* « mes »;
Gén. مان *imân* avec l'izafet du génitif;
Dat. مانرا *imânrâ* ou avec به *be* avant le nom;
Acc. مانرا *imânrâ*;
Abl. مان *imân* avec از *ez* avant le nom.

2ᵉ PERSONNE.

Sing. { Nom. ت *et* « ton, ta »;
Gén. ت *et* « de ton »;
Dat. ترا *etrâ* ou ت *et* avec به *be* avant le nom;
Acc. ترا *etrâ* ou ت *et* « ton »;
Abl. ت *et* avec از *ez* devant le nom.

Plur. { Nom. تان *itân* « tes »;
Gén. تان *itân* avec l'izafet du génitif;
Dat. تانرا *itânrâ* ou تان *tân* avec به *be* avant le nom;
Acc. تانرا *itânrâ* « tes »;
Abl. تان *itân* avec از *ez* avant le nom.

3ᵉ PERSONNE.

Sing. { Nom. ش *ech* « son, sa »;
Gén. ش *ech*;
Dat. شرا *èchrâ* ou ش *ech* avec به *be* avant le nom;
Acc. شرا *èchrâ* ou ش *èch*;
Abl. ش *ech* avec از avant le nom.

Plur. { Nom. شان *ichân* « ses »;
Gén. شان *ichân* avec l'izafet du génitif;
Dat. شانرا *ichânrâ* ou شان *ichân* avec به *be* avant le nom;
Acc. شانرا *ichânrâ* « ses »;
Abl. شان *ichân* avec از avant le nom.

REMARQUES SUR L'EMPLOI DES PRONOMS PERSONNELS.

220. Les pronoms personnels absolus ou isolés font fonction de pronoms conjonctifs, qui ne sont que l'abrégé de ceux-là. On dit indifféremment :

ولايت ما *vilâyèti mâ*, پسر من *pusèri men*, خانه تو *khânèi tou*, كفش او *kèfchi oû*, مذهب شما *mezhèbi chumâ*, جان ايشان *djâni ychân*, ou bien

پسرم *pusèrem* « mon fils », خانه‌ات *khânèet* « ta maison (et aussi ta femme »), کفشش *kèfchech* « sa pantoufle », ولایتمان *vilâyètimân* « notre pays », مذهبتان *mezhèbitân* « votre religion » (littéralement « ta religion à toi et aux tiens) », جانیشان *djânichân* « leur âme ».

Les six premières locutions appartiennent à un style plus soigné, mais les six dernières sont préférées en conversation et dans un style familier.

221. Tous ces exemples font voir que l'accord des pronoms personnels se fait comme celui du génitif, moyennant l'izafet. Cependant il faut remarquer que l'izafet disparaît devant les pronoms conjonctifs de toutes les trois personnes au singulier. Sa présence est indispensable au pluriel de ces conjonctifs.

222. Les datifs des pronoms conjonctifs au singulier et au pluriel se rendent, ou par la finale را, ou, ce qui arrive plus souvent, de la manière suivante. Exemples :

بنوکری من *benôoukèri men* ou بنوکرم *benôoukèrem*, بگوش تو *begoûchi tou* ou بگوشت *begoûchet* « à ton oreille », بشترهایتان *bechuturhâîtân* « à tes chameaux » (pour *nôoukèri merâ, goûchi turâ, chuturhâîtânra*), etc.

223. Les ablatifs se rendent ainsi. Exemples :

از پولمان *ez poûlimân* ou bien از پول ما *ez poûli mâ* « de notre argent », از دهنتان *ez dehènitân* ou از دهن شما *ez dehèni chûmâ* « de votre bouche », etc.

224. Dans une phrase continue où le nominatif est suivi de plusieurs génitifs et adjectifs, le pronom personnel qui s'y rapporte ne paraît qu'à la suite du dernier des noms incidents. Ex. :

ابیات پر شرّ وشور ومدایح بدتر از هجوتان *ebyâti pur cherr ou choûr ou medâîhhi bedtèr ez hèdjvitân*, « Vos poésies pleines de malice et (d'allusions) insidieuses, et vos louanges pires que la satire elle-même, etc. »

En d'autres termes, dans une sentence persane directe et composée des éléments précités, la première place est réservée au sujet, la deuxième à l'objet, la troisième à l'adjectif, la quatrième au pronom personnel et la dernière au verbe, exprimé ou sous-entendu.

225. Si ce verbe régit un accusatif, le را du régime doit suivre le pronom personnel. Exemple :

قورخانهٔ دشمن وآلات كارزار اورا گرفتند *qourkhânèï dùchmen ou âlâti kârzâri oûrâ guiriftend* « Ils ont pris le train d'artillerie de l'ennemi ainsi que tous ses appareils de guerre ».

226. La présence des pronoms conjonctifs à la suite d'un régime direct permet quelquefois d'omettre le را de l'accusatif. Exemple :

چوبم زد وسنگش زدم فحشم داد وپسش دادم *tchoûbem zed ou sèngech zèdem feùhhchem dâd ou pèsech dâdem* « Il m'asséna un coup de bâton et je l'ai frappé avec une pierre; il m'a dit des grossièretés que je lui ai dûment rendues »; درم كرد *dèrem kerd* « il me chassa », etc.

227. Dans le vieux style et en poésie, on dit اوی *oûy* et وی *vey* pour او *oû* « lui », et au datif de ce pronom, ا *élif* change en د *d* euphonique. C'est pourquoi on compte sept variantes du datif du pronom personnel de la 3ᵉ pers. sing., savoir : باو *beoû* ou بدو *bedoû*, ou بدوی *bedoûy*, ou اورا *ourâ*, ou مراورا *meroûra* (117, 3°), ou بوی *bevèy*, ou ویرا *veyrâ* « à lui ». Exemple :

مگر شهر ودختر بماند بدوی — نباشد دگر بر سرش باژ اوی
meguèr chehr ou dukhtèr bemânèd bedoûy — nebâchèd diguèr ber serèch bâji oûy

« Peut-être aura-t-il et la ville et la fille en même temps, et il ne sera pas dorénavant obligé de lui payer le tribut promis (Ferdousy) ».

228. En persan, من وتو *men ou tou* « moi et toi, à nous deux », est une expression familière et pleine de charme. Elle veut dire « une amitié à la vie à la mort », et aussi « un attachement à toute épreuve ». Les auteurs des chansons populaires s'en servent souvent. Exemple :

بیا برویم از این ولایت من وتو — تو دست مرا بگیر من دامن تو
beyâ berevîm ez yn velâyèt men ou tou — tou dèsti merâ beguîr men dâmèni tou

« Viens, partons de ce pays, à nous deux pour la vie et pour la mort!

Tu me prendras la main, toi, et moi je te suivrai en me tenant au pan de ton manteau (litt. toi, prends ma main, moi, ton pan) ».

229. En s'adressant à Dieu, on se sert du pronom personnel de la 2ᵉ pers. au sing. Exemple :

بار خدایا تو میبینی امیدی بغیر از تو ندارم *bâri khudâyâ tou míbínỳ umídy be ghèir ez tou nedârèm* « Seigneur Dieu, tu vois, je n'ai pas d'autre espoir que toi! »

230. Les derviches et les poëtes tiennent le même langage en parlant au châh. Cependant les diplomates et les courtisans, en s'adressant à lui, remplacent le pronom personnel par un des titres honorifiques de sa majesté, comme شاه *châh* « souverain », قبلهٔ عالم *qiblèi 'âlèm* « l'oratoire du monde », حضرت *hhezrèt* « majesté » (littér. « présence »), etc., et alors le temps du verbe qui y correspond se met à la 3ᵉ pers. plur. Exemples :

هرچه قبلهٔ عالم میفرمایند عین مصلحت است *her tchi qiblèi â'lèm mìfermâyènd 'èyni meslehhèt est* « Tout ce que vous (litt. l'oratoire du monde) dites (littér. ils ordonnent) est juste (littér. est la source des mesures les plus prudentes) ». از راه مرحمت شاه بنده‌نوازی فرمودند *ez râhi merhhemèt châh bendènevâzỳ fermoûdend* « Par un mouvement de bonté (litt. par la voie de la miséricorde) vous (le châh) me comblez de vos faveurs (litt. ils ont ordonné, ou ont daigné faire l'acte de favoriser son esclave) ».

Dans le dernier exemple, le substantif بنده *bendè* « esclave » remplace le pronom « moi ». En effet, ce serait une grande impolitesse que de dire « moi, je », en parlant à un supérieur. Il faut y substituer بنده *bendè* « (votre) esclave », ou مخلص *mukhlìs* « (votre) dévoué » ou اخلاص کیش *ikhlâs kích* « le très-dévoué », ou کمترین *kemterín* « le plus petit (d'entre vos serviteurs) », etc., et mettre le temps du verbe correspondant à la 1ʳᵉ pers. sing. Les femmes disent کمینه *kemínè* « la plus petite », ou bien کنیز *keníz* « la servante », ou بنده, etc.

فرمایش خان بنده‌را حالی نشد *fermâïchi khân benderâ* (datif) *hhâli nechùd* « Je n'ai pas bien compris ce que vous (khan) venez de dire » (litt. « l'ordre du khan ne devint pas compréhensible pour l'esclave) ». بنده

مخلص وزیرم واما وزیر شفقت ندارند *bendè mukhlisi vezîrem ve èmmâ vezîr chefeqqèt nedârènd* « Mes sentiments sont pour vous (vizir), mais vous me retirez votre bienveillance (litt. l'esclave (moi) je suis le dévoué du vizir, mais le vizir n'a pas de la bienveillance) ».

231. Le roi, en parlant de lui-même, dit ما *mâ* « nous », ou tout de bon, شاه *châh* « le roi » avec la 3ᵉ pers. sing. du verbe correspondant. Exemples :

طالع شاه بلنداست *tâlè'i châh bulènd est* « L'horoscope du châh est bien haut », c'est-à-dire « j'ai du bonheur »; شاه امروز با دست مبارکش آهوی زد *châh emroûz bâ dèsti mubârèkech âhoûy zed* « Aujourd'hui le châh, avec sa main sacrée, a tué une gazelle », c'est-à-dire « je viens de tuer une gazelle ».

232. Enfin, les personnes d'un rang égal, en s'adressant l'une à l'autre, se servent de شما *chumâ* « vous », comme en français, et les amis se tutoient comme partout ailleurs. Exemples :

سر من *sèri men* (je te le jure par) « ma tête »; ریش تو *rîchi tou* (je te le jure par) « ta barbe »; مرگ من *mèrgui men* ou bien مرگ تو *mèrgui tou* « par ma mort, par ta mort »; تو بمیری *tou bemîry*, من بمیرم *men bemîrèm* « que tu meures, que je meure », c'est-à-dire « aussi vrai comme je voudrais mourir en odeur de sainteté », ou bien « comme je te souhaite de mourir en vrai musulman »; بجان پسرت *bedjâni pusèret* « par (le salut de) l'âme de ton fils »; تو وخدا توی خدا *toùy khudâ* (avec ی euphonique) pour « toi et Dieu; c'est-à-dire « est-ce aussi vrai que ton amour pour Dieu? » etc.

Les Persans emploient aussi beaucoup d'autres tutoiements, soit en conversation, soit dans la correspondance écrite.

§ 2. PRONOMS POSSESSIFS.

233. Il est remarquable qu'une nation comme celle d'Iran, où depuis les temps les plus anciens le droit de propriété n'était rien moins que respecté, n'ait dans sa langue ni des finales pour le génitif, ni des pronoms possessifs proprement dits. Pour former un pronom possessif, il faut avoir recours à des paraphrases, qui se font de différentes manières :

a. Moyennant le nominatif, des pronoms personnels soit

absolus, soit conjonctifs, ajoutés à la suite du nom qui désigne la propriété. Exemples :

پوشاك وخوراكم *poúchâk* ou *khoúrâkem* « mon habillement et ma nourriture » ; پول تو *poúli tou* « ton argent » ; مالش *mâlech* « sa propriété » ; دهات شما *dehâti chumâ* « vos villages » ; مداخلتان *medâkhilitán* « votre revenu » ; خرجمان *kherdjimán* « notre dépense » ; قوشون ایشان *qochoúni* (turc) *ychân* « leur armée », etc.

b. Moyennant l'ablatif d'un pronom personnel. Exemple :

این عمارت نه از شما ونه از او میباشد *yn 'emârèt ne ez chúmâ ou ne ez oú míbâchèd* « ce bâtiment n'est ni à vous, ni à lui non plus ».

c. Moyennant le substantif مال que nous connaissons déjà, suivi d'un pronom personnel, d'un génitif ou d'un pronom réfléchi. Exemples :

این تازی مال كیست *yn tâzi mâli kíst* « à qui est ce levrier ? » مال من *mâli men*, ou مال شما *mâli chumâ*, ou مال ایشان *mâli ychán est* « il est à moi », ou « à vous », ou « à eux » ; این اسپی كه بود كه در سوقون شاهی بیدقرا برد *yn èspy ki boúd ki der sóouqoúni cháhy beydèqrá burd* « à qui était ce cheval qui a remporté le grand prix (litt. emporté le drapeau) de course royale des chevaux ? مال احمد خان *mâli ahhmèd khán* « à Ahmed Khan ».

شب تاره كه كرگان میبرند میش — سیاه زلفت جمایل كن بیا پیش
اگر مادر از تو احوال بگیرد — بگو مال خدا بود دادم بدرویش

chèbi târè ki gurgán míberènd mích — siyâh zùlfet hhemâíl kun beyâ pích — eguèr mâdèr ez tou ehhvâl beguîred — begoû mâli khudá boûd dâdem bederviêch.

« Dans une nuit ténébreuse, lorsque les loups ravissent les brebis, fais flotter en écharpe ta chevelure noire et viens auprès de moi. Si ta mère te demande des nouvelles, dis lui : ce qui était à Dieu, je l'ai donné aux pauvres ». (*Chanson des bouviers guilanais.*)

234. Quoique que le substantif مال, qui aide à former les génitifs et les pronoms possessifs, veuille dire en arabe « richesse, propriété », il paraît qu'il existait de tout temps dans la langue persane, car on le rencontre souvent dans les chants du peuple iranais, qui n'abondent pas en mots arabes, comme dans cet exemple :

DES PRONOMS.   115

گل روی تو دارد خال بسیار — ببوسد هر که دارد مال بسیار
منی بیچیز که مالی ندارم — دلی پردرد دارم داغ بسیار

gùli roùy tou dârèd khâli besyâr — beboûsèd her ki dârèd mâli besyâr — mèni bîtchîz ki mâly nedârèm — dìli purdèrd dârèm dâghi besyâr

« Ton visage fleuri est parsemé de beaucoup de grains de beauté. Que celui qui a beaucoup de richesse les baise un à un ! Quant à moi, je ne possède rien autre qu'un cœur débordé par l'angoisse et meurtri de stigmates d'une passion non assouvie ». (*Chanson des montagnards déilémites.*)

Ce qui viendrait à l'appui de cette opinion, c'est que اموال *emvâl*, pluriel arabe du substantif مال, ne s'emploie guère que dans un style élevé.

235. Dans le vieux style, مال est quelquefois remplacé par زان *zân* ou ازان *ezân*, ablatif singulier du pronom démonstratif آن (250) qui s'emploie substantivement dans le sens de « propriété, chose possédée ». Exemples :

گاوی ازان برهمن برآوردند *gâvy ezâni berehmèn berâvùrdend* « On amena un bœuf appartenant à un brahmane ». (*Journ. asiat.*, 1844, cahier d'août.)

فرخنده کسانی که در روح مسکین اند که ملکوت آسمان ازان آنهاست *ferkhendè kesâny ki der roûhh meskînend ki melkoûti âsmân ezâni ânhâst* « Heureux les pauvres d'esprit, car le royaume du ciel est leur propriété », etc.

Le vers suivant de Ferdoussy prouverait que le nominatif آن *ân* (257) s'employait jadis dans le même sens que son ablatif en question :

سر ارجمندان و جان آن توست
نه سلطان که آن بوم وبرّزان اوست

seri erdjumendân ou djân âni toust — ne sultân ki ân boûm ou berr zâni oust

« Les têtes et les âmes de tous les héros sont ta propriété à toi, mais non pas au sultan qui compte au nombre de ses possessions tous ces pays et continents. »

§ 3. DES PRONOMS RÉFLÉCHIS.

236. Les Persans ont trois pronoms réfléchis : خویش *khîch*, خویشتن *khîchten* et خود *khoûd*, qui marquent le rapport de

8.

l'être à lui-même, et, toutes les fois qu'on les emploie en qualité de pronom, correspondent au latin *suus, sua, suum* ou *ipse, ipsa, ipsum*. Il est important de bien préciser les nuances qui distinguent ces trois pronoms l'un de l'autre.

237. Sous le rapport étymologique, tous les trois dérivent du substantif persan خو *khoû*[1] ou خوى *khoûy* « le naturel » (au figuré « la sueur »), la manière d'être d'une créature vivante, ses sensations intimes qui émanent de son moral et de son physique, comme la sueur émane de la peau ». Les Persans en font dériver leur substantif خدا *khudâ* « Dieu » ou « être par excellence qui n'est pas né, mais qui vient (آ *â* racine du verbe آمدن *âmèden* venir) de lui-même (خود *khoúd*) ».

238. Le premier, خویش *khích* (abréviation de *khoûyèch*) est un mot composé de خو et du pronom personnel conjonctif, troisième personne singulier, ش *èch* précédé d'un ى *y* euphonique. Littéralement, il veut dire « le naturel à lui, sa nature ».

239. Employé en qualité de pronom réfléchi, il n'a pas d'existence isolée en persan moderne, et ne peut avoir lieu dans une sentence que conjointement avec son substantif. Exemples :

جان خویش *djáni khích* « son âme »; مال خویش *máli khích* « son avoir », عمر خویش *'umri khích* « sa vie »; صلاح مملکت خویش خسروان دانند *seláhi memlekèti khích khosrèván dánènd* « Les souverains savent ce qui profite à leur empire ».

اگر شاه آید بمهمان خویش
بباید خرامان سوی خان خویش

equèr châh áyèd bemehmáni khích beyáyèd khuráman soúy khâni khích

« Si le châh daigne bien accepter l'hospitalité dans sa maison (au propriétaire), qu'il y entre en se pavanant comme dans une maison appartenant à lui-même (au châh). »

---

[1] Le major Rawlinson, faisant l'analyse du texte cunéiforme de Behistoun, dit : « The pronoun *uwa* «self» is the equivalent of the sanscrit *swa*, slavonian *swoy, swa, swe*, greek σοῦ, latin *suus*, zend *hw* or *hh*, pehlevi *h*, and persian خو *khou* in خود *khud*, خویش *kh'ish*. »

Remarquons que le خویش du premier hémistiche pourrait être remplacé par un pronom personnel, parce que مهمان خویش litt. «son convive (du propriétaire)», est identique avec مهمان او mehmâni oû, ou مهمانش mehmânech. Mais dans le second hémistiche, خویش est synonyme de خودش : le propriétaire fait un compliment en disant qu'il ne regarde sa maison que comme une chose qui appartient de droit au châh lui-même. Cette dernière signification est la vraie signification du خویش, qui est pronom réfléchi, pronom personnel, pronom possessif et adjectif en même temps. En résumé, خویش khîch peut servir pour «mien propre, sien propre», selon le sujet de la phrase, ou plutôt selon la personne désignée par le verbe.

240. Employé substantivement, خویش veut dire «parent, proche». Dans ce cas, il prend le formatif du pluriel et se décline comme les substantifs. Exemples :

این شخص خویشی ماست yn chekhs khîchi mâst «cet individu est notre parent», بخویشان و دوستان مان سلام برسانید bekhîchân ou doûstâni mân selâm beresânîd «faites mes compliments à nos parents et à nos amis», خویش و قوم khîch ou qôoum «tous les individus d'une famille ou d'une tribu, y compris les domestiques».

241. Le pronom خویشتن khîchtèn est composé de خویش khîch et du substantif تن ten «corps». C'est l'inversion (143) de تن خویش tèni khîch, litt. «son corps même». En effet, خویشتن marque un rapport qui s'adresse plus particulièrement au physique qu'au moral d'un individu. Exemples :

خویشتنرا کشت khîchtènrâ kucht «il, elle se suicida», خویشتنرا از جنگ واداشت khîchtènrâ ez djeng vâdâcht «il, elle s'abstint d'aller au combat», خویشتنرا آرایش میدهد khîchtènrâ ârâîch mîdehèd «il, elle se pare», آدمیزادرا جان خویشتی شیرین است âdèmîzâdrâ djâni khîchtèn chîrîn èst litt. «aux enfants d'Adam l'âme de leur corps est douce», — «suum cuique», etc.

Mais en parlant d'une chose immatérielle, comme par exemple :

نام و ننگ خودشرا عبث ضایع نمیکنند nâm ou nèngui khoûdechrâ

'ebès ebès zây'è nemîkunèd « il n'aime pas à ruiner en pure perte sa bonne réputation », هنر خود hunèri khoûd « son mérite », etc.;
il est plus correct de se servir de خود khoûd.

242. Ces exemples font voir que, contrairement à خویش, le pronom réfléchi خویشتن khîchten peut s'employer isolément en qualité de pronom absolu. Aussi faut-il bien se garder de les confondre, car, par exemple, en disant خویشرا کشت khíchrá pour (khîchtenrâ) kucht, on ferait entendre qu'il a tué un de ses parents, et non pas lui-même.

243. خویشتن fait aussi fonction d'un pronom conjonctif et en même temps d'un adjectif, mais c'est une forme vieillie déjà. Dans aucun cas il ne prend de pluriel. Exemple :

هر کس اولاد خویشتنرا دوست میدارد her kes óoulâdi khîchtènrâ doûst mîdarèd « chacun aime ses propres enfants »;
Aujourd'hui, on dirait plutôt اولاد خودشرا óoulâdi khoûdèchra (246).

244. M. Vüllers a été le premier à s'apercevoir que le خود khoûd persan correspond au sanscrit khout « de lui-même » (ablatif de khou sanscr.). Ce n'est donc qu'un dérivé formé de la même manière que ازان ou زان (235).

245. En qualité de pronom réfléchi, خود peut s'employer :

a. Isolément, comme un pronom absolu, en guise du nom qu'il représente. Exemple :

Mirkhond, parlant de la mort d'Alexandre le Grand, ajoute : جز دست تهی با خود چیزی نبرده djuz dèsti tuhy bâ khoûd tchîzy nebùrdè « excepté les mains vides, il n'a rien emporté avec lui (dans le tombeau) ».

b. Ou bien il s'emploie uni avec un pronom personnel, soit isolé, soit conjonctif. Exemples :

خود من khoûdi mèn ou خودم khoûdem « moi-même »; خود تو khoûdi tou ou خودت khoûdet « toi-même »; خود او khoûdi oû ou, ce qui vaut mieux, خودش khoûdech « lui-même »; خود ما khoûdi má ou mieux, خود khoûdi mán « nous-mêmes »; خود شما khoûdi chámá ou mieux, خود khoûdi tán « vous-mêmes »; خودیشان khoûdýchán « eux-mêmes ».

Et ainsi de suite, en les déclinant aux cas obliques. C'est la manière de s'exprimer la plus usitée aujourd'hui et, en conversation, la seule et unique dont se servent les Persans.

246. Pour donner plus d'emphase à ce qu'il y a de personnel dans le sens de خود *khoûd*, on le fait suivre d'une locution arabe, بالنفس *binnèfs* « en personne, personnellement », ou بنفسه *binèfsihi* « en sa propre personne ». Exemples :

خودم بالنفس *khoûdèm binnèfs* « moi-même personnellement »; خودشرا بالنفس ديدم وشنيدم *khoûdechrâ binnèfs dîdem ou chinîdem* « j'ai vu et j'ai entendu lui-même en personne ».

247. Comme pronom absolu, خود *khoûd* ne prend jamais la terminaison du pluriel, à moins qu'elle ne soit précédée d'un pronom conjonctif.

248. En langage mystique, le dérivé بيخودى *bîkhoûdỳ* ou حالت بيخودى *hhâlèti bîkhoûdỳ* « état d'anéantissement, extase, ravissement », marque le dernier degré de perfection religieuse, que l'on acquiert à force de veilles, de jeûnes et de prières, où l'âme quitte pour un moment son enveloppe terrestre, et n'y revient qu'après avoir visité le monde des esprits. C'est de là que viennent les expressions بيخود شدن *bîkhoûd chùden* « devenir sans soi-même », c'est-à-dire « s'évanouir, perdre connaissance », خود بخود شدن *khoûd bekhoûd chùden* « se produire sans aucune assistance étrangère, comme des plantes des champs qui croissent d'elles-mêmes, sans qu'on les sème ni les cultive. Ex. :

امرى دشواريست خود بخود از عهدهش نميتوانم بر آيم *èmri dichvâryst khoûd be khoûd ez 'uhdèech nemîtuvánèm ber áyem* « c'est une question ardue, tout seul je ne puis pas en venir à bout ».

خودپرست *khoûdperèst* désigne « un homme qui s'idolâtre lui-même, entiché de ses qualités fausses ou réelles »; خودخو *khoûdkhoû* ou خودراى *khoûdráy* ou خودسر *khoûdsèr* « un homme qui n'aime pas le contrôle, qui n'obéit qu'à son naturel (*khoû*), à son opinion (*ráy*), à sa tête (*ser*) »; خودپسند *khoûdpesènd* « qui se complaît dans soi-même, égoïste »; خودرو *khoûdrou* « plante sauvage, qui pousse naturellement », etc.

249. Dans les cas où خود *khoúd* s'emploie adjectivement pour exprimer que telle chose appartient à tel individu, on en précise le sens moyennant des pronoms conjonctifs. Exemples :

خانهٔ خودم *khânèï khoûdem* « ma propre maison »; چادر خودت *tchâdiri khoûdet* « ta tente à toi »; سگ خودش *sègui khoûdech* « son propre chien »; طفل خود مان *tifli khoûdi mân* « notre propre enfant »; رفتار خودتان *reftâri khoûdi tân* « votre conduite personnelle »; حرفهای خودیشان *hherfhây khoûdíchân* « leurs propres paroles », etc.

En supprimant les pronoms conjonctifs, la diction serait également correcte, mais moins précise. C'est pourquoi خود, dans l'exemple du n° 245, a beaucoup de charme, vu qu'il se rapporte à un homme mort, qui ne possède plus rien.

§ 4. PRONOMS DÉMONSTRATIFS.

250. Les Persans ont deux pronoms démonstratifs, این *yn* « celui-ci », pour des objets rapprochés, et آن *ân* « celui-là », pour des objets plus ou moins éloignés. Voici leur déclinaison :

a. DÉMONSTRATIF DES OBJETS RAPPROCHÉS.

Sing.
- Nom. این *yn* « celui-ci, celle-ci, ceci »;
- Gén. مال این *mâli yn* « de celui-ci, de celle-ci, de ceci »;
- Dat. باین *beyn* ou اینرا *ynhâ* « à celui-ci, à celle-ci, à ceci »;
- Acc. اینرا *ynrâ* « celui-ci, celle-ci, ceci »;
- Abl. از این *ez yn* « de celui-ci, de celle-ci, de ceci ».

Plur.
- Nom. اینها *ynhâ* « ceux-ci, celles-ci »;
- Gén. مال اینها *mâli ynhâ* « de ceux-ci, de celles-ci »;
- Dat. باینها *beynhâ* ou اینهارا *ynhârâ* « à ceux-ci, à celles-ci »;
- Acc. اینهارا *ynhârâ* « ceux-ci, celles-ci »;
- Abl. از اینها *ez ynhâ* « de ceux-ci, de celles-ci ».

b. DÉMONSTRATIF DES OBJETS ÉLOIGNÉS.

Sing.
- Nom. آن *ân* « celui-là, celle-là »;
- Gén. مال آن *mâli ân* « de celui-là, de celle-là »;
- Dat. بان *be ân* ou آنرا *ânrâ* « à celui-là, à celle-là »;
- Acc. آنرا *ânrâ* « celui-là, celle-là »;
- Abl. از آن *ez ân* « de celui-là, de celle-là »;

DES PRONOMS.

Plur.
- Nom. آنها *ánhá* « ceux-là, celles-là » ;
- Gén. مال آنها *máli ánhá* « de ceux-là, de celles-là » ;
- Dat. بآنها *beánhá* ou آنهارا *ánhárá* « à ceux-là, à celles-là » ;
- Acc. آنهارا *ánhárá* « ceux-là, celles-là » ;
- Abl. از آنها *ez ánhá* « de ceux-là, de celles-là ».

251. La forme la plus ancienne du pronom démonstratif این *yn* était ام *im*. Elle se trouve encore employée isolément dans les textes cunéiformes expliqués par M. Rawlinson. Les adverbes de temps composés امروز *imroûz* « aujourd'hui », امشب *imchèb* « cette nuit-ci » ; امسال *imsál* « l'année actuelle », nous en donnent trois exemples plus modernes.

252. Les pluriels آنها *ánhá* et اینها *ynhá* se trouvent quelquefois remplacés par آنان *ánân* et اینان *ynán*, variantes qui se rencontrent souvent dans le Gulistan, mais qui ont vieilli. Exemple : آنانیکه قبل از ما می بودند *ánáníki qebl ez má my boúdend* « ceux qui vivaient (étaient) avant nous ».

253. Le pluriel de ces deux pronoms démonstratifs, dans une construction, ne peut avoir lieu que lorsqu'ils se trouvent placés immédiatement devant un adjectif, parce que dans ce cas le démonstratif représente des substantifs sous-entendus qu'il indique et dont il prend la finale du pluriel en même temps. Exemples : اینها سفید وآنها سیاهند *ynhá sefîd ou ánhá siyâhènd* « ceux-ci sont blancs et ceux-là sont noirs ». بآنها انعام داد وباینها دشنام *beánhá en'âm dâd ou beînhâ duchnâm* « à ceux-là il donna une récompense, à ceux-ci, une injure ».

Une analyse raisonnée prouvera que toutes ces désinences du pluriel n'appartiennent qu'aux substantifs sous-entendus, dont la signification s'absorbe, pour ainsi dire, dans leurs représentants démonstratifs :

254. Aussi le contraire arrive-t-il en présence des substantifs employés au pluriel, car alors il faut que le pronom démonstratif qui s'y rapporte reste au singulier. Exemple :

این یتیمهای بیپدر و مادررا آزار نکنید *yn yetîmhây bîpedèr ou madèrrâ âzâr nekunîd* « ne faites par de peine à ces orphelins sans père ni mère ».

255. Dans une sentence, la place régulière des pronoms démonstratifs est immédiatement avant le substantif dont ils relèvent. Cependant, si l'on veut diriger une attention plus particulière sur l'objet démontré, on peut renvoyer ces pronoms jusqu'à la fin de la sentence, immédiatement avant le verbe. Ex. :

اسپی که سوار شده بودم اینست *èspy ki sevâr chudè boûdem ynest* « le cheval que j'avais monté est celui-ci (le voici) ». آدم اینست *âdèm ynest* « ecce homo, l'homme (qui est digne de s'appeler homme), le voici ». هنر میخواهی اینست *hunèr mîkhâhy ynest* « veux-tu savoir ce que c'est qu'une véritable vertu ? La voici ».

256. Il y a encore un moyen de mieux préciser le sens des pronoms démonstratifs, c'est de les faire précéder de la conjonction هم *hem*. Exemples :

همین حرفیست که دیروز زده بودم *hemîn hhèrfîst ki dîroûz zedè boûdem* « voici les (mêmes) paroles que j'ai prononcées (litt. frappées) hier ». همان گاویست *hemân gâvîst* « c'est bien la même (litt. celle-là) vache ». همان راهست *hemân râhest* « c'est précisément le chemin dont il s'agit ». حرکاتش همان و سخنهایش همین *hherekâtech hemân ou sukhnehâyech hemîn* « tels sont ses mouvements (sa conduite) et telles sont ses paroles ».

257. Dans la poésie mystique, le pronom آن *ân* veut dire « perfection selon Dieu, beauté morale ». C'est un substantif qui peut prendre, soit un izafet, soit un article d'unité (144). Ex. :

شاهد این نیست که دارد خطّ سبز و لب لعل
شاهد آنست که این دارد و آنی دارد

châhìd yn nîst ki dârèd khètti sebz ou lèbi l'cèl — châhìd ân est ki yn dârèd ou âny dârèd.

« Être beau n'est pas seulement avoir le duvet tendre de la jeunesse sur les joues et une lèvre de rubis. Est beau celui qui a ceci et en même temps cela (le beau idéal, la beauté selon Dieu, litt. : cè grand un là) [1]. »

[1] Lumsden, qui cite ces beaux vers de Hèlaly, en trouve la traduction difficile : « I cannot easily translate these verses. » (*Gramm.* t. II, p. 88.) Le ی final de أن dans les deux exemples, est une espèce d'article d'unité emphatique, qu'on appelle یای تعظیم *yây te'azîm* « y d'agrandissement ». Nous en avons déjà cité un ex. (170).

بندۀ طلعت آن باش که آنی دارد
bendèï tul'èti án bách ki àny dárèd

« Fais-toi l'esclave des charmes de celui-là qui a *cela*. »

On sait qu'en arabe, هو *húve* « lui », signifie aussi « Dieu ».

258. Il serait superflu de répéter ici ce qui a déjà été dit (235) sur les substantifs آن et ازان employés dans le sens de « propriété ».

259. Dans le style familier, این *yn* et آن *án* donnent quelquefois lieu à des expressions telles que

محبت این وآن شد *sohhbèti yn oú án chud* « on parlait de différentes choses (litt. de ceci et cela) »; نه این ونه آن *ne yn ou ne án* « ni l'un ni l'autre »; این کجا وآن کجا *yn kudjá ou án kudjá*, litt. « où est ceci, où est cela », c'est-à-dire « ces choses n'ont rien de semblable entre elles ».

§ 5. DES PRONOMS INTERROGATIFS.

260. Les Persans ont trois pronoms interrogatifs : کدام *kudám*, که *ki* et چه *tchi*.

261. L'interrogatif کدام *kudám* « lequel, laquelle », se décline régulièrement. Exemple :

Sing.
- Nom. کدام *kudám*[1] « lequel? laquelle? »;
- Gén. مال کدام *máli kudám* « duquel? de laquelle? »;
- Dat. بکدام *bekudám* ou کدامرا *kudámrá* « auquel? à laquelle? »;
- Acc. کدامرا *kudámrá* « lequel? laquelle? »;
- Abl. از کدام *ez kudám*[1] « duquel? de laquelle? »

Au pluriel, کدام *kudám* ne change pas. Exemples :

کدام ولایتها *kudám velayethá* « quels pays? »;
کدام زنها *kudám zènhá* « quelles femmes? » etc.

---

[1] Puisque les textes persépolitains prouvent (251) que l'ancienne forme du pronom démonstratif این *yn* « celui-ci » était *IM*, celle du pronom démonstr. آن *án* « celui-là », doit nécessairement avoir été *ÁM*. Il en résulte que le pronom interrogatif کدام *kudám* « lequel? » serait un composé de کو *kou* « où? » et de *ám* « celui-là (litt. *ubi ille?*) » avec د *d*, qui remplace ici un و, de même qu'il remplace un ا dans بدو *bedou* pour باو *beoú*, فرودا *furoúdá* pour فروا *furoúá* « descends », بدین *bedín* pour باین *beín*, etc.

Pour mieux préciser la demande, on fait suivre كدام *kudâm* de یکی *yèki* (numératif یك *yek*, avec ی *y*, article d'unité). Exemple :

كدام يكيست *kudâm yekîst* « qui est-il ? lequel, laquelle est-ce ? » (littéralement lequel un est-il ? » ; كدام يكيشان خوبست *kudâm yekîchân khoûbest* « lequel d'entre eux est bon ? » ; on répond : هيچ كدام همه *hîtch kudâm hemè bedzâtend* « aucun, tous sont méchants ».

262. كدام *kudâm* s'adresse indifféremment aux êtres animés et inanimés. On lui donne quelquefois la finale ین *yn*, formatif que nous connaissons déjà (181), et l'emploi de كدامين *kudâmîn* ne diffère pas de celui de كدام *kudâm*. Ni l'un ni l'autre ne prennent jamais d'izafet.

263. La déclinaison du pronom interrogatif که *ki* « qui ? lequel ? laquelle ? » a cela d'irrégulier qu'on en supprime le ه quiescent devant le را des cas obliques. Exemples :

Sing.
{
 Nom. که *ki* « qui ? » ;
 Gén. مال که *mâli ki* « de qui ? » ;
 Dat. بکه *beki* ou کرا *kirâ* « à qui ? » ;
 Acc. کرا *kirâ* « qui ? » ;
 Abl. از که *ez ki* « de qui ? ».
}

264. Aujourd'hui les pluriels کیان *kiyân* et کیها *kîhâ* ne s'emploient que dans un style familier.

265. Toutes les fois que le pronom interrogatif که *ki* précède immédiatement le verbe, il y a trois choses à observer :

a. Le ه quiescent de که *ki* se change en ی *y* long devant toutes les personnes du verbe normal. Exemple :

من کیيم *mèn kiyyem* « moi, qui suis-je ? » ; تو کیی *tou kîy* « toi, qui es-tu ? » ; ما کییم *mâ kîym* « nous, qui sommes-nous ? » ; شما کیید *chumâ kîyd* « vous, qui êtes-vous ? » ; ایشان کیيند *ychân kîyend* « eux, qui sont-ils ? ».

b. Le ه quiescent de که *ki* fait disparaître le ه aspiré de هستم *hèstem*, etc. ou, pour mieux dire, l'un et l'autre se changent en un ی *y* long. Exemples :

کیستم *kístem* « qui suis-je ? » ; کیستی *kísty* « qui es-tu ? » ; کیست *kíst*[1] « qui est-il ? » ; کیستیم *kístîm* « qui sommes-nous ? » ; کیستید *kístíd* « qui êtes-vous ? » ; کیستند *kístend* « qui sont-ils ? ».

c. Ces deux cas exceptés, le ه quiescent de که *ki* se conserve devant les initiales, soit consonnes, soit voyelles, de toutes les autres parties du discours. Exemples :

تازیهارا که هشت *tázíhárá ki hicht* (ویل کرد *vèyl kerd* est plus usité) « qui est-ce qui a lancé les levriers ? », که استاده است *ki istádè est* « qui est-ce qui est debout ? », که ابله است *ki eblèh est* « qui est-ce qui est stupide ? », این دردهارا که آزمود *yn derdhárá ki ázmoúd* « qui est-ce qui a éprouvé ces douleurs ? » گفت که هیچ *goft ki hítch* « il a dit : rien ».

266. L'expression fort en usage که با کیست *ki bâ kíst* (littéralement « qui est avec qui ? ») se rend en français par « sens dessus dessous, désarroi, désordre, chaos ». Exemple :

مگر حرفمرا قبول کردند استغفر الله که با کیست *meguèr hhèrfemrá qaboúl kèrdend istèghfer allah ki bâ kíst* « Croyez-vous qu'ils aient agréé ma parole ? Dieu leur pardonne, tout y est dans un désordre épouvantable ».

267. On ne se sert pas aussi souvent du pronom interrogatif چه que de که, et, en général, on ne l'adresse qu'à des choses inanimées ou celles qu'on veut avilir. Exemples :

این کتاب چه کتابیست که میخوانی *tchi kitábíst ki míkhány* ou bien این کتابی که میخوانی چیست *yn kitábi ki míkhány tchíst* « quel est ce livre que tu lis ? », چه حرفی دارند *tchi hhèrfi dárènd* « qu'ont-ils à dire ? », او چه سگیست که سر بالایم بنشیند *oú tchi sèguíst ki sèr báláyem* (pour *báláy sèrem*) *be nichíned* « qui est-ce qui est donc (litt. quel chien est-il) pour s'asseoir plus haut que moi (littéralement au haut bout de moi) ? », از چه جهت *ez tchi djehèt* « pour quelle raison ? », برای چه *beráy tchi* « à quoi bon ? » etc.

268. Ce qui a été dit (263) de la déclinaison de که *ki* se rapporte également à celle de چه, avec cette différence que :

a. Le datif چرا *tchirá* ne s'emploie guère qu'en qualité de conjonction causative « pourquoi ? ».

b. L'accusatif n'existe pas. On le remplace ou par l'accusatif

---

[1] En patois guilek et kurde, کیه *kíye* « qui est-il ? »

ارا كدام *kudâmrâ*, ou bien en tournant autrement la locution. Exemples :

خودت بگو كدام كاررا بانجام رسانده *khoûdet begoû kudâm kârrâ beendjâm resândy* « Dis toi-même, avoue, y a-t-il une (quelle est l') affaire que tu aies achevée? » ou bien چه كارى بود كه بانجام رسانده *tchi kâry boûd ki beendjâm resândy* (même sens).

269. Ordinairement on fait accompagner چه de quelque complément qui en détermine le sens, comme چيز *tchíz* « chose », آن *ân* pronom démonstratif, هر *her* « tout, chaque », et autres. Exemples :

او چه چيزست *oû tchi tchízest* « qui est-il donc? qu'est-ce que cela? » (littéralement « quelle chose est-il »), ما چه چيزيم هيچيم *mâ tchi tchizím hítchim* « que (quelle chose) sommes-nous donc? — Rien » (littéralement « rien nous sommes »).

270. Le pronom relatif چه peut être remplacé par ses dérivés et synonymes چگونه *tchigoûnè* « lequel, laquelle » (de چه *tchi* « quel » et گونه *goûnè* « manière, façon ») et چون *tchoûn* « lequel, laquelle » (de چه *tchi* et آن *ân* pronom démonstratif). Exemples :

چگونه آدمى است *tchigoûnè âdèmy ist* « quel (comment) est-il cet homme? », ما هم دوستيم تو بيما چونى *mâ hemè doûstím tou bímâ tchoûny* « nous nous aimons tous, toi, sans nous, aimes-tu aussi? » (littéralement « toi, sans nous, quel es-tu? »).

271. Les expressions suivantes sont d'un usage général en conversation :

بمن چه *be men tchi* « qu'est-ce que cela me fait? », بتو چه *be tou tchi* « qu'est-ce que cela te fait à toi? », etc., et ainsi de suite, avec toutes les trois personnes du pronom personnel; گفت كه چه *goft ki tchi* « qu'avait-il à dire là-dessus? » (littéralement « il dit que quoi? »), يعنى چه *ye'any tchi* « est-ce possible? » (littéralement « c'est-à-dire quoi? »).

§ 6. DES PRONOMS RELATIFS.

272. Il y a en persan deux pronoms relatifs: كه *ki* « qui, quel, quelle » et چه *tchi*, même sens. Bien que le premier

soit spécialement affecté à l'usage des substantifs animés et le deuxième à celui des inanimés, il arrive quelquefois qu'ils s'emploient l'un pour l'autre, comme on le verra dans la suite. Ils ne prennent pas des finales du pluriel [1].

273. Les Persans n'aiment pas à décliner un pronom relatif, aussi ont-ils recours à différents expédients pour l'isoler et le dégager des particules des cas obliques nécessités par la syntaxe dans une phrase relative.

274. Il est indispensable de bien connaître ces différents moyens d'accorder les pronoms relatifs. Commençons par le pronom relatif که *ki*, à cause de son importance.

Il peut, à lui seul, représenter tous les cas obliques sans être accompagné des particules qui servent à les former. Ex. :

Nominatif : گاوی که شیر میدهد *gávy ki* (pour که او *ki ou*) *chír mídehèd* « une vache qui donne du lait ».

Datif : خانه که داخل شدی *khánèi ki* (pour که باو *ki be oú*) *dákhil chùdy* « une maison où (dans laquelle) tu es entré ».

Accusatif : شخصی که دیدم *chèkhsy ki* (pour که اورا *ki oûrá*) *dídím* « une personne que nous avons vue ».

Locatif : جای که می نشینی *djáy ki* (pour که دراو *ki deroû*) *my nichíny* « l'endroit où (dans lequel) tu es assis » ; روزهای که میبارد *rouzháy ki* (pour که در آنها *ki der ánhá*) *míbárèd* « les jours où (dans lesquels) il pleut ».

Instrumental : گلوله که نشانه زدی *guloúlèï ki* (pour که با او *ki ba ou*) *nichánè zèdy* « la balle avec laquelle tu as atteint la cible », etc.

275. Mais cette construction n'est ni aussi élégante ni aussi souvent en usage que celle qui consiste à placer en premier lieu le sujet, puis le pronom relatif که et ensuite le régime, en renvoyant à la fin de ce dernier le pronom possessif et la finale du cas oblique qui, dans une construction directe, devraient suivre le sujet et son pronom relatif. Par ce moyen که établit

---

[1] Les pluriels کیان *kiyán*, کیها *kíhá* et چیها *tchihá* appartiennent plutôt au pronom interrogatif et sont des exceptions bien rares pour en faire ici une mention spéciale.

le rapport de relation entre deux ou plusieurs membres d'une sentence, sans être obligé de s'adjoindre les particules qui forment les cas obliques. Dans la prose ou la poésie, la conversation ou la rédaction, le style élevé ou familier, partout, rien de plus fréquent que la rencontre des expressions suivantes :

SINGULIER.

Nominatif: آدميكه راه مى رود *ádemíki* (كه pour او كه *ki oú*) *ráh my revéd* « l'homme qui marche » (littéralement *homo qui iter persequitur*).

Génitif: طبيبى كه حبّش بيمارم كرد *tebíby ki hhèbbech* (كه حبّش *ki hhèbbech* pour او حبّ كه *ki hhèbbi oú*) *bímárem kerd* « le médecin dont la pilule me rendit malade » (littéralement, en mauvais latin, *medicus qui pilula ejus ægrum me reddidit*).

Datif: پسريكه بپدرش گفتم *pesèríki bepedèrech* (كه بپدرش *ki bepedèrech* pour او بپدر كه *ki bepedèri ou*) *góftem* « le fils au père duquel j'ai dit » (littéralement *filius qui patri ejus dixi*).

Accusatif: زنيكه ديروزشرا ديديم *zèníki díroúzechrá* (كه ديروزشرا *ki díroúzèchrá* pour او ديروز كه *ki ourá díroúz*) *dídím* « la femme que nous avons vue hier » (littéralement *fœmina quæ heri eam vidimus*).

Ablatif: چاهى كه از آبش همه ميخوريم *tcháhy ki ez ábech* (كه از آبش *ki ez ábech* pour او از آب كه *ki ez ábi oú*) *hemè míkhoúrím* « le puits dont nous buvons tous l'eau » (littéralement *puteus qui ex aqua ejus omnes haurimus (manducamus)*.

PLURIEL.

Nominatif: سربازانيكه مشق ميكنند ايشان كه *serbazáníki* (كه pour ايشان كه *ki ychán*) *mechq míkunènd* « les soldats (infanterie régulière) qui font exercice » (littéralement *legionarii qui in armis exercentur*).

Génitif: ستارهاى كه پرتوبيشان روشن است *sitárehay ki pertóouíchán róouchènest* « les étoiles dont le rayon est lumineux » (littéralement *sidera quæ radius eorum lucens est*).

Datif: كارگذرانيكه بتجربهٔ يشان دوام دولت محوّل ميباشد *kárguzeráníki betedjrubèi ychán devámi dóoulèt muhhevvèl míbáchèd* « les hommes d'état à l'expérience desquels la durée de l'empire est confiée » (littéralement *viri rerum publicarum periti qui experientiæ eorum stabilitas imperii tribuitur*).

Accusatif: مارهايكه در بيابانيشانرا كشته بوديم *márháiki der biyábaníchánrá* (كه در بيابانيشانرا *ki der biyábáníchánrá* pour ايشانرا در كه

بیابان *ki ychânrâ der biyâbân*) *kuchtè boûdîm* « les serpents que nous avons tués dans le désert » (littéralement *serpentes qui heri eos in deserto interfecimus*); اسبابیکه داشت هم‌را فروخت *esbâbîki dâcht hemerâ furoûkht* « il vendit tous les effets qu'il avait » (littér. *res quas habuit omnes vendidit*).

Ablatif: ایلیاتی که از ایلخی ایشان اسپهای نجیب بهم میرسند *yliyâty ki ez ylkhỳi ychân èsphây nedjîb behèm mîresènd* « les tribus nomades dans le haras desquelles on trouve des chevaux nobles » (littéralement *Scytæ qui* (*ex*) *in armento eorum equi nobiles reperiuntur*).

276. Le ی *y* que nous voyons dans tous ces exemples avant که *ki* est une espèce d'izafet qui unit le pronom relatif à son précédent. On peut l'écrire conjointement avec که ou séparément, ou bien le supprimer, à volonté. Nous l'appellerons l'*y pronominal*.

277. Les expressions آدمیکه اورا دیدم *âdèmíki ourâ didem* « l'homme que j'ai vu », شخصیکه باو تعلّق دارد *chekhsíki beoû te'allùq dârèd* « l'individu auquel appartient », غاریکه از او چشمه جاری میشود *ghâríki ez oû tchechmèi djâry mícheved* « la caverne dont une source découle », quoique plus régulières sont moins usitées.

278. Le ی pronominal se supprime toutes les fois que les pronoms démonstratifs این *yn*, آن *ân*, mis au singulier, précèdent immédiatement که. C'est alors aussi que ce dernier prend le را final des cas obliques. Exemples:

این کرا دلش میخواست باخود گرفت *yn kirâ dilech míkhâst bâ khoûd guirift* « il a pris ce (litt. « celuique son cœur a voulu ») qui lui plaisait le mieux »; آن کرا بخت یاری نمیکند *ân kirâ bekht yârỳ nemíkunèd* « celui auquel le bonheur ne fait pas (ne prête aucun) secours », etc.

Cependant, les pluriels de ces mêmes pronoms démonstratifs آنان *ânân*, آنها *ânhâ*, اینها *ynhâ*, placés avant که, sont susceptibles d'un *y* pronominal. Exemples:

Les expressions اینهایکه *ynhâíki* ou آنانیکه *ânâníki* ou آنهایکه *ânhâíki* « ceux qui, celles qui », sont tout aussi correctes que آنهاکه *ânhâki*, آنانکه *ânânki* et اینهاکه *ynhâki*, etc.

279. Il y a encore un moyen de décliner که, c'est-à-dire en mettant les particules des cas obliques à la suite d'un nom qui précède ce pronom relatif. Exemples:

کشتیرا که نوح ناخداست چه باک از طوفان *kechtîrâ ki* (pour اورا که کشتی *kechty ki ourâ*) *nouhh nâkhudâst tchi bâk ez toufân* « pourquoi craindrait-il l'orage, un vaisseau dont Noé est capitaine? », جمهوررا که خراب کردند *djemhoûrâ ki kherâb kèrdend* (pour جمهوریکه اورا خراب کردند *djemhoûrîki ourâ kherâb kèrdend*) « la république qu'ils ont ruinée », etc.

280. Toutes les fois que هر *her* précède immédiatement le pronom relatif که, le *y* pronominal ne peut pas avoir lieu. Ex. : بهرکه رسیدی بگو *beher ki resîdy begoû* « dis à chacun que tu auras rencontré », از هرکه میشنوی باور مکن *ez hèrki michinevy bâvèr mekùn* « si tu l'entends de quelqu'un n'y ajoute pas foi », etc.

Toutes ces constructions relèvent plutôt du pronom composé هرکه *hèrki* « quiconque », que du pronom relatif که *ki*[1].

Le pronom conjonctif چه *tchi* ne s'emploie guère qu'étant précédé de هر *her* « chacun », آن *ân* « celui-là », et d'autres compléments qui en déterminent la signification et l'emploi. Ex. : هرچه گرفتی مال توست *hèrtchi guirifti mâli toust* « tout ce que tu auras pris, t'appartient de droit »; آنچه هرگز در فکرش نبودم *ântchi herguiz der fikrech neboûdem* « chose à laquelle je n'ai jamais pensé »; هرچه سزاوار شان مان بود *hèritchi sezâvâri ch'èni mân boûd* « tout ce qui fut bienséant à notre rang et état »; آنچه از خوردنش بسیار خوشم می آید *ântchi ez khourdènech besyâr khòchem my âyèd* « tout ce dont je me plais beaucoup

---

[1] کو pour که او *kou* pour *ki ou*, et کش pour اورا که *kiech* pour *ki ourâ*, sont des formes abrégées, et ne s'emploient guère qu'en style vieux et en poésie. Séady dit : ابلهی کو روز روشن شمع کافور نهد زود بینی کش بشب روغن نباشد در چراغ *eblèhy kou roûzi rôouchen chem'ai kâfour nehèd zoûd biny kiech bechèb rôoughen nebâchèd der tchirâgh* « Le sot qui, en plein jour, se fait éclairer par (litt. place) de la bougie, tu le verras bientôt manquer d'huile pour sa lampe de nuit. » Je ne traduis pas شمع کافور « bougie parfumée », parce qu'en persan moderne شمع کافوری « chandelle de camphre » se dit indifféremment de toute espèce de chandelle blanche, soit de cire, soit de stéarine, par opposition à پیغ *pîgh* « graisse, suif » et à روغن *rôoughèn* « huile (litt. beurre fondu) que les pauvres brûlent dans leurs lampes (*tchirâgh*) ». Ce n'est pas le parfum, mais la blancheur du camphre que les Persans aiment à voir dans une bougie. L'odeur du camphre leur est d'autant plus désagréable, qu'elle rappelle un usage commun à tous les peuples islamiques, qui font mettre des morceaux de camphre sous l'aisselle de leurs cadavres. (Voyez à ce sujet une note de M. Quatremère, dans son *Histoire des Mongols*, t. I, p. 396 et 397.)

à manger »; فرمود که هرچه از اناث و ذکور آن ولایت بدست آید قتل عام سازند *fermoúd ki hèrtchi ez unâs ou zukoûri ân vilâyèt be dest áyèd qètli 'ámm sázènd* « Il ordonna de tuer sans merci tout ce qui tomberait sous la main en fait d'habitants des deux sexes dans ce pays ».

281. L'analyse de ces exemples fait voir qu'excepté le ی *y* pronominal, qui ne s'adjoint jamais à چه *tchi*, la présence de deux pronoms relatifs en question donne lieu aux constructions semblables. Cependant il faut remarquer que l'emploi de چه *tchi* est bien moins en usage que celui de که *ki*.

§ 7. PRONOMS INDÉFINIS.

282. La langue persane n'ayant pas de mots ni de terminaisons spécialement affectés à la formation des pronoms indéfinis, on supplée au défaut, soit moyennant l'article d'unité (144), soit par d'autres suppléants persans ou arabes. Ex. :

« Aucun, personne » se rendent par هیچ کس *hîtch kes* ou احدی *ehhèdy* (litt. « un un »). « Qui que ce soit » هر که باشد *her ki bâchèd*.

« Quelqu'un » آدم *âdèm* « homme »; یکی *yèki* (litt. « un un »), کس *kes* « individu », شخص *chekhs* « personnage », avec ou sans l'article d'unité.

« Tel, un tel » فلان *falân*.

« Autre » دیگر *díguèr*, غیر *gheyr*; « le bien d'autrui » مال غیر *máli gheyr*.

« L'un l'autre » یکدیگر *yekdíguèr*.

« Tous, tout, totalité, universalité » همه[1] *hemè*, جمله *djumlè*, یکسر *yeksèr*, کلّ *kull*, تمام *temâm*, عامّ *'ámm* « tout ».

« Chaque, chacun » (au sing. et au plur.) هر *her* هر یک *hèr yek*, کدام *her kudâm*.

« Tout le monde » هر کس *her kes*, همه کس *hemè kes*, همه ایشان *hemèï ychân*, همگی *hemeguy*, جمله *djumlè*, جمله ایشان *djumlèï ychân*.

---

[1] همه ne change pas au pluriel. Quelquefois il met au génitif le mot qui lui sert de complément, mais le plus souvent ne prend pas d'izafet. Je conseillerais de retenir les locutions : مردم همه میگویند *merdùm hemè mígoáyénd* « tout le monde dit »; اسپهایش همه تکه اند *esphâyech hemè tekè end* « tous ces chevaux sont de la race Téké »; همه دروغ و بهتان است *hemè duroúgh ou buhtân est* « tout est mensonge et calomnie »; از اوّل شام تا صبح همه شب بیدار بودیم *ez evvèli châm tá subh hemè cheb bídâr boudím* « depuis le soir jusqu'au matin, toute la nuit, nous veillions ».

« Quiconque, quelconque » هرکسیکه *her kèsíki*, هم کسیکه *hemè kèsíki*, هرآنکه *her ânki*.

« Plusieurs » بسیاری *besyâry*, گروهی *gueroùhy*.

« La plupart d'eux, d'elles, » اکثریشان *eksèrychân*.

« Quelque (peu de) chose » چیزی *tchízy*, ذرّة *zerrèï*, یک پره کاهی *yek perè kâhy* (litt. « un brin de paille »).

« Ledit, susdit, précité » مزبور *mezboùr*, مذکور *mezkoûr*, مشار الیه *muchâr ylèih*, موی الیه *moûma ylèih*.

283. Le pronom indéfini هیچ *hîtch*, dans des phrases interrogatives, se rend en français par « est-ce que? » Exemples :

هیچ تار میزنی *hîtch târ mízeny* « jouez-vous de la (litt. quelque) guitare? » هیچ میشود اورا ببینم *hîtch mîchevèd oûrâ bebînîm* « y aurait-il quelque possibilité de le voir? » هیچ دزدی میکنی *hîtch duzdy mîkuny* « t'arrive-t-il quelque (fois) de faire un vol? »

284. Il faut distinguer یکی دیگر *yèky díguèr* « un autre individu, quelqu'un d'autre », de یکدیگر *yekdíguèr* « l'un l'autre ».

a. یکی دیگر *yèky díguèr* est un pronom relatif qui désigne la différence ou la distinction. Exemple :

این که رفت یکی دیگر آمد *yn ki reft yèky díguèr âmèd* « celui-ci étant parti, un autre arriva ».

Ici le numératif یک *yek*, suivi de l'article d'unité ی *y*, s'emploie substantivement, et on peut le remplacer par d'autres substantifs, comme

رنگی دیگر *rènguy díguèr* « une autre couleur », چیزی دیگر *tchízy díguèr* « une autre chose », etc.

b. یکدیگر *yekdíguèr* marque toujours et seulement la réciprocité. Les deux mots یک *yek* « un » et دیگر *díguèr* « autre », qui composent ces pronoms, ne s'écrivent jamais séparément, car ils ne forment qu'un seul composé. Il se décline régulièrement, mais ne prend jamais les finales du pluriel. Exemples :

یکدیگررا دوست میداریم *yekdíguerrâ doûst mídarím* « nous nous aimons l'un l'autre »; کشان کشان ریش یکدیگررا میکندند *kechân kechân ríchi yekdíguerrâ mîkèndend* « en se tiraillant, ils s'arrachaient mutuellement la barbe »; بیکدیگر رسیدند *beyekdíguèr residend* « ils arrivèrent l'un à l'autre ».

QUATRIÈME PARTIE.

CHAPITRE PREMIER.

DES PARTICULES.

285. Le plus grand nombre de ce que nous appelons *les particules* et que les grammairiens persans nomment حرف *hherf* « mot », ne sont qu'autant de substantifs ou d'adjectifs pouvant se décliner et prendre l'article d'unité, comme on le verra tout à l'heure.

§ 1. ADVERBES.

286. M. Vullers a judicieusement remarqué que les adverbes persans sont pour la plupart des cas obliques des substantifs ou bien des adjectifs pris adverbialement.

Il aurait dû ajouter qu'il faut y compter aussi des débris de verbes et des phrases entières qui font fonction d'adverbe.

a. Adverbes de temps.

امروز *imroûz* (251) « aujourd'hui »; امشب *imchèb* « ce soir, cette nuit »; دی *dey* ou دیروز *dîroûz* « hier »; فردا *ferdâ* « demain »; پس فردا *pes ferdâ* « après demain »; پسین فردا *pesîn ferdâ* « quatrième jour »; شبانه روز *chebânè roûz* « espace de vingt-quatre heures »; یکهفته دیگر *yekheftèï dîguèr* « dans une semaine, d'ici en huit »; سفیده صبح *sefîdèï subhh* « à l'aube du jour »; بامداد *bâmdâd* ou صبح *subhh* « le matin »; ظهر *zuhr* « à midi »; عصری *'esrỳ* ou سر شب *sèri chèb* « le soir, à la brune »; نصف شب *nìsfi cheb* « à minuit »; امسال *imsâl* (251) « cette année »; پارسال *pârsâl* « l'année dernière »; پیرارسال *pîrârsâl* « l'avant-dernière année »; سالهای سال *sâlhây sâl* « depuis plusieurs années »; روزی *roûzy* « journellement, par jour »; شبی *chèby* « par nuit »; هفته *heftèï* « par semaine »; سالی *sâly* « par an »; قرنی *qèrny* « il y a un siècle, c.-à-d. quarante ans (قرن, en persan, signifie seulement quarante ans, litt. « une génération » ou « une corne », ar.); هر روز *her roûz* ou همه روز *hemè roûz* « tous les jours »; زود *zoûd* « vite, de bonne heure »; زود زود *zoûd zoûd* « très-vite, promptement »; طرفت العين *turfet-ul-'eyn* « dans un clin d'œil »; آهسته *âhestè* ou آرام *ârâm* « lentement, doucement »; دیر *dîr* ou دیروقت *dîrvèqt* « tard »; حالا *hhâlâ* ou الآن *elân* « à présent »; بعد *be'ad* ou پس از ین *pes ez yn* « après »; هرگز *herguiz* « jamais »; همیشه *hemíchè* ou پیوسته *peyvestè* « toujours »; گاهی *gâhy* ou آنا و آنا *ânèn ve ânèn* ou احیانا *ehhyânèn* « quelquefois, de temps à autre »; زودتر و بهتر *zoûdtèr ou behtèr* « plus c'est vite et mieux c'est »: کی *key* ou چه وقت *tchi veqt* « quand ? » تا بکی *tâ bekey* « jusqu'à quand ? » etc.

b. Adverbes de lieu.

نزد *nezd* ou نزدیک *nezdík* « près »; دور *doûr* ou دوردست *doûrdèst* ou خیلی راه *khèyli râh* ou بعید *be'aíd* « loin »; پیش *pích* ou پیشی *píchi roû* « avant »; رو برو *roû beroû* ou برابر *berâbèr* « vis-à-vis »; پس *pes* ou پشت *pucht* ou عقب *'eqèb* « derrière »; راست *rást* ou دست راست *dèsti rást* « à droite (droit) »; چپ *tchep* ou دست چپ *dèsti tchep* « à gauche (gauche) »; اینجا *yndjâ* « ici »; همینجا *hemíndjâ* « ici, à l'endroit même »; آنجایکه *ândjâyki* ou همانجا که *hemândjâ ki* « là où »; اینطرف *ynterèf* « de ce côté-ci »; آنطرف *ân terèf* « de ce côté-là »; هر کجا *her kudjâ* ou هرجایکه *herdjâyki* « partout où »; همه جا *hemè djâ* « partout »; کو *koû* ou کجا *kudjâ* « où ? »; کدام طرف *kudâm terèf* ou کدام سمت *kudâm semt* « de quel côté ? » تا کجا *tâ kudjâ* « jusqu'où ? »; اینک *ynek* (pour این یک *yn yek*) ou همینست *hemínest* « le voici »; این منم *yn menèm* « me voici »; آنست *ânest*, همانست *hemânest* « le voilà »; جای دیگر *djây díguèr* ou جای غیر *djây ghèyr* « ailleurs »; تو *toû* ou تویش *toûyech* ou درون *deroûn* (pour در آن *der ân*) ou اندرون *enderoûn* « dedans, dans »; بیرون *bíroûn* « dehors »; بالا *bâlâ* ou سر بالا *sèri bâlâ* ou دست بالا *dèsti bâlâ* ou زبر *zebèr* « sur, dessus »; پایین *pâyn* ou سر پایین *sèri pâyn* ou زیر *zîr* ou زیر دست *zîr dest* « sous, en dessous »; پهلو *pehloû* « à côté »; کنار *kenâr* « de côté, ôtez-vous »; برهم *berhèm* ou زیر و زبر *zîr ou zebèr* « sens dessus dessous »; ورا *verâ* « en deçà », etc.

c. Adverbes de quantité.

چند *tchend* (pour چه اند *tchi end* « quelle quantité ? ») ou چه قدر *tchi qedèr* « combien ? »; چندان *tchendân* « autant »; نه چندان *ne tchendân* « pas autant, pas grand'chose »; بسیار *besyár* ou خیلی *khèyli* ou بغایت *beghâyet* ou نهایت *nehâyèt* ou فراوان *ferâvân* ou وافر *vâfir* « beaucoup, trop »; بی نهایت *yla nehâyèt* ou حساب و بیحد *byhhèdd ou hhisâb* (litt. « sans limite ni compte ») « excessivement, beaucoup »; کم *kem* ou اندک *endèk* (diminutif de اند *end* « quantité ») ou کمی *kemy* ou قلیلی *qelíly* « un peu »; یک سر ناخون *yek sèri moû* (litt. « un bout de cheveu »), yek sèri nâkhoûn (litt. « un bout d'ongle ») ou خیلی کم *khèyli kem* « fort peu, une idée »; کم کم *kem kem* « peu à peu »; بس *bes* ou بسا *besâ* (vocatif) ou باشد *bâchèd* (aoriste de بودن *boûden*) « assez, il suffit »; مالامال *mâlâmâl* « tout plein »; فوج فوج *fôoudj fôoudj* »; en foule, tumultueusement »; یکجا *yekdjâ* ou تمامن *temâmèn* ou همه *hemè* ou یکسر *yeksèr* ou کلّ *kullèn* « tous, d'accord », etc.

d. Adverbes de qualité.

خوب *khoûb* ou پاکیزه *pâkîzè* (vulg.) « bien, bon »; بسیار خوب *besyâr khoûb* ou خیلی خوب *khèyli khoûb* « très-bien »; به به *bèh bèh* « c'est parfait, ah! que c'est bon! »; آن بهتر *ân behtèr* « tant mieux »; بد *bed* « mal »; خیلی بد *khèyli bed* ou بسیار بد *besyâr bed* « très-mal »; آن بدتر *ân bedtèr* « tant pis »; میانه *miyânè* ou طوری *tôoury* ou همچنین *hemtchenîn* « médiocrement, comme ça »; سخت *sekht* « fort, très »; ملایم *mulâym* « doucement, tout beau »; بچشم *betchèchm* (litt. « à l'œil ») ou از دل و جان *ez dîl ou djân* (litt. « de cœur et d'âme ») ou از خدا میخواهم *ez khudâ mîkhâhèm* (litt. « je le demande à Dieu ») ou منّت میکشم *minnèt mîkechèm* (litt. « je traîne l'obligation ») ces quatre expressions pour « volontiers, je ne demande pas mieux »; زورکی *zoûrekŷ* ou قهراً *qehrèn* عنفاً *'unfèn* « par dépit, forcément »; ناگاه *nagâh* ou غفلتاً *ghefletèn* « inopinément »; قصداً *qesdèn* ou عمداً *'emdèn* « exprès, de propos délibéré »; دیوانه وار *dîvânevâr* « étourdiment »; سر زمین *sèri zemîn* ou روی زمین *roûy zemîn* « par terre »; سر پا *sèri pâ* ou پیاده *piyâdè* « à pied »; سر اسپ *sèri esp* ou سواره *sevârè* « à cheval »; دزدکی *duzdeguŷ* ou سر بسته *ser bestè* ou مخفی *mekhfŷ* ou سرّاً *sirrèn* « secrètement, clandestinement »; آشکارا *âchkârâ* (ou bien) آشکار *âchkâr* ou فاش *fâch* « ouvertement »; مفت *muft* « gratuitement »; گران *guirân* « chèrement, lourdement »; دشوار *dichvâr* ou سخت *sekht* ou مشکل *muchkil* « difficilement »; آسان *âsân* ou راحت *râhhèt* ou با کمال راحت *bâ kemâli râhhèt* ou در عین صفا *der 'èyni sefâ* « facilement, bien aisément, à merveille », etc.

e. Adverbes de comparaison.

بیشتر *bîchtèr* ou زیادتر *ziyâdtèr* « plus, davantage »; نه کم و نه زیاد *nè kem ou nè ziyâd* « ni plus ni moins »; کمتر *kemtèr* ou پستتر *pesttèr* « moins; plus bas »; هم *hem* « aussi, également »; همین *hemîn* ou همان *hemân* ou محض *mekhz* « seulement, pas plus »; چو *tchou* ou چون *tchoûn* ou چنان *tchenân* ou همچنان *hemtchunân* ou مثل *misl* « comme, ainsi, pareillement »; وحال آنکه *ve hhâl ânki* « d'autant plus que, à plus forte raison que », etc.

f. Adverbes d'interrogation.

چرا *tchirâ* ou چه برای *berây tchi* ou واسهٔ چه *vâsèi tchi* (vulg.) pourquoi? »; چه طور *tchi tôour* ou از چه راه *ez tchi râh* ou چگونه *tchigoûnè*

« par quel moyen, comment ? » چه kèy ou چه وقت tchi veqt « quand ? » چه یعنی ye'ani tchi (litt. « c'est-à-dire quoi ? ») ou تو نگوی tou negoûy (litt. « ne le dis-tu pas ? ») ou تو بمیری tou bemiry (litt. « puisses-tu mourir bien ! ») ou رستی rásty « vraiment ? sérieusement ? » مگر meguèr « est-ce que [1] ? peut-être », etc.

g. Adverbes d'affirmation et de négation.

آری ary ou بلی bèly « oui »; بیشبهه bíchubhè ou بیلا شك bílá chekk ou البتّه elbettè ou یقین yeqín ou ای بلی ey bèly ou بلی بلی bèly bèly « certainement, indubitablement »; وراُی این veráy yn « bien autrement, d'ailleurs », خیر khèyr ou نه خیر nè khèyr ou نه nè « non ».

287. Pour rendre « ma foi, foi d'honnête homme », on dit : من که دروغ عرض نمیکنم men ki duroúgh 'erz nemíkunèm « quant à moi, je n'ai jamais l'honneur de dire des mensonges », ou bien, ce qui signifie la même chose, قصّه گو نیستم qissè goú nístem « je ne suis pas un diseur de contes », ou من که جفنگ نمی گویم men ki djefèng nèmy goúyèm « je ne dis pas de balivernes », ou حرف مفت نمیزنم hhèrfi muft nemízenèm « je ne dis point (litt. je ne frappe pas) des paroles vaines (gratuites) », ou عبث عبث حرف نمی زنم 'ebès 'ebès hherf nèmy zenèm « je ne parle pas en vain ».

Mais le plus souvent, pour affirmer, on jure sur un objet qui est précieux, soit pour soi-même, soit pour celui à qui l'on s'adresse. Exemples :

بسر مبارکت besèri mubárèket « par ta tête sacrée ! » بارواح پدرم beer-váhhi pedèrem « par les mânes de mon père ! » بقبر پیغمبر مان beqèbri peyghembèri mán « par la tombe de notre prophète ! » بشهادت امام حسین bechehádèti imám husseyn « par le martyre d'Imam Husseyn »; بحقّ علی behhèqqi 'ely « par le mérite d'Ali »; بریش شما berîchi chumá « par votre barbe »; بمرگ اولادم be mèrgui óouládem « par la mort de mes enfants », etc.

288. L'étiquette persane défend l'usage des adverbes de négation isolés, surtout lorsqu'on s'adresse à une personne qui a quelques droits à votre affection ou à vos égards. Ainsi, au lieu de dire tout simplement خیر ou نه, il est plus poli de répondre :

---

[1] On verra plus bas que مگر meguèr est aussi un adverbe de doute. C'est le seul exemple que je connaisse où la négation مه mè « non » s'emploie ailleurs qu'à la 2ᵉ pers. sing. des impératifs prohibitifs et dans les optatifs (88), comme مباد mebád « qu'il ne soit pas », etc. La négation française « sinon » reproduit fidèlement مگر.

خیر اقا *khèyr âgha*[1] « non maître », ou انشاء الله که خیر *inchâ allàh ki khèir* « Dieu veuille que non » ou اختیار دارید *ikhtiyâr dârîd* « vous avez le libre arbitre », c'est-à-dire « dites et faites ce que bon vous semble », etc.

Ou bien en intercalant la conjonction explétive که, et en même temps quelque autre mot qui modifie la négation. Ex :

باین زودی که خیر *hhâlâ ki khèyr* « pas pour le moment », باین زودی که خیر *beyn zoûdy ki khèyr* « pas aussi promptement » ou هنوز که خیر *henoûz ki khèyr* « pas encore, pas si tôt », etc.

Quelques savants persans m'ont assuré que si l'on se sert de préférence du mot خیر en guise de نه, c'est parce que خیر veut dire en arabe « bon » et, par conséquent, modifie ce qu'il y a de désagréable dans une négation absolue.

289. L'adverbe هرگز *herguìz* « jamais », employé négativement, se paraphrase souvent moyennant les expressions koraniques نعوذ بالله *ne'oûzu billàh* « Dieu nous en préserve! », استغفر الله *estèghfir ullàh* « Dieu me pardonne! », etc.

290. Dans une réponse négative où il s'agit d'établir la différence entre deux choses qui ne souffrent pas de comparaison, هرگز *herguìz* « jamais » se remplace par بگردش نمیرسد *beguèrdech nemîresèd* « il n'arrive pas à sa poussière »[2], ou bien par سگی که است *seguìy ki est* (littéralement « à qui est ce chien ? ») « jamais au grand jamais, quelle comparaison! ». Exemples :

مگر هنرش از هنرم بیشتر است *meguèr hunèrech ez hunèrem bîchtèr est* نه خیر اقا بگردت نمیرسد *ne khèyr âghâ be guèrdet nemîresèd* « est-ce que son mérite est supérieur au mien ? — Jamais, quelle idée! »; آیا تفنگت زدنش از من بهتر است *âyâ tufeng zedènech ez men behtèr est* « Peut-il tirer le fusil mieux que moi ? », کجا بود سگی که است *kudjâ boúd* (littéralement « où était-il ? ») *sèguy ki est* « Quelle idée ! entre vous et lui il n'y a pas de comparaison à établir ».

Ces expressions sont fort en usage dans la conversation.

[1] اقا *âqâ*, mot turc, veut dire en persan « maître » et آغا *âghâ*, « eunuque ».
[2] Métaphore empruntée à la course de chevaux : un cheval de race court si vite, que ceux qui le suivent ne sont pas même capables d'arriver au tourbillon de poussière (*guerd*) qu'il laisse s'élever après lui.

138 DES PARTICULES.

h. Adverbes de doute.

مگر *meguèr* ou آیا *âyâ* (vulg.) « sinon, mais »; بلکه *belkè* ou شاید *châyèd* (106) ou است گاه *gâh est* (littéralement « il y a lieu ») ou میشود چه *tchi michevèd* (littéralement « eh ! que serait il ? ») ou گویا *gouyâ* (58) ou مظنّه *mezennè* « peut-être, c'est possible »; مشکل میدانم *muchkil mîdânèm* « c'est douteux » (littéralement « je le sais difficilement »).

§ 2. PRÉPOSITIONS.

291. Les Persans n'ont, dans leur langue, que neuf prépositions proprement dites, c'est-à-dire qui sont indéclinables, à savoir : هم *hem* « avec, ensemble », بی *by* « sans », با *bâ* « avec », تا *tâ* « jusqu'à, avant que », جز *djuz* « en outre, excepté », به ou ب *bè* « à, au, en, par », از *ez* (latin *ex*) « de, du, par, de par », در *der* ou اندر *endèr* « dans, en », et بر *ber* « sur »[1].

Toutes les autres prépositions persanes sont autant de noms ou de débris des verbes. Elles se construisent avec un nom

---

[1] در *der* et بر *ber* ont plus d'un emploi : 1° comme substantifs, در *der* signifie « porte », et بر *ber*, « partie protubérante d'un objet quelconque, poitrine, fruit (pour بار *bâr*), on dit از بر خواندن *ez ber khânden* « réciter par cœur », از بر رفتن *ez ber rèften* « s'arracher des bras de quelqu'un », در بدر شدن *der bedèr châden* « devenir malheureux et pauvre, sans pain ni asile, au point d'aller les chercher à la la porte (*der*) d'autrui », etc. 2° comme prépositions, در et بر sont indéclinables et précèdent, soit un verbe, en lui donnant une signification qui diffère essentiellement de la primitive, soit un nom. On dit در آوردن *der âvùrden* « exhiber, produire », بر آورد کردن *ber âvàrd kèrden* « inférer, tirer conséquence, supputer », در باقت برداشتن ou ورداشتن *berdâchten* ou *verdâchten* « soulever, enlever, ôter », در یافت نمودن *der yâft numoûden* « faire une découverte, saisir avec intelligence, comprendre »; پایم بسنگ برخورد *pâyem bèsèng berkhoûrd* « mon pied heurta contre une pierre », امروز سر کوچه باو برخوردم *emroûz sèri koutchè beoû berkhoûrdem* « aujourd'hui je le rencontrai dans une rue ». Chez les poètes, surtout chez Ferdoussy, les prépositions در بر et اندر sont souvent explétives. Cette dernière, اندر *endèr*, s'emploie quelquefois avec le verbe normal dans le sens de اندرون *enderoûn* « l'intérieur, le dedans ». Une des lettres autographiées de notre appendice commence par cet hémistiche :

رفتی وهمچنان بخیال من اندری
rèfty ou hemtchanân bekheyâli men endèry

« Te voilà parti, et cependant tu es présent au dedans de mon imagination ».

d'après les règles indiquées (116) pour l'accord du génitif. Ex. :

بخش bekhch (racine aoriste de بخشیدن) ou بهر behr (littéralement « lot ») ou برای beráy (composé de ب bè et de رای ráy « raison ») ou واسه vásè (vulgairement) « pour »; بالا bálá « dessus », زیر zír « dessous »; پیش pích « avant », پس pes « après »; پهلو pehloú « à côté »; برابر berábèr (littéralement « poitrine à poitrine ») « avec »; پی pey « après »; بیرون bíroún (littéralement « l'extérieur ») « en dehors de », اندرون enderoún ou تو toú (littéralement « intérieur ») « dedans »; سمت semt (littéralement « côté ») « vers »; نزد nezd (littéralement « proximité ») « près, auprès »; میان miyán (littéralement « milieu ») ou بین bèyn « entre », etc., s'accordent ainsi : بخش شما bèkhchi chumá « pour vous », بهر فقرا bèhri fuqerá « pour les pauvres », برای زمستان beráy zemistán « pour l'hiver », واسه نوکر váseï nóoukèr « pour le domestique »; بالای درخت bálày dirèkht « sur l'arbre », زیر آب zíri áb « sous l'eau »; پیش رو píchi roú « devant le visage, en face », پس پرده pèsi perdè « derrière le rideau »; پهلویم pehloúyem « à mes côtés »; برابر تو berábèri toú « devant toi », پی زنها میگردد pèy zenhá míguerdèd « il court après les femmes »; بیرون شهر bíroúni chèhr « hors la ville »; اندرون چاه enderoúni tcháh ou توی چاه toúy tcháh « dans le puits »; سمت شمال sèmti chemál « vers le nord »; نزد یارو nèzdi yároú « auprès de l'amie »; میان ایشان miyáni ychán « entre eux », etc.

292. Au lieu de بر, on se sert aujourd'hui plus fréquemment de رو roú « surface » ou de سر ser « extrémité » dans le sens de « sur ». Exemples :

بوشقابهارا سر میز گذاشتند bochqábhárá sèri (pour ber) míz guzáchtend « ils ont mis les assiettes sur la table [1] », اسباب چایخوری روی زمین esbábi tcháykhoúry roúy (pour ber) zemín roúy ferch uftád « le service de thé tomba par terre, sur le tapis », رویش آمد roúyèch ámed « il lui courut sus ».

293. Pour mieux préciser le sens de la préposition با bá « avec », on lui adjoint son synonyme هم hem. Exemples :

باهم بنشینیم و بگوییم و بخندیم و دعاگوی تو باشم تا قیامت báhèm benichínim ou begoúím ou bekhendím ou doá'goúy tou báchèm tá qeyámèt « asseyons-nous ensemble, causons, rions, et je prierai pour ton salut jusqu'au jour du jugement dernier ». (*Dicton populaire.*)

---

[1] میز míz, que Richardson traduit : « a stranger, a guest », pris isolément, signifie aujourd'hui « table » et ne s'emploie plus, avec le sens donné par ce lexicographe, que dans les noms composés comme میزبان mízebán « hospitalier », etc.

§ 3. CONJONCTIONS.

294. Les conjonctions persanes proprement dites sont : یا *yâ* « ou, ou bien », نیز *nîz* « aussi, même », کاش *kâch* ou کاشکه *kâchki* « ah que, que ne, *utinam* », اگر *eguèr* ou par abréviation گر *guer* « si », مگر *meguèr* « malgré, sinon, peut-être », et enfin و *vè* (10) « et », با *bâ* « avec ».

La conjonction و se rend quelquefois, dans nos langues qui se servent de signes de ponctuation, par une virgule, dont elle porte la forme. Exemples :

Veni, vidi, vici, آمدم و دیدم و شکستم *âmèdem ou* (,) *dîdem ou* (,) *chikèstem* (littéralement « je vins et je vis et je brisai »).

295. Les pronoms relatifs (272) که *ki* et چه *tchi* correspondent aux conjonctions که *ki* et چه *tchi* « que, afin, car », et il est parfois difficile de les distinguer les uns des autres. Ex. :

که رفت که خبر کند *ki rèft ki khebèr kunèd* « qui est-ce qui est allé pour annoncer » (littéralement « pour qu'il annonce »), چه بگویم اگرچه گوش بدهی *tchi begoûyèm eguèrtchi goûch bedehy* « que dirais-je, lorsque même vous seriez disposé à m'écouter ».

Lorsque la préposition conjonctive به *bè* n'est qu'une abréviation de با *bâ*, elle s'emploie dans le sens de « par, moyennant ». Ex. :

بسعی من *be* (pour *bâ*) *se'ay men* « par mes soins »; بفکر من *be* (pour *bâ*) *fikri men* « grâce à une idée que j'ai eue »; بتوسّط ایشان *be* (pour *bâ*) *tevessùti ychân* « par leur entremise », etc.

296. La conjonction pléonastique که tient lieu quelquefois des deux points (:). Exemples :

پرسید که این چه شهری است *pursîd (ki) yn tchi chèhry est* « il demanda (:) quelle est cette ville ? ».

297. Ailleurs, که n'est pas tout à fait explétif, car il donne plus d'emphase à la sentence, sans qu'on puisse toujours préciser s'il représente la conjonction ou bien le pronom relatif. Cela arrive fort souvent dans la langue de conversation. Exemples :

ضرری که بشما ندارد *zerèry ki be chumâ nedârèd* « ceci ne saurait vous porter aucun préjudice », من که مردم تو نایب منی *men ki mùrdem tou nâỳbi mèny* « après ma mort (littéralement « moi que je mourus ») tu seras mon lieutenant », من که سوار میشوم *men ki sevâr mîchevèm* « eh bien, je monte à cheval tout à l'heure », etc.

L'expression ما که رفتم *mâ ki rèftîm*, dans la bouche d'un individu dangereusement malade ou qui part pour un voyage lointain sans espoir de revenir, correspond à : « Ne me comptez plus au nombre des vivants » ou « nous voilà partis ». Ce fut la dernière parole que le roi Feth Aly châh prononça quelques moments avant sa mort.

298. Dans quelques locutions که signifie « mais ». Exemples : او که مرد *oû ki murd* « mais il est mort », تو که مانند آنها نیستی تو که یقین مرا یاد خواهی کرد *tou ki mânèndi ânhâ nîsty tou ki yekîn merâ ŷâd khâhỳ kerd* « mais toi qui ne leur ressembles guère, tu te souviendras de moi assurément », ابن الوقت که نخواهی شد *ibn-ul-veqt ki nekhâhỳ chud* « mais tu ne changeras pas selon les circonstances » (littéralement « tu ne deviendras pas fils du temps »), etc.

299. La conjonction زیرا *zîrâ* [1] répond à *tchirâ* « parce que » et s'emploie dans une phrase qui suit une autre phrase où se trouve چرا *tchirâ* « pourquoi ? ». Exemples :

چرا ایشانرا مهمانی نکردید — زیرا که پول نداشتم *tchirâ ychânrâ mehmânỳ nekèrdîd — zîrâ ki poûl ne dâchtem* « Pourquoi ne les as-tu pas invités à dîner chez toi ? — Parce que je n'avais point d'argent ».

300. Les conjonctions که et چه servent à la formation des composés tels que les suivants :

چندانکه *tchendânki* « autant que », هر چندکه *her tchèndki* « bien que, quoique », مگر آنکه *meguèr ânki* « si ce n'est que », پس آنگاه که *pes ângâhi ki* « or lorsque, après que », چنانکه *tchenân ki* « ainsi que », همچنانکه *hemtchenânki* « de la même manière que », همینکه *hemînki* ou هانکه *hemânki* ou هانا که *hemânâ ki* « aussitôt que », اگر چه *eguèr tchi* « bien que, quoique, alors même que », چنانچه *tchenântchi* ou همچنانچه *hemtchenântchi* « ainsi que, quoique », یا آنکه *ŷâ ânki* ou یا آنچه *ŷâ ântchi* « ou bien que ».

[1] Je crois que c'est une abréviation de از این را *ez ynrâ* « par cette raison ». Ce composé dérive de la même source que la préposition برای *berâỳ* (306).

§ 4. PARTICULES INTERROGATIVES.

301. En persan, les questions peuvent se faire sans altérer l'ordre normal d'une sentence, c'est-à-dire que l'intonation et le geste de celui qui parle déterminent s'il demande ou bien s'il répond. C'est la manière la plus usitée. Exemples :

Si en disant خان آمد *khân âmed*, on appuie la voix sur *âmed*, cela voudra dire : « le khân est-il *arrivé?* » Si au contraire, l'intonation s'arrête sur *khân*, l'interlocuteur ne fait qu'annoncer que « le khân est arrivé ». La phrase این پولست *yn poúlest* « voici l'argent » se change en « Est-ce bien *tout l'argent* que vous m'apportez? Osez-vous appeler *argent* une somme aussi minime? » si l'intonation, d'une voix ironique, tombe sur *poúl*, etc.

302. Cependant, il y a des mots spécialement destinés à l'usage du demandeur lorsqu'il s'agit d'une interrogation. En premier lieu, il faut y comprendre des prépositions interrogatives proprement dites : آیا *âyâ* ou یا *yâ* « est-ce? », کی *key* « quand? » et کو *koû* « où? ».

303. La particule آیا, latin *an*, se rencontre seulement au commencement d'une sentence interrogative ; یا signifie « est-ce? » et en même temps représente la conjonction alternative « ou, ou bien ». Dans une interrogation double یا doit suivre آیا, ou bien se répéter. Exemples :

آیا با چشم خود دیدی یا نه *âyâ bâ tchèchmi khoûd dídy yâ nè* « as-tu vu de tes propres yeux, oui ou non? » کار بیرون از دو حال نیست یا شمشیر یا تسلیم *kâr bîroûn ez dou hhâl nîst yâ chemchír yâ teslîm* « une de ces deux choses, décide-toi : ou l'épée (la mort), ou la soumission (l'islamisme) » ; برویم یا نرویم یکست *berevîm yâ nerevîm yèkest* « autant vaut y aller que ne pas y aller (litt. allons-y ou n'y allons pas, c'est un) ».

304. L'interrogatif کو *koû* « où? » s'emploie principalement en poésie et dans un langage familier, par exemple :

بختم کو جوانیم کو *bekhtèm koû djevânyem koû* « où est mon bonheur, où est ma jeunesse? » دشمن صف آراسته دوطلب کو *duchmèn sef ârâstè dôoutelèb* (litt. ceux qui demandent à courir sus) *koû* « l'ennemi s'est rangé en ligne de bataille, où (sont) les volontaires (qui s'offriraient à engager le combat)? »

Cependant sa forme composée, کجا *kudjá* pour کو جا *koû djâ* « où est l'endroit? quel endroit? » est bien plus en usage. Ex. :

پس کجا خوبش جانی جان
خال کردنش عشوه کردنش
ابروی کمانش طرّهٔ چوگانش
چشم مستانش لعل دلستانش
پس من چه کنم جانی جان

pes kudjá koûbech dâny djân — kháli guerdènech 'ichvè kerdènech — ebroúy kemânech turrèï tchôougânech — tchèchmi mèstânech lè'ali dilsitânech — pes men tchi kunèm djâni djân

« Où est donc le beau de sa personne, âme de mon âme? Est-ce ce grain de beauté sur son cou, ou bien ses œillades agaçantes? ses sourcils arqués? les fossettes (bilboquets) de ses boucles noires? ses yeux ivres d'amour? serait-ce son rubis (c'est-à-dire sa bouche) qui ravit les cœurs? Que ferai-je, que devenir, âme de mon âme? » (*Chanson des harems*.)

305. L'interrogatif چه *tchi* « que? quoi? » est d'un usage fort répandu. Exemples :

تو قدر آب چه دانی که در کنار فراتی

tou qèdri áb tchi dány ki der kenâri ferâty

« Que sais-tu ce que vaut l'eau (litt. la valeur de l'eau), toi qui es sur la rive de l'Euphrate? (c.-à-d. le riche ne comprend pas les souffrances du pauvre). »

شب عاشقان بیدل چه شبی دیراز باشد
تو بیا کز اوّل در صبح باز باشد

chèbi 'áchiqâni bîdil tchi chèby dîráz báched — tou beyá kez evvèl dèri subhh báz báched

« La nuit des amoureux sans cœur (c'est-à-dire dont le cœur est ravi), que c'est une nuit longue! Arrive, ami, et, de prime abord, les portes du matin s'ouvriront (c'est-à-dire et il ne fera plus nuit). »

Dans le dernier exemple, l'interrogatif چه peut se traduire par « combien », de même qu'en français on dit :

چه قدر بشما بگویم *tchi qedèr bechumá begoúyèm* « que de fois vous dirais-je donc? » چه هنرها عبث تلف شدند *tchi hunerhá 'ebès 'ebès telèf chudend* « que de hautes capacités se sont anéanties en pure perte! »

چه فایده tchi fấidè « à quoi bon ? (litt. quel profit ?) » چه مصرف tchi mesrèf « quelle utilité ? que veux-tu faire de cela ? » etc.

306. On rencontre souvent چه, soit précédé, soit suivi des substantifs qui en expliquent ou précisent le sens interrogatif, comme, par exemple :

چه خبر tchi khebèr « comment l'osez-vous ? (littér. qu'y a-t-il de nouveau ?) » چه طور tchi tóour « de quelle façon ? » چگونه tchigoânè « de quelle manière ? comment ? » بخش چه bèkhchi tchi ou بهرچه bèhri tchi « à propos de quoi ? pour quelle cause ? »

Il est possible que l'interrogatif چرا « pourquoi ? », que tous les grammairiens considèrent comme datif de چه, ne soit qu'un datif sing. du substantif را rá ou رای rấy « raison », parce qu'il est synonyme de برای چه berây tchí, ou از برای چه ez berây tchi.

307. Dans une sentence continue, چه redoublé correspond au français « soit. . . . soit, ou. . . ou bien, on a beau. . . . » Ex. :

چه در شهر چه در صحرا tchi der chèhr tchi der sehhrá « soit en ville, soit dans les champs ; » چه در خواب وچه در رویا tchi der khâb ou tchi der ruayá « ou pendant le sommeil, ou bien lorsqu'on veille » ; چه اناث وچه ذكور tchi unás ou tchi zukoár « (du sexe) soit féminin, soit masculin » ; هرچه میگفتم وهرچه میکردم اثری نبخشید her tchi mîgòftem ou her tchi mîkèrdem esèry ne bekhchíd « j'ai eu beau dire et faire, mes efforts ont été stériles d'effet (litt. cela n'a gratifié aucune impression) ».

308. L'adverbe de quantité چند « combien ? » (pour چه اند « quelle quantité ? ») et sa forme emphatique تا چند tâ tchend « jusqu'à combien ? », de même que کی key « quand ? » تا بکی tâ bekey « jusqu'à quand ? » هیچ hîtch (anciennement ایچ ytch), sont d'un usage journalier dans les interrogations.

§ 5. PARTICULES NÉGATIVES.

309. Il a été déjà (35) question des particules négatives ; nous allons les développer ici et les préciser :

a. نه nè isolé « non, ne, ni », s'emploie indifféremment devant les parties du discours, soit conjugables, soit déclinables.

Quelquefois on lui fait substituer نی *ney*, comme on voit dans cet exemple :

نی تاب وصل دارم نی طاقت جدای

nèy tâbi vèsl dârèm nèy tâqèti djudây

« Je n'ai ni assez de patience (lorsque nous sommes) réunis, ni assez d'énergie (pour endurer le chagrin) de la séparation. »

b. La négation conjonctive نِ *nè* ne s'emploie guère que devant les temps d'un verbe et les participes.

c. نا *nâ* précède seulement les noms, les racines aoristes et les participes passés. Exemples :

نافهم *nâfèhm* « qui ne comprend rien, imbécile », نارس *nârès* « qui n'est pas mûr; vert »; نا چار *nâ tchâr*, synonyme de بیچاره *bîtchârè* « privé de toute ressource, incapable de se suffire à soi-même »; خدا ناشناس *khudâ nâchinâs* « ne connaissant pas Dieu, sans religion »; نا رسیده *nâ resîdè* « n'étant pas arrivé », et aussi « avant d'arriver »; نا دیده *nâ dîdè* « ne voyant pas, n'ayant pas vu, avant d'avoir vu »; مهمان نا طلبیده *mehmâni nâ telebîdè* « le convive non invité, intrus », etc.

d. La négation م *mè* ne s'emploie aujourd'hui que dans trois cas seulement : devant la 2ᵉ pers. sing. à l'impératif prohibitif, devant گر *guèr* (pour اگر *eguèr*), donnant lieu à la particule exceptive مگر *meguèr* « sinon, excepté, outre, si ce n'est que », et enfin devant la 3ᵉ pers. sing. de quelques optatifs. Exemples :

جفنگ مگو *djefèng mègoû* « ne dis pas de sottises »; حرف بلند مزن *hherfi bulènd mezèn* « parle plus bas, tu as le verbe haut et inconvenant »; مگر نشنیدید *meguèr nechinîdîd* « n'avez-vous donc pas entendu ? » مگر چه *meguèr tchi* « est-ce possible ? quoi donc ? » همه رند اند مگر زید *hemè rind end meguèr zèyd* « ils sont tous vauriens, excepté Zéid »; راضی نمیشوم مگر آنکه *râzy nemîchevèm meguèr ânki* « je ne consentirais pas, à moins que..... »; مبادا *mebâdâ* « qu'il ne soit pas ! à Dieu ne plaise ! » etc.

§ 6. INTERJECTIONS.

L'interjection, d'après la théorie des Occidentaux, n'est qu'une des prépositions n'exprimant, pour ainsi dire, qu'un seul son, *oh ! ah !* Mais il ressort de la nature des idiomes d'Orient que cette interjection, comme élément linguistique, a une forme et une influence prépondérante sur plusieurs parties de la parole. L'interjection, dans les langues orientales (et il me paraît qu'il en est ainsi dans celles d'Occident), est une espèce de note musicale qui donne le ton à toute une phrase, la rehausse ou l'abaisse, la rend par conséquent sublime ou ironique, triste ou gaie. C'est la seule partie du discours qui soit en même temps la note musicale de la parole, un mot qui touche le plus près à la musique. Il est donc de la plus grande importance pour celui qui veut communiquer une parole vivante, qui veut converser avec les hommes vivants (je parle des Orientaux), de saisir les différents sens de l'interjection, lesquels déterminent le sens des phrases, et, par conséquent, du discours. Il est bon de savoir que les Orientaux, avares de paroles, n'expriment, la plupart du temps, leurs idées et, pour mieux dire, ne les formulent que par les interjections.

L'interjection est une formule de sentiment, de pensée, d'idée. Il y a donc une infinité de phrases religieuses, politiques, domestiques, qui se rattachent à une interjection. Nous conseillons d'étudier beaucoup cette partie du discours, qui est le germe générateur d'un grand nombre de phrases et de tours de phrases du langage oriental.

310. On a déjà vu (120) les particules exclamatives du vocatif persan, ainsi que l'élif ا final qui, pour sa destination et sa forme, ressemble à notre signe !. Il faut y ajouter ce qui suit :

a. L'élif ا final d'exclamation ne s'emploie qu'exclusivement au singulier. Exemples :

درد*ا derdâ* « ô douleur ! » دریغا *derîghâ* ou افسوسا *efsoûsâ* « ah ! que je regrette ! » خوشا بحالش *khochâ behhâlech* « est-il heureux ! » حیفا *hheyfâ* « quel dommage ! » مرحبا *merhhebâ* (pour مرحبًا *merhhebèn*) « bravo ! » خدایا *khudayâ* ou الهی *ilahâ* « Dieu ! » دوستا *doûstâ* « ami ! » صاحبا *sâhhibâ* (en s'adressant à un Européen) « Monsieur ! » et beaucoup d'autres.

b. Dans ایّها *eyyuhâ*, la finale ها n'a rien de commun avec celle des pluriels persans. C'est la forme arabe.

c. ای ey, ایا eyâ, وای vây, واویلا vaveylâ, بگیرها beguír hâ ou هان hân ou هان هان hân hân, های hây ou های هو hây hoû ou زهی zęhỳ ne sont que des cris de grande émotion, « ô! ah! hélas! » et précèdent les vocatifs, soit au singulier, soit au pluriel, ou bien s'emploient tous seuls.

CHAPITRE II.

LOCUTIONS EXCLAMATIVES.

Par un respect sincèrement profond pour la divinité, les Persans n'accusent jamais Dieu de ce qui leur arrive de malheureux. Le destin (قدر qedèr ou تقدیر teqdír[1]) est aussi une chose sacrée dont on se plaint parfois, tout en reconnaissant qu'il est irrévocable et existant antérieurement à ceux qu'il frappe.

Les auteurs de toutes les misères de l'humanité sont: فلك felèk « ciel » et دنیا dunyâ « monde », que les Persans appellent aussi زمان zemân « temps » ou زمانه zemânè « époque », et دهر dehr « siècle », tous êtres mystérieux. Autant Dieu est bon et juste, autant ces démons, ennemis implacables de l'homme, sont, et de tous les temps ont été méchants, vindicatifs sans qu'on sache pourquoi, astucieux et avides de s'abreuver des larmes et du sang des mortels.

Zemanè est représentée comme une femme laide et édentée, پیره زنی فرتوت وکهنساله pírè zèny fertoût ou kohènsâlè « vieille, décrépite, et âgée comme le monde », mais immortelle en même temps.

Félek, personnification du système planétaire, ou گنبذ gumbèz « voûte vivante », est une espèce de mouvement perpétuel que nous voyons au-dessus de nos têtes. Il tourne sur lui-même, et imprime son mouvement rotatoire à tous les astres. C'est pour-

---

[1] Le *fatum* des anciens, chez les mystiques chrétiens, l'*astrale*, l'esprit du grand monde (*spiritus mundi majoris*), l'esprit de la terre.

quoi on le nomme aussi گردون *guerdoûn* « ce qui est en rotation », ou bien چرخ *tcherkh* « roue, poulie ». Les étoiles qui président à nos destinées, et dont l'influence décide de tout ce qui doit nous arriver, dépendent elles-mêmes de *Félek*.

Aucun théologien musulman n'a cherché à excuser les méfaits de Zemané ni de Félek : libre à qui veut de les accabler de malédictions et d'invectives les plus injurieuses. Les prosateurs et les poëtes persans s'y livrent de gaieté de cœur, et surtout les auteurs des drames religieux (تعزیه *te'aziyè*) qui se donnent annuellement en l'honneur des martyrs Hassan et Husseyn.

En voici quelques exemples que j'emprunte à mon manuscrit intitulé : جنگ شهادت *djùngui chehâdèt* « le Cantique du martyre », ou « Répertoire des drames religieux. »

ای فلك سر حسین را زیکدیگر بریدی
ای زمانه نامهٔ عمرم بیکدیگر پیچیدی

ey fèlèk sèri hhussèinrâ zi yekdîguèr burîdi — ey zemânè nâmèï 'ùmrem beyèk dîguèr pîtchîdy

« O ciel, tu as tranché la tête de Husseyn, en la séparant de ses épaules ! O époque, tu as ployé l'une dans l'autre les pages du livre de ma vie ! »

ای چرخ نابکار زبیمهری تو داد
کردی غریب وبیکس یارم ازعتاد
کردی بکربلا از جفایم ذلیل وخوار
آوردهٔ از مدینه ای چرخ نابکار
افسوسا وآه آه زدنیای بیوفا

ey tchèrkhi nâbekâr zi bîmehrîy tou dâd — kèrdy gherîb ou bîkès yârem ez 'itâd — kèrdy bekerbelâ ez djefâyem zalîl ou khâr — âvurdèï ez medînè ey tcherkhy nâbekâr — efsoûsâ ou âh âh zidunyây bîvefâ

« Sphère tournoyante, vaurien ! je gémis de ton peu d'amour. Tu as jeté mon ami en exil, il est seul et délaissé par suite de ta tyrannie. Je suis par ton injustice humilié et avili à Kerbéla. Tu m'y as amené de Médine, ô misérable roue ! J'en appelle à Dieu de ton injustice, ô monde de mauvaise foi ! »

ای چرخ از جفا وستم واژگون شوی
دارم امید بر سر عالم نگون شوی

LOCUTIONS EXCLAMATIVES.

رفتند یاران حسین از بر حسین
بشکست از جفا دل غم‌پرور حسین

ey tcherkh ez djefâ ou sitèm vajgoûn chevỳ — dârèm umíd ber sèri á'lèm nigoûn chevỳ — reftènd yárâni hhussèïn ez bèri hhussèïn — bechikèst ez djefâ dili ghempervèri hhussèïn

« Girouette infernale! ta tyrannie et ton injustice puissent-elles te précipiter dans un abîme! J'ai l'espoir qu'enfin tu feras une culbutte pour tomber d'en haut, et t'écraser contre la terre. Ils ont disparu, les amis de Husseyn, leur tête ne repose plus sur la poitrine de Husseyn. Par tes méfaits, son cœur, navré d'angoisse, se brisa! »

311. Il faut aussi compter au nombre des phrases exclamatives les expressions suivantes, d'un usage fort répandu en Perse :

Termes de tendresse.

نور دورت بگردم *dôourèt beguerdèm* « que je marche autour de toi[1] »; نور چشمم *noûri tchèchmem* « lumière de mes yeux »; نازت بکشم *nâzet bekechèm* « que je te comble de caresses »; تو که مثل روحی *tou ki mìsli roûhhy* « toi qui ressembles à un esprit »; جانم *djânem* « mon âme »; دلم *dilem* « mon cœur »; تاج سرم *tâdji sèrem* « couronne de ma tête »; جان جانم *djâni djânem* « âme de mon âme »; دست من بدامن تو *dèsti men bedâmeni tou* « je t'en supplie (litt. ma main sur le pan de ta robe) », etc.

Malédictions et juremens.

مرده شور ترا ببرد *murdè choûr turâ beberèd* « que le laveur des cadavres t'emporte. (puisses-tu crever!) »; نفست را بگیرد ای مردکه *nefesetrâ beguírèd ey merdekè* « que le diable t'emporte, homme de rien! (litt. qu'il te coupe la respiration »)! ریش پر شپش ناکرده شانه چو جاروبخانه *ríchi pur chipīch nâ kerdè chânè tchou djâroûbkhânè* « barbe remplie de vermine, que le peigne n'a jamais touchée, comme un balai de la basse-cour »; پدر سوخته *pedèr soûkhtè* « fils d'un père qu'on a brûlé »; نسناس *nesnâs* « orang-outang »; ولدزنا *veledeznâ* (pour *velèdi zinâ*) « enfant de prostitution »; زنقحبه *zenqâhbè* « époux d'une femme de mauvaise vie »;

et beaucoup d'autres allusions au deshonneur d'une mère ou d'un père, que les Persans appellent فحش مادر وپدر *feùhhchi*

---

[1] Expression biblique : « Et circumdabo altare tuum, Domine. » (*Ps.* xxv, 6.)

mâder ou *pedèr* « injures de père et mère », et que nous ne citons pas ici par respect pour la décence.

Termes et expressions de bienvenue.

خوش آمديد *khoch âmedíd* « vous êtes le bienvenu »; صفا آورديد *sefâ âvûrdíd* « vous avez apporté la jouissance »; مشرّف *mucherrèf* ou مزيّن *muzeyyèn* ou مختّر فرموديد *mufekhkhèr fermoûdíd* « vous m'avez (litt. vous avez ordonné) ennobli » ou « embelli » ou « enorgueilli »; خانه مال سركار است *khânè mâli serkâr est* « la maison est au seigneur (à vous) » ou منزل شما است *menzili chumâ* « votre demeure, votre étape » ou آشپز خانه شماست *âch-pezkhânèi chumâst* ou مطبخ خودتانست *metbèkhi khoûditânest* « notre maison serait heureuse, si vous la convertissiez en votre cuisine »; اولادم غلامبچه شما وخانۀ كنيز شما وخودم بندۀ شما ايم *ôoulâdem gulâm-betchèi chumâ* ou *khânèem kenîzi chumâ* ou *khoûdem bendèi chumâïym* « mes enfants (sont) ceux de votre domestique, ma femme (litt. maison), votre servante, et moi-même, votre esclave (nous sommes) »; كرم نما وفرود آ كه خانه خانۀ توست *kerèm numâ* ou *furoûd* (d euphonique) *â ki khânè khânèi toûst* « gratifie-nous du bonheur de ta présence (litt. montre de la libéralité) et descends, car la maison est ta maison », etc.

Pour demander des nouvelles de quelqu'un, il serait fort impoli de s'enquérir de celles de sa femme, dont on ne parle jamais. Il faut dire :

احوال شما خوب است *ehhvâli chumâ khoûbest* « vos circonstances sont bonnes? » ناخوشى كه نداريد *nâkhôchỳ ki nedâríd* « vous n'avez aucune indisposition, n'est-ce pas (*ki*)? » دماغ شما چاغ است انشاء الله *demâghi*[1] *chumâ tchâgh est inchâ allàh* « votre cerveau est-il bien portant? Dieu le veuille! » كيف شما كوكست *keyfi chumâ kieûkest* « votre comfort est-il parfait (litt. accordé)? » A cela, on répond : الحمد لله *elhhèmdu lillàh* « gloire à Dieu! » از شفقت شما *ez chefeqèti chumâ* « grâce à votre bien-

---

[1] دماغ *demâgh* s'emploie plus souvent dans le sens de بينى *bínỳ* « nez, odorat », ainsi : دماغ جان *demâghi djân* « le nez de l'âme », c'est-à-dire « nos facultés olfactives », يك بوى بدماغم خورد *yek boûy bedemâghem khoûrd* « je sens une odeur (litt. une odeur heurta mon nez) », خون از دماغش ريخت *khoûn ez demâghech rîkht* « il a saigné du nez », دماغ بزرگى دارد *demâghi buzûrghi dâréd* « il a le nez grand », دررا بدماغم زد *derrâ bedemâghem zed* « il me ferma la porte au nez », etc. En turc oriental, *demâgh* veut aussi dire « nez ». Synonyme de بورنو *bournou*.

veillance » ; از دولت شما ez dôoulèti chumá « grâce à votre fortune » ; از مرحمتیکه ندارید ez merhhemètíki nedáríd litt. « par la miséricorde que vous n'avez pas », c'est-à-dire « je me porte bien, mais vous m'oubliez, vous ne venez plus me voir ».

312. Les expressions françaises « merci, bien obligé » se rendent de la manière suivante :

سایهٔ شما کم نشود sáyèï chumá kem nechevèd « que votre ombre ne diminue jamais ! » ; عمر شما زیاد 'umri chumá ziyád « votre vie (puisse-t-elle durer) beaucoup » ; مرحمت دارید merhhemèt dáríd « vous avez de la miséricorde » ; خدا شما را نگه دارد khudá chumárá niguèh dárèd « Dieu vous conserve ! » ; خدا سایهٔ شما را از سرما هرگز نگیرد khudá sáyèï chumárá ez sèri má herguiz neguíred « que Dieu ne retire jamais votre ombre de dessus notre tête ! » ; در ظلّ پناه شما میباشیم der zilli penáhi chumá míbáchím « nous sommes sous l'ombre de votre protection ! » ; طالع شما بلند tále'ái chumá bulènd « que votre horoscope hausse ! »

Pour dire : « je me porte à merveille, je suis content », on dit :

احوالم بسیار خوبست ehhválem besyár khoúbèst « mes affaires sont fort bonnes », دماغ دارم demágh dárèm « j'ai mon nez » ou « mon cerveau » ; کیفم ساز است keyfem sáz est « mon comfort est en accord ».

313. Enfin, pour en finir avec des locutions aussi différentes des nôtres, nous en donnons ici les principales, à côté de leurs équivalents en français.

« Fi ! le vilain ! » — خجالت بکش khedjálet bekèch litt. « traîne la honte » ; آخر آبرو خوب چیزیست ákhir ábroû khoúb tchízíst « enfin, la pudeur est une bonne chose » ; آبرویت کو ábroúyet koú « ta pudeur, où (est-elle ?) » ; عیب است 'eyb est « fi donc ! (litt. c'est le tort) » ; آرت نمی آیت áret nèmy áyèd « n'as-tu pas honte ! (litt. la honte ne te vient-elle pas ?) » ; رویت سیاه roúyet siyáh « ta figure est noire », c'est-à-dire tu es couvert d'opprobre, etc.

« Fi ! le tyran ! » — امان از دست تو emán ez dèsti tou « sauve qui peut (litt. capitulation) de ta main » ; از جان من چه میخواهی ez djáni men tchi míkháhy « que veux-tu de mon âme ? » ; داد از جفای تو dád ez djefáy tou « (je pousse un) cri contre ta cruauté », etc.

« J'avoue ma faute ! » — چه خاک بر سرم tchi khák ber sèrem « quelle est (cette) poussière (que j'ai répandue) sur ma tête ? » رویم سیاه roúyem siyáh « mon visage est noir » ; غلّت کردم ghellèt kèrdem « j'ai fait une étourderie »; می گه خوردم *men guòh khoûrdem* « j'ai mangé de la fiente » (expression qui n'est pas plus impolie qu'en français : « il a fait une cacade »); دیگر ببخشید *díguèr bebekhchíd* « cette fois-ci, pardonnez-moi »; دیگر نخواهم کرد *díguèr ne khâhèm kerd* « je ne le ferai plus », etc.

« Je te le jure par Dieu. » — بخدا *be khndâ* « de par Dieu »; بحقّ پیغمبر *behhàqqi peyghembèr* « par le mérite du Prophète »; بمرگ اولادم *bemèrgui óoulâdem* « par la mort de mes enfants »; پدرم مادرم بمیرد *pedèrem* ou *mâdèrem bemîrèd* « que mon père » ou « ma mère se meure ! »; بجان عزیزت *bedjâni'ezîzet* « par ton âme chérie »; بمذهبت *bemezhèbet* « par ta religion »; والله *vâllàh* ou بالله *billàh* ou تالله *tâllàh* « par Dieu », etc.

« Laisse-moi tranquille. » — دست از گریبانم *dest ez gueribânem* ou از جهنّم برو *ez yekhèem verdâr* « ôte (ta) main de mon collet »; *djehennùm beróou* « va-t-en dans l'enfer »; کارت ندارم *kâret nedârèm* « je n'ai aucune affaire avec toi »; حرف پر و پوچ مزن *hhèrfi per ou poûtch mezèn* « trêve de paroles ! (litt. ne frappe pas des paroles plumeuses et creuses) »; گم شو *gum chóou* « disparais, va-t-en (litt. sois perdu) », etc.

« A la bonne heure ! » — آخر *âkhir* ou آخر الامر *âkhir-ul-emr* « à la fin de la chose, enfin »; ای بلی همچنین بگو *ey bèly hemichenîn begoú* « mais oui, parle-moi comme ça »; حسابی *hessâbi* « et pour cause (litt. comptable) »; البتّه هزار البتّه *albettè hezâr albettè* « sans doute, mille sans doute »; صد هزاران آفرین *sed hezârân âferîn* « cent mille bravos »; رویت سفید *roûyet sefîd* « ton visage est blanc, c'est-à-dire tu t'es distingué », etc.

« Une bagatelle ! un rien ! » — چیزی نبود *tchîzy neboûd* « ce n'était rien »; هیچ هیچ *hîtchi hîtch* « rien de rien »; قابلیت ندارد *qâbiliyèt nedârèd* litt. « cela n'a pas de capacité »; سهل است *sehl est* « n'importe ».

« J'y retiens part. » — من شریکم *men cherîkem* litt. « je suis (ton) associé »; رسدم را بده *resèdemrâ bedèh* « donne-moi ma quote part », etc.

« Au voleur ! » — واویلا دزد *vâveylâ duzd* ou دزد آمد *duzd âmed* « hélas, voleur ! » ou « le voleur est venu »; ای داد *ey dâd* « ô justice ! » etc.

« Au secours ! » — ای مدد *ey medèd* « ô secours ! » ای مادر *ey mâder* « ô mère »; ای نه نه ام *ey nè nè am* « ô maman ! » ای مسلمانان *ey musulmânân* « ô musulmans ! » من مردم والله مردم *men mùrdem vâllâh mùrdem* « je suis mort, par Dieu, je suis mort ! » بکمکم *bekumèkem* ou بفریادم برسید *beferyâdem beresíd* « arrivez à mes cris » ou « à mon secours », etc.

« Faites place ! » — جا بدهید *djâ bedchíd* « donnez place »; کنار برو

LOCUTIONS EXCLAMATIVES.

kenâr beróou « ôte-toi, va de ce côté »; دور باشید *dour bâchíd* « éloignez-vous », etc.

« Arrête! » — همینجا وایست *hemíndjá váíst* « ici même, tiens-toi debout »; از جا مجنب *ez djâ medjùmb* ou bien حرکت مکن *hherekèt mekùn* « ne bouge pas de la place » ou bien « ne fais pas de mouvement », etc.

« Gare la tête! » — زنهار *zinhár* « gare! »; خبردار باش *kheberdár bâch* « sois avisé »; سرترا نگه دار *sèretrâ niguèh dár* « garde ta tête », etc.

« Hé bien, et quand même. » — خوب *khoúb* « bien »; چه شد *tchi chud* ou مگرچه شد *meguèr tchi chud* « qu'est-il donc arrivé? » آسمان که پایین نیامده *âsmán ki pâín neyámedè* « le ciel n'est pas descendu (sur la terre) ».

« Écoutez donc. » — گوش کن *goúch kun* « écoute »; گوش بده *goúch bedèh* « donne (prête) l'oreille »; متوجه باش *mutevedjdjíh bâch* « sois attentif », etc.

« Adieu, portez-vous bien, bon voyage. » — خدا حافظ شما *khudá hhâfìzi chumá* « Dieu (soit) votre protecteur »; خدا همراه *khudá hemráh* « Dieu (soit votre) compagnon de voyage »; بخدا سپردیم *bekhudá supùrdím* « nous (vous) avons confié à Dieu »; سفر بیخطر *sefèri bíkhetèr* « voyage sans péril », etc.

« Au revoir. » — بشرف ملاقات *becherèfi mulâkát* ou باز دید *báz díd* « à l'honneur de la rencontre » ou « de nous revoir »; انشاء الله خدمت شما می رسیم *inchá allàh khedmèti chumá mí resím* « Dieu aidant, nous arriverons encore à votre service »; مرخص میشویم *murekhkhès míchevím* « souffrez que nous nous en allions »; مارا یاد کنید *mârâ yâd kuníd* « souvenez-vous de nous »; از خواطر عالی مارا محو نفرمائید *ez khevátiri 'âly mârâ mehhv nefermáíd* « daignez ne pas nous effacer de votre esprit élevé », etc.

« Je me pâme d'aise. » — لذت میبرم *lezzèt míbérèm* litt. « je porte le plaisir »; لذت خوردم *lezzèt khoúrdem* litt. « j'ai mangé le plaisir »; به به چه خوبست *beh beh tchi khoûbest* litt. « bon, bon, que c'est bien »; بهشتیست *bchichtíst* « c'est un paradis »; پیر شوی *pír chevy* « puisses-tu parvenir à l'âge de vieillesse! » (litt. « deviens vieillard! ») دستت درد نکند *destet derd nekunèd* « que ta main ne fasse mal, c'est-à-dire sois toujours habile et heureux ». Cette dernière expression s'adresse aux individus qui excellent dans quelque art manuel, à un peintre qui vous fait voir son tableau, à un bon tireur de fusil qui vous donne une preuve de son habileté, etc.

CINQUIÈME PARTIE.

RÉSUMÉ.

OBSERVATIONS CONCERNANT L'ÉTYMOLOGIE ET LA SYNTAXE PERSANES. — ACCENT. — PRONONCIATION.

La langue persane, très-libre dans ses allures, est en même temps très-simple quant aux éléments constitutifs de son mécanisme grammatical. Il n'y a qu'une seule forme d'inflexions du paradigme, c'est le verbe normal; une seule terminaison commune à tous les cas obliques, c'est le signe را, et enfin une seule annexion pour subvenir aux divers besoins de rapport d'un nom à un autre, c'est l'izafet.

Maintenant que ni la déclinaison ni la conjugaison ne nous embarrassent plus, nous pouvons nous occuper plus exclusivement des principales règles de syntaxe et de construction, et, sous ce point de vue, considérer d'abord les noms, puis les verbes, et ensuite l'emploi des noms et des verbes à la fois dans le corps d'une construction.

CHAPITRE PREMIER.

DES IZAFETS ET DES CAS OBLIQUES.

1. IZAFETS.

314. Les Persans ont quatre espèces d'izafet, savoir, celui du *génitif* (115), celui de *l'adjectif* (140), celui du *pronom relatif* (276), et celui d'*intitalations* (326).

§ 1. IZAFET DU GÉNITIF.

315. L'izafet κατ' ἐξοχήν « par excellence », sur le modèle duquel se forment tous les autres, est l'izafet du génitif.

Le génitif s'emploie pour caractériser les noms qui servent de complément à d'autres noms ou à des prépositions. Ce caractère autoriserait à désigner ce cas sous le nom de *cas complémentaire*.

Cette définition du feu baron de Sacy s'accorde parfaitement avec l'idée que les Persans se sont faite sur le cas en question. Leur génitif doit être toujours accompagné d'un complément, et, alors même que ce complément reste sous-entendu, ils le font remplacer par les substantifs مال (114) ou زان (235) « propriété, possession », qui, dans cette circonstance, ne signifient rien et n'y sont que, pour ainsi dire, des lieutenants muets d'autres substantifs, car مال زمين *máli zemìn*, زان برهمن *záni berhemèn*, veulent dire tout simplement « de la terre » et « du brahmane ».

316. Le sens même de ces deux substantifs : « propriété, possession », est non moins logique[1] que leur rôle de suppléant. Ce sens indique la nature complémentaire des rapports établis par le génitif. En effet, bien que la détermination exprimée par le génitif puisse être fondée sur une infinité de rapports différents les uns des autres, on voit que tous ces rapports se ressemblent toujours, en ce que l'objet nommé par le précédent appartient d'une façon quelconque à l'objet nommé par le conséquent d'un génitif. Ainsi, en analysant ces deux exemples :

گل در لحان غنچه خوش خفته بد سحرگاه
باد صبا بر او خوانـد ايّها المـرسّـل

---

[1] Ce qui paraît illogique, c'est de faire annexer le signe d'izafet non pas au supplément du génitif, mais à son précédent qui devrait être au nominatif. Du reste, ceci n'est qu'une question d'orthographe, une faute consacrée par l'usage. On pourrait la réparer en mettant le ى d'izafet au commencement des mots auxquels il appartient de droit, comme les Persans le font quelquefois avec leur pronom relatif, et de même que les Arabes forment leur aoriste par l'addition de la consonne préfixe ى. Les Hébreux ont aussi un génitif semblable.

gul der lehhâfi ghuntchè khôch khuftè bud sehhèr gâh — bâdi sebâ ber oû khând eyyuhâ elmuzemmèl

« La rose dormait doucement dans son lange de bouton ; de grand matin, le vent du midi (en soufflant) sur elle, l'appela : Sus donc, la paresseuse ! »

گفتند که مارا از دو جهت رفتن بشهر هرات صواب نمیاید اوّل آنکه ما مردم صحرا نشینیم خانهٔ ما خانهٔ زین است و حصار ما تیغ آهنین خودرا در تنگهای حصار انداختن و خویشتن را در زوایای چار دیوار افگندن از خرد دور است و از فرزانگی مهجور دوّم آنکه

gôftend ki mârâ ez dou djehèt reftèni bechèhri herât nâ sevâb my numâyèd evvèl ânki mâ merdùmi sehhrânichînîm khânèï mâ khânèï zîn est ou hhesâri mâ tîghi âhenîn khoûdrâ der tenghây hessâr endâkhten ou khíchtènrâ der zevâyây tchârdîvâr efkènden ez khirèd doûr est ou ez ferzâneguỳ mehdjoûr duvvùm ânki

(زینت التواریخ)

« Ils ont dit : Pour deux raisons il ne nous paraît pas prudent d'aller nous interner dans la ville de Hérat. Premièrement, parce que nous sommes un peuple nomade (litt. hommes assis dans le désert), nos maisons à nous sont les arçons de notre selle, et le fer de nos épées nous sert de rempart. Nous jeter dans les clos étroits d'une circonvallation et nous cloîtrer dans les recoins de quatre parois, serait (une mesure) que le bon sens n'admet pas, et que la prudence répudie. Secondement, c'est que.... etc. »

Dans مردم صحرا نشین « hommes assis dans le désert », l'izafet indique le rapport de l'agent à l'objet ;

Dans حصار ما « notre rempart » et خانهٔ ما « notre maison », le rapport de la chose possédée au possesseur ;

Dans خانهٔ زین « arçon de la selle [1] », لحاف غنچه « couverture en bouton de fleur » et تیغ آهنین « épée en fer », le rapport de la forme à la matière ;

Enfin, dans تنگهای حصار « les clos étroits du rempart » et زوایای چار دیوار « les recoins de quatre parois », le rapport de la partie au tout.

---

[1] L'auteur, Mirza Abdul-Kerim joue sur le mot خانه, qui a un double sens : « maison » et, en parlant d'une selle, « arçon ».

317. Dans une sentence parfaitement régulière, l'izafet ne se supprime jamais.

318. Il ne se supprime que dans les composés polygènes, lorsque deux substantifs mis au génitif s'unissent l'un à l'autre pour former un seul mot (187). Exemples :

قبا پوستين *qebâpoustîn* « manteau doublé d'une fourrure »; سرمايه *sermâyè* « fonds, capital »; سر حساب *ser hhessâb* « bon arithméticien, homme qui est toujours sur ses gardes, éveillé, prudent »; سررشته *serrichtè* « ordre, méthode »; صاحب سفره *sâhhib sufrè* ou صاحب نان *sâhhib nân* « homme hospitalier, qui tient table (*sufrè*, litt. « nappe ») ouverte, qui donne à manger (du pain, *nân*) chez lui »; صاحب خانه *sâhhib khânè* « maître de maison ».

Tous les izafets qui ont disparu ici reparaissent dans une construction où chacun de ces mots composants s'accorderait isolément. Exemples :

قبای ماهوت سبكتر است از قبای پوستينی *qebây mahoût subuktèrest ez qebây poustîny* « un manteau en drap est plus léger qu'un manteau en fourrure »; هر سال ذخيره می كند وسر مايه اش چيزی می افزايد *her sâl zekhtrè my kunèd ou sèri mâyèech tchîzy my efzâyèd* « tous les ans il fait des économies, en ajoutant quelque chose au capital qu'il possède »; هرگز سر حسابمان نيامديم *herguiz sèri hessâbimân neyâmèdîm* « jamais nous ne pouvions venir à bout de notre compte »; سر رشته شكست *sèri richtè chikèst* « le bout du macaroni (*richtè*) s'est brisé »; درويش صاحب كشكولست نه صاحب سفره *dervîch sâhhibi ketchkoûlest nè sâhhibi sufrè* « le derviche ne possède qu'une écuelle, il n'a point de nappe »; ای صاحب نان و نمك *ey sâhhibi nân ou nemèk* « ô toi qui as du pain et du sel (qui es libéral)! » صاحب خانه يشان گربه بود *sâhhibi khânèî ychân gurbèi boûd* « le maître de leur maison était un chat ».

319. Lorsqu'il s'agit de désigner le rapport de la forme à la matière, l'izafet du génitif fait fonction d'un ی relatif (161). Ex. :

ساعت طلا *sâ'èti telâ* (pour طلای) « une montre en or »; كاسۀ نقره *kâsèï nuqrè* « une soucoupe en argent »; جقۀ الماس *djiqqèi elmâs* « une aigrette en diamants »; چنگال و قاشق نقره نما *tchengâl ou qâchùqi nuqrè numâ* « la fourchette et la cuiller argentées ou en métal imitant l'argent »; گلولۀ سرب *guloulèï surb* « une balle de plomb », etc.

320. La même chose a lieu lorsqu'il s'agit d'établir le rapport de production au producteur. Exemple :

از میوه‌ها واثمرهٔ خاک ایران غلوی تبریز وسیب دماوند وگلابی نتنس وانار ساوه وپسته چهار اویماق وبه اصفهان وخربزهٔ نخچیوان وانگور شیراز وانجیر گیلان وهندوانهٔ نیشاپور بغایت مرغوب ونهایت مطلوب میباشند

ez mivehâ ou esmereï khâki yrân ghuloûy tebriz ou sibi demâvend ou gulâbiy netèns ou enâri sâvè ou pesteï tchehâr oymâq ou behi isfehân ou kherbuzeï nekhitchivân ou engoûri chîrâz ou endjiri guilân ou hindoûvâneï nichâpoûr beghâyèt merghoûb ou nehâyèt metloûb mîbâchènd

« En fait de fruits et de végétaux du sol de la Perse, la pêche de Tauris, la pomme de Demavend, la poire de Netens, la grenade de Sava, la pistache du pays des Quatre Oïmaks, le coing d'Ispahan, le melon de Nakhitchévan, le raisin de Chiraz, la figue du Guilan et la pastèque de Nichapour ont un goût exquis et sont fort recherchés. »

321. Par extension, le génitif s'emploie quelquefois pour former les noms patronymiques (163) et les surnoms. Exemples :

مریم عیسی *meryèmi 'yîsâ* « Marie (mère) de Jésus » ; یعقوب لیث *ye'aqoûbi leïs* « Jacob (fils) de Leith » ; فاطمهٔ زهرا *fâtimeï zohrâ* « Fatime (fille) de Zohra » ; کاوس وشمگیر *kâousi vechemguîr* « Kaous l'oiseleur », lit. « preneur de cailles (*vechèm*) » ; عبّاس شاه بنّا *'abbâs châhi bennâ* « Abbas Châh le maçon » ; بهرام خواجه *Behrâmi khâdjè* « Berhâm l'eunuque ».

§ 2. IZAFET D'ADJECTIF.

322. L'izafet du génitif approprié, l'izafet de l'adjectif qualifié, et la manière de les accorder, en persan, ne diffère point. Dans un exemple ci-dessus (316), nous avons exprès confondu les adjectifs de تیغ آهنین « *gladius ferreus* » et de مردم صحرانشین « peuple nomade » avec d'autres substantifs mis au génitif, pour faire voir combien ces deux rapports se ressemblent quelquefois ; car en remplaçant آهنین « ferré » par آهن *âhèn* « fer », et en employant substantivement l'adjectif صحرانشین « homme vivant dans le désert », on substitue l'accord du génitif à celui de l'adjectif, sans altérer aucunement l'ordre grammatical.

323. L'izâfet ne fait accorder les adjectifs avec un substantif que lorsque ces adjectifs servent d'épithète et font avec leur substantif logiquement un seul sujet. Exemples :

كوه بلند *kouhi bulènd* « une montagne haute »; درهٔ پرت *derèï pert* « un ravin escarpé »; دشت پهنا *dèchti pehnâ* « une plaine étendue ».

324. Mais l'izafet disparaît au moment où un adjectif cesse d'être épithète. Exemples :

عجب نیست که کوه بلند است *'edjèb nîst ki koûh bulènd est* « il n'y a rien d'étonnant si une montagne est haute »; اکثر اوقات دره پرت میشود *eksèri ôouqât derè pert mîchevèd* « pour la plupart du temps, un ravin devient escarpé »; خاصیّت دشت پهنا شدن است *khâsyyèti decht pehnâ chuden est* « le propre des plaines est de s'étendre », etc.

Ici les adjectifs بلند, پرت, پهنا ne soumettent pas leurs substantifs à l'annexion d'izafet, parce qu'ils ne sont plus épithètes, mais jugements portés sur کوه, دره et دشت.

325. La suppression des izafets d'adjectif a déjà été remarquée (188). Elle a lieu dans les noms composés.

§ 3. IZAFET PRONOMINAL.

Il serait superflu de revenir ici aux règles déjà données (272-279) concernant l'izafet des pronoms relatifs.

§ 4. IZAFET DES INTITULATIONS.

L'étiquette orientale, considérée au point de vue littéraire, mériterait d'être traitée à part. La position hiérarchique d'un personnage et, par conséquent, le titre plus ou moins honorifique qui lui appartient, influent beaucoup sur le style du discours ou de l'écrit qu'on lui adresse. Laissant de côté tout ce qui regarde le style proprement dit, il y a, sous le rapport grammatical, des remarques à faire sur les formules dont la connaissance est indispensable dans la correspondance ordinaire et même dans la conversation.

326. L'épithète honorifique se place la première et au nominatif, qui prend l'izafet de son complément, c'est-à-dire du nom propre de la personne à laquelle on s'adresse et du degré hiérarchique de cette personne. Exemple :

جناب محمّد خان امیر نظام عساکر نظام ایران *djenâbi mohammèd khâni emîr nizâmi 'esâkiri nizâmi yrân* « S. E. Mohammed khan, généralissime (*emîr nizâm*) des troupes régulières (*nizâm*) de Perse ».

Le substantif جناب (litt. « côté ») correspond à notre titre d'« excellence », c'est une épithète qui donne lieu à l'annexion de tous les izafets consécutifs, que nous avons compris sous la dénomination spéciale d'*izafet d'intitulations*, parce qu'on y rencontre des constructions qu'on ne voit nulle part ailleurs.

327. Une seule épithète, surtout en style d'administration, ne suffit pas. Plus un dignitaire a de droits à notre considération, et plus il faut la lui prouver en prodiguant des épithètes. Exemples :

Le Châh de Perse, en écrivant à un puissant monarque de la chrétienté, commencerait sa lettre ainsi :

بزم حضور اعلیحضرت پادشاه فلک دستگاه خورشید شکوه شهریار آسمان بارگاه ثوابت گروه آرایش افزای اورنگ سلطنت وجهانداری فرمانفرمای ممالک شوکت و دولت یاری اعظم سلاطین ملّت مسیحیّة الخم خواقین دولت امپیریّة امپراتور اعظم ممالک فلان وغیره وغیره

*bèzmi khuzoûri e'alahhezrèti pâdichâhi felèk destgâh*ı *khourchîd chukoun*ı *chehryiàri âsmân bârgâh*ı *sevâbit guroûn*ı *ârâïch efzây ôourèngui sultânèt ou djehandâry fermânfermây memâliki chôoukèt ou dôoulet yâry e'azèm selâtîni millèti mesihhiyyèï efkhèmi khevâqîni dôoulèti imperièï imperatoûri e'azèmi memâliki fulân ou gheyrèh ou gheyrèh*

« Au festin joyeux de la présence de la plus sublime majesté du souverain splendide comme le ciel, majestueux comme l'astre du jour, monarque d'une cour céleste, qui gouverne autant de nations qu'il y a d'étoiles fixes, dont la personne ajoute à l'éclat du trône du pouvoir et de la souveraineté, qui fait émaner et mettre à exécution ses ordres, auxquels obéissent des contrées glorieuses et favorisées par la fortune ; le plus grand d'entre les potentats de la religion du Messie, le plus puissant des autocrates (*khaqân*) des empires, le très-élevé empereur des états (tels et tels), etc. etc.

L'héritier présomptif du Châh adresse ainsi sa lettre au même empereur :

بر آینهٔ ضمیر منیر اعلیحضرت قدر قدرت قضا شوکت شاهنشاه کشور بخش کشورگیر شهریار معدلت گستر معذرت پذیر امپراطور اعظم عمّ آکرم فلان نام منقّش و متّرسّم میباشد

*ber âïnèï zemîri munîri e'alahhezrèt*ɪ *qedèr qudrèt*ɪ *qezâ chôoukèt*ɪ *châhen-châhi kechvèr bèkhcʜɪ kechvèrguîri chèhriyâri me'adelèt gustèr*ɪ *me'azirèt pe-zîr*ɪ *imperâtoûri e'azèmi 'emmi ekrèm*ɪ *fulân nâm muneqqèch ou muteressèm mîbâchèd*

« Que (ce que j'écris) se reflète et se grave sur le miroir de l'esprit illuminé de la plus sublime majesté, puissant comme le destin, majestueux et irrésistible comme l'astrale, le roi des rois qui fait don des empires, qui conquiert les empires, souverain propageant la justice, pardonnant à ceux qui lui demandent grâce, empereur grand, mon oncle magnanime, etc. »

Le Châh, écrivant au ministre des affaires étrangères d'une cour impériale de la chrétienté, lui donne les qualifications suivantes :

جناب بجدت و نجدت نصاب فخامت و مناعت انتساب جلالت و نبالت اکتساب نظام آموز امور رواج افزای مهام جمهور وزیر بی نظیر مشیر صایب تدبیر فلان

*djenâbi medjdèt ou nedjdèt nisâb*ɪ *fekhâmèt ou menâ'èt intisâb*ɪ *djelâlèt ou ne-bâlèt iktisâb*ɪ *nizâm âmoûzi umoûr*ɪ *revâdj efzây mehâmi djemhoûr*ɪ *vezîri by nezîr*ɪ *muchîr*ɪ *saîb tedbîri fulân*

« Excellence, issu d'une origine illustre et glorieuse, apparenté avec la magnanimité et la puissance, instructeur et coordonateur des affaires d'état, infaillible garant du bon aloi des transactions internationales des peuples de l'univers, ministre sans pareil, conseiller avisé et intègre » (suivent le nom et le rang dont il jouit en Europe).

328. Il y a deux espèces d'izafets d'intitulation à distinguer, ceux dont l'omission ne peut pas avoir lieu sans nuire à la clarté du sens, et ceux qui ne sont ajoutés qu'euphoniquement, pour éviter le concours de plusieurs consonnes au commencement d'un mot. Nous avons indiqué ces derniers en caractères majuscules. On peut les prononcer comme nous l'avons fait, ce qui est la manière la plus usitée, les omettre, ou bien les remplacer par la conjonction و, à volonté.

329. Les izafets continus en question sont fort en usage dans les intitulations des chapitres et épisodes des ouvrages en prose ou en vers. Exemple :

ذكر بجملى بعضى وقايع حكومت معاويه وشرح فضايل صورى ومعنوى فضلاى معاصرين

zìkri medjmelíy be'azíy veqáye'aï hhukumèti muá'viyè ou chèrhhi fezáïli severỳ ou me'anevíy fuzeláy meá'sirín

« Mention succincte des événements du règne de Moavia, et description des vertus physiques et morales de ses contemporains les plus distingués. »

330. C'est dans cette espèce d'intitulations qu'on rencontre souvent les exemples de la double influence syntaxique de l'infinitif persan. Ce mot, tout seul et dans un même temps, peut s'adjoindre l'izafet, les prépositions et les terminaisons propres à sa nature substantive et il peut aussi avoir ses régimes directs et indirects propres à sa nature verbale. Exemples :

فرستادن زليخا دايه را به نزديك يوسف *firistádèni zuleykhá dáyèrá be nezdíki yousùf* « Zuléïkha (femme de Putiphar) envoie sa nourrice auprès de Joseph » ; رسيدن شب وعرضه كردن كنيزكان جمال خويشرا به يوسف تا كه دام از ايشان رغبت نمايد *resídèni cheb ou 'erzè kerdèni kenízegán djemáli khíchrá be yousùf tá be kudám ez ychán rughbèt numáyèd* « La nuit arrive ; les servantes font étaler leurs charmes devant Joseph, afin (de savoir) laquelle d'entre elles deviendrait l'objet de son choix » ; شب رسيدن عزيز مصر به يوسف عليه السلام وبيرون آوردن وبنهان داشتن آنچه در ميان وى وزليخا كذشته بود *cheb resídèni 'ezízi misr be yousùfi 'alèïhi es-selám ou bíroún ávurdèn ou penhán dáchtèni ántchi der miyáni vey ou zuleykhá guzechtè boúd* « Pendant la nuit, (Putiphar), gouverneur d'Égypte, vient chez Joseph, qui lui avoue et lui cache ce qui s'était passé entre lui et Zuléïkha » ; رفتن مجنون به حج پياده بعد از اجازت خواستن از ليلى *reftèni medjnoún be hhedjdj piyádè be'ad ez idjázèt khástèn ez leylỳ* « Medjnoun fait à pied un pèlerinage, après en avoir demandé la permission à Leila », etc.

II. DATIF.

331. L'emploi des deux formes du datif (117) de la déclinaison persane n'est pas identique. Voyons ce qu'elles ont de différent et de commun entre elles.

ET DES CAS OBLIQUES.   163

a. Datif avec la terminaison را.

332. Le datif را est obligatoire pour les régimes indirects du verbe بودن, lorsque celui-ci signifie « posséder, avoir ». Exemple :

طبیب بر سر بالینی ما چه ی آی — بغیر مرک دوا نیست دردِ خاقانرا
tebîb ber sèri bâlîni mâ tchi my ây — beghèyri merg devâ nîst dèrdi khâqânrâ
« Médecin, pourquoi viens-tu à mon chevet ? Excepté la mort, il n'y a pas de remède à la douleur de Khakan ». (*Poésies du roi Feth Ali Châh.*)

مال وگنجرا مار و رنج است *mâl ou guèndjrâ mâr ou rendj est* « la richesse a son souci, et le trésor a son serpent » ; مارا هرگز چنین گمانی نبوده *mârâ herguiz tchenîn gumâny neboûdè* « nous n'avions jamais un pareil soupçon », etc.

Dans aucune de ces locutions, le datif به ne peut remplacer را, mais on peut lui substituer un pronom conjonctif. Ex. :

خاطرم نیست *khâtìrem nîst* ou هیچ یادم نیست *hîtch yâdem nîst* « je ne me le rappelle pas, je n'en ai aucune souvenance » ; یادت باشد *yâdet bâchèd* « rappelle-toi-le, souviens-t'en » ; هیچ یادتان است *hîtch yâditân est* « vous en souvenez-vous ? » خوابش میاید *khâbech mîâyèd* « il veut dormir » etc.

333. Le régime indirect des verbes impersonnels (99) se met toujours au datif را.

b. Datif avec la préposition به.

334. On ne peut pas substituer le datif را au datif به, toutes les fois que le régime indirect marque un rapport de localité. Ex. :

بمقصود رسیدیم *bemeqsoûd resîdîm* « nous arrivâmes à notre but » ; با برکاب گذاشت *pâ berikâb guzâcht* « il mit le pied à l'étrier » ; بخانه آمد *bekhânè âmed* « il est venu à la maison » ; بدلِ عمر بزن *bedìli 'omèr bezèn* « frappe Omar au cœur » ; دستش بقبضهٔ شمشیر است *dèstech beqèbzèî chemchîr est* « sa main est sur (à) la garde de son épée », etc.

Dans aucun de ces exemples, به ne saurait être remplacé par را, parce que le datif est ici en quelque sorte synonyme du locatif. Pour la plupart du temps, به ne marque que le mouvement d'un endroit à un autre. Exemples :

طفلی به خدا سپردیم *bekhudâ supùrdîm* « nous avons confié à Dieu » ;

11.

مكتبخانه فرستاد tifly be mektebkhânè firistâd « il envoya un enfant à l'école »; صد اشرفی باو باخت sèd echrefy beoù bâkht « il perdit cent ducats en jouant avec lui », etc.

335. Le régime indirect des verbes گفتن gòften « dire », et دادن dâden « donner », peut être mis à un des deux datifs indifféremment. Exemples :

چیزی بایشان beychân ou ایشانرا گفتم ychânrá gòftem « je leur ai dit »; چیزی باو tchízy beoû ou چیزی اورا دادم tchízy ourá dâdem « je lui ai donné quelque chose », etc.

336. Puisqu'il est question du datif بـ, remarquons que la préposition بـ a plusieurs significations en dehors de ce cas :

a. Nous l'avons déjà vue précéder les verbes (59 et 67) et faisant les fonctions de la conjonction با bâ « avec » (295);

b. Elle s'emploie dans le sens de « par, pour, dans, en, selon, au gré de ». Exemples :

تازه بتازه نو بنو tâzè betâzè nôou benôou « en renouvelant » (litt. « de frais en frais, de neuf en neuf »); مو به مو moû be moû « à un cheveu près » (litt. « cheveu par cheveu »); لفظ بلفظ lefz belefz « mot par mot »; بکرّات وبمرّات bekerrât ou bemerrât « à plusieurs reprises, maintes fois »; بخاطر لکلک بهوا بدام نمی افتد bekhâtiri khudâ « pour l'amour de Dieu »; leklèk behevâ bedâm nemy uftèd « la cigogne en l'air ne tombe pas dans le piége »; باقی ایّام بعزّ وکام باد bâqíy eyyâm be'izz ou kâm bâd « que le restant de (vos) jours se passe en honneur et au gré de votre bon plaisir », etc.

c. Les prépositions بـ be « pour, à, au » et در der « dans » se suppriment devant les noms de lieu et les noms de temps, surtout en style familier. Exemples :

جای مرو خانه بنشین (be) djáy meroôu (der) khânè benichín « ne va nulle part, reste (dans) la maison »; طهران آمدم (be) teherân âmèdem « je suis venu (à) Téhéran »; برو منزلش احوال بگیر berôou (der) menzilech ehhvâl beguîr « va (dans) sa maison pour demander des nouvelles »; حجره نیست صحرا میگردد (der) hhudjrè níst (der) sehhrá míguerdèd « il n'est pas (dans) la boutique, il rôde (dans) les champs »; عصری لب رودخانه (der) 'esry (be) lèby roûdkhânèï resídím « (à) la tombée de la nuit, nous arrivâmes (sur) le rivage d'un fleuve »; روزها میخوابد شبها مهمانی

میرود (der) roûzhá mîkhâbèd (der) chebhâ (be) mehmâný mîrevèd « (dans) la journée, il dort; (dans) la nuit, il va (pour) faire des visites; چه وقت (der) tchi vèqt ou bien چه ساعت باید شکار برویم (der) tchi sâ'et bâyèd (be) chikâr berevîm « (en) quel temps » ou bien « (à) quelle heure faut-il que nous allions à la chasse ? »

III. ACCUSATIF.

Où faut-il conserver ou supprimer la terminaison du régime direct, را rà? Tel est le problème que se sont souvent proposé les orientalistes, sans pouvoir trouver une solution satisfaisante. Les Persans n'ont pas besoin de règles là-dessus. Ils portent en eux-mêmes le sentiment, infaillible *criterium*, de ce qui est conforme ou contraire au génie de leur langue. Un étranger peut aussi acquérir à un certain degré ce sens exquis à force d'attention et d'usage. Nous croyons même possible de poser quelques règles générales pouvant servir d'introduction à cette sorte d'étude.

337. Le signe را de l'accusatif se supprime *toujours* après un nom qui entre dans la formation des verbes composés (98), qui abondent en persan.

338. Il se supprime *pour la plupart du temps* :

a. Après un nom précédé de numératifs cardinaux (209);

b. Après les noms d'un sens vague et indéterminé (119);

c. Après les noms pourvus de l'article d'unité;

d. Après les noms de lieu et les noms de temps.

339. Il faut conserver le signe را du régime direct *toutes les fois* que la suppression donnerait lieu à un double sens, ou qu'elle se ferait au détriment de la précision voulue.

340. On conserve را *ordinairement* :

a. Après des régimes directs précédés d'un pronom démonstratif (250);

b. Après les noms suivis d'un pronom conjonctif (226);

c. Après le régime direct d'un impératif ou des verbes causatifs (96).

d. Après les numératifs cardinaux, la terminaison ﺭﺍ du régime direct auquel ils se trouvent soumis par un verbe, n'est obligatoire que lorsqu'ils s'emploient isolément, c'est-à-dire en qualité de substantifs. Ceci est une exception à la règle générale (203 et 209) et arrive surtout dans le langage de l'arithmétique, dont je vais donner ici quelques échantillons d'autant plus volontiers qu'on en trouve peu dans les dictionnaires. Exemple :

در علم هندسه بجهت جمع وتفریق وضرب وتقسیم ومساوات نشانها قرار داده اند سه جمع چهاررا این طور مینویسند ۴+۳ پنج تفریق سه را این طور ۳—۵ سه ضرب چهاررا این طور ۴×۳ وچهار تقسیم هشت را این طور ۸÷۴ واین نشان = دلالت بر مساوات دارد........باید دورا با سه جمع نمود وچهاررا از آن تفریق کرد وباقی را بدو ضرب نموده جمله را بسه تقسیم کنید........ امّا آنچه کسور است دو خمس چهار تسع را چنین می نویسند ۲/۵ مِن ۴/۹ وهفت ثمن ودو سدس را چنین ۷/۸ و ۲/۶

der 'ilmi hindusè bedjehèti djem'a ou tefríq ou zerb ou teqsím ou musâvât nichânhâ qerâr dâdè end se djem'aï tchehâr râ yn tôour mínuvîsènd pendj tefríqi se râ yn tôour se zèrbi tchehâr râ yn tôour ou tchehâr teqsími hecht râ yn tôour ou yn nichân delâlèt ber musâvât dârèd..... bâyèd doûrâ bâ se djem'a numoûd ou tchehâr râ ez ân tefríq kerd ou bâqỳ râ bedoû zerb numoûdè hhâsíli djumlè râ besè teqsím kuníd....... ve ântchi kusoûr est doû khùmsi tchehâr tus'à râ tchenín my nuvîsènd ou heft sumn ou dou sudsrâ tchenín

« Dans la science de l'arithmétique on est convenu de se servir de signes figuratifs de l'addition, de la soustraction, de la multiplication, de la division et de l'équation ; *trois plus quatre* s'écrit ainsi : $3 + 4$; *cinq moins trois*, ainsi : $5 - 3$; *trois fois quatre*, ainsi : 3×4 ; *quatre dans huit*, ainsi : $4 \div 8$; quant au signe $=$, il désigne l'équation. ».... « Il faut additionner 2 et 3 et en soustraire 4. Après avoir multiplié le restant par 2, divisez le résultat obtenu par 3[1]. ».......« Quant aux fractions, on écrit *deux cinquièmes de* (مِن *min* arabe pour اَز *persan*) *quatre neuvièmes*, ainsi : $\frac{2}{5}$ de $\frac{4}{9}$, *sept huitièmes et deux sixièmes*, ainsi : $\frac{7}{8}$ et $\frac{2}{6}$. »

---

[1] Extrait du كتاب حساب *kitâbi hhesâb* « livre de mathématiques », par Mirza Djéafer, ingénieur en chef (مهندس باشی *muhendìs bâchy*), ouvrage lithographié par l'ordre du Châh à Teheran, en 1262 (1844 de J. C.), in-8° de 341 pages.

IV. ABLATIF.

341. L'ablatif (121) conserve toujours از *ez*, sa préposition caractéristique. Exemples :

گر بنالد زتگ چاه یکی مور ضعیف
تو از اسرار دلش موی بموی آگاهی
بی رضای تو یکی برگ نیفتد زدرخت
که تواند ملک تو کند گمراهی

guer benâlèd zi tègui tchâh yèky moûry ze'âif — tou ez esrâri dìlech moûy bemoûy âgâhy — by rizây tou yèky berg neiuftéd zi dirèkht — ki tuvânèd bemùlki tou kunèd gumrâhy

« Si quelque pauvre fourmi se plaint du fond d'un puits, tu (Dieu) connais tous les secrets de son cœur, tous (litt. à un cheveu près). Sans ton consentement, il ne tombe pas de l'arbre une seule feuille qui pourrait, en s'égarant, porter du trouble dans ton royaume. » (Le dernier hémistiche peut se traduire aussi : « Quel être sous ton empire peut se dévoyer ? »)

هرچه از دونان به منّت خواستی در تن افزودی از جان کاستی

her tchi ez dôounân be minnèt khâsty — der ten efzoûdy ez djân kâsty

« Chaque obligation que tu auras demandée aux gens bas et ignobles, ajoute au poids de ton corps et ôte de la force à ton âme (litt. dans le corps tu augmentas, de l'âme tu ôtas). »

342. Quelquefois از de l'ablatif doit se traduire par « au travers, par, à l'endroit de ». Exemples :

از رودخانه ردّ شدیم *ez roûdkhânè redd chùdîm* « nous passâmes (à gué) la rivière » ; سرشرا از کاکل گرفته با خنجر بریدند *sèrechrâ ez kâkul guirìftè bâ khendjèr burîdend* « l'ayant saisi par le toupet, on lui trancha la tête avec un poignard » ; از طفیل او *ez tufèyli ou* ou bien بطفیل او *betufèyli ou* « par ses bons soins, grâce à sa protection, sous ses auspices ».

343. La préposition از donne lieu à quelques locutions élégantes qu'il est utile de retenir. Exemples :

از این سرا رخت برد *ez yn serâ rekht burd* ou برست *berbèst* « il emporta de cette maison (ce monde) ses vêtements (son enveloppe) », ou bien « il plia ses bagages » (pour « il mourut ») ; دست از جان شستی *dest ez djân chùsten* « renoncer à la vie (litt. de son âme se laver les mains) »; از تقصیر گذشتی *ez teqsîr guzèchten* « passer par-dessus une faute, la pardonner ».

خواهی که سخت و سست جهان بر تو بگذرد
بگذر از عهد سست و سخنهای سخت خویش

khâhy ki sekht ou sùsti djehân ber tou beguzerèd — beguzèr ez 'ehdy sust ou sukhenhây sèkhti khîch

« Veux-tu être à l'abri des faiblesses et des duretés du monde ? Renonce toi-même à ta faiblesse dans le maintien de la foi jurée et à la dureté dans tes propos. » (Hafiz.)

CHAPITRE II.

DES TEMPS DU VERBE.

Ceux d'entre les temps du paradigme persan qui ne se trouveront pas détaillés dans la nomenclature ci-dessous, auront été déjà suffisamment expliqués, ou bien n'ont rien de remarquable dans leur emploi.

§ 1. INFINITIF APOCOPÉ.

344. L'infinitif plein que les auteurs anciens emploient pour la formation du futur (51) est aujourd'hui toujours remplacé par l'infinitif apocopé.

345. L'infinitif apocopé se met ordinairement après les impersonnels (58, 2°). Exemples :

هیچ گنجی بی رنج نتوان یافت و هیچ گلی بی آزار خار نتوان چید

hîch guèndjy by rendj netuvân yâft ou hîch gùly by âzâri khâr ne tuvân tchîd

« On ne saurait trouver aucun trésor sans peine, ni cueillir aucune rose sans essuyer la piqûre de l'épine. » (*Envâri Sohéïly.*)

346. Dans la langue moderne, après les trois verbes impersonnels (99), l'infinitif apocopé est préférable à l'infinitif plein.

Ce n'est que dans un style prétentieux et qui vise à l'imitation des anciens que l'on fait encore usage des expressions suivantes : مرا در وی سخن گفتنی نشاید *merá der vey sukhèn gòften necháyèd* « il ne me convient pas de parler de lui »; چه خواهی خریدن *tchi kháhỳ kherîden* « que veux-tu acheter? » بفرمود کردن در آنجا نگار *befermoúd kèrden der ándjá nigár* « il ordonna d'y faire des peintures », etc. (Extraits du *Gulistan* cités par M. Vullers, *Inst.* II, p. 85.)

§ 2. PARTICIPE PRÉSENT.

347. Tous les participes présents (55, 57) en نده *endè* et آ *á* ne sont guère que des adjectifs verbaux, qui s'emploient aussi en guise de substantifs, et se déclinent comme tels, avec cette différence que le participe en نده peut se mettre au pluriel, et que les participes en آ ne s'emploient qu'au singulier.

§ 3. PARTICIPE PASSÉ.

348. Les Turcs Osmanlis ont un participe passé en وب *ub*, qui correspond à celui des Persans en ده *dè* ou ته *tè*. On connaît l'usage immodéré qu'en font les chroniques turques, où l'on rencontre des périodes d'une longueur excessive, dont les membres sont unis les uns aux autres moyennant ces participes, qui occupent quelquefois des pages entières, et fatiguent les yeux et l'attention du lecteur. La bureaucratie de Perse, ayant malheureusement suivi ce mauvais exemple, se plaît aussi à charger de participes passés le style des firmans et autres pièces officielles (voyez *Appendice*, transcription du n° I, l. 10-21), ce dont on trouve peu d'exemples dans les bons prosateurs de Perse. Cependant l'usage du participe passé est fort varié et permis lorsqu'il s'agit de l'emploi des temps composés dont le participe passé fait partie intégrante, comme on va le voir tout à l'heure.

349. Le participe passé remplace le prétérit composé de l'indicatif. Exemple :

فرّاش باد صبا راگفته تا فرش زمرّدی بگسترانند و دایهٔ ابر بهار را فرموده تا بنات نبات را در مهد زمین به پروراند درختان را بخلعت نوروزی

قبای سبز ورق در بر کرده و اطفال شاخرا بقدوم موسم ربیع کلاه شکوفه
بر سر نهاده و عصارهٔ نای بقدرت کاملهٔ او شهد فایق شده و تخم
خرما به یمن تربیتش نخل باسق گشته

ferráchi bádi sebárá gòftè (est) tá ferchi zumurrudy begusterânèd ou dâyèï èbri behárrá fermoûdè (est) tá benáti nebâtrâ dèr mehèdi zemín be perverânèd direkhtânrá bekhel'áti noûroûzy qebáy sèbzi verèq der ber kerdè (est) ou etfâli chákhrá bequdoûmi môousìmi rebi'à kuláhi chukoufè ber ser nehâdè (est) ou 'esârèï náy[1] *bequdrèti kâmilèï ou chèhdi fâïq chudè (est) ou tùkhmi khurmá be yùmni terbyètech nèkhli básiq guechtè (est)*

« (Dieu a) dit au maître tapissier du vent d'est de déployer ses tapis d'émeraude. Il (a) ordonné à la nourrice du nuage printanier d'élever (allaiter) les jeunes filles des végétaux dans leur berceau de terre. Ayant revêtu les poitrines des arbres de manteaux en feuillage verdoyant, comme d'autant de robes d'honneur (dont un souverain gratifie ses sujets au jour) de l'équinoxe vernal, il (a) mis des couronnes en boutons de fleurs sur la tête des petits des rameaux, et il les (a) coiffés pour l'arrivée du mois de mai. Par un effet de son omnipotence parfaite, le jus d'un roseau (est) devenu du miel le plus pur, et le noyau d'une datte, grâce à sa sollicitude providentielle, s'est transformé en un palmier élancé. » (*Gulistan.*)

350. Ailleurs, après le participe passé, sont omis باشم, باشی, etc., c'est-à-dire qu'il s'emploie en guise de prétérit composé subjonctif et de conditionnel composé. Exemple :

بدین خوبی که آفتاب است هرگز نشنیدم که کسی اورا دوست
گرفته و عشق آورده

bedín khoâby ki âfitâbest herguìz nechinídem ki kèsy ourá doûst guiriftè (bâchèd) ou 'achq âvurdè (bâchèd)

« Malgré cette beauté que le soleil possède, je n'ai jamais ouï dire que quelqu'un (l'eût) choisi pour ami, ou s'en (fût) épris d'amour. » (*Gulistan.*)

351. Enfin, le participe passé peut représenter à lui seul le plus-que-parfait. Exemple :

[1] Au lieu de نای, mon manuscrit a تاکی, leçon que les littérateurs persans croient préférable. تاک *ták* veut dire « branche », et تاکی *táky*, « cep de vigne ». Il ne s'agit pas ici du vin, mais de شیره *chírè* « pâte sucrée, que l'on obtient en faisant bouillir le raisin ». Les Persans s'en servent beaucoup, et la préfèrent au sucre; elle est blanchâtre, et en tout semblable au *chèhdi fâïq*, auquel Séady la compare.

دیدمش دامنی گل وسنبل وریحان وضمیران بهم آورده قصد شهر کرده

dîdemech dámèni gul ou sumbùl ou reyhhán ou zemîrán behèm ávurdè (boûd) qèsdi chèhr kerdè (boûd)

« Je vis qu'il (avait) déjà rempli le pan de son vêtement avec des roses, des jacinthes et des basilics, et (s'était) dirigé vers la ville. » (*Gulistan.*)

352. Partout ailleurs le participe passé, pris isolément, doit se rendre par « ayant fait » ou « après avoir accompli » (telle ou telle action désignée par le verbe dont ce participe dérive).

§ 4. AORISTE.

353. Il y a deux aoristes, indicatif et subjonctif, et tous les deux peuvent désigner l'action, soit présente, soit future, soit conditionnelle. L'usage en est si fréquent et l'application si indispensable qu'aux exemples poétiques déjà donnés (65) nous croyons nécessaire d'en ajouter de nouveaux en prose.

354. L'aoriste est employé comme présent de l'indicatif. Ex. :

در هر دلی که آفتاب محبّت پرتو اندازد جهان جان را نوری بخشد
وعالم روان را از ظلمت بشری می پردازد

der her dily ki áfitábi muhhibbèt pertôou endázèd djeháni dján rá noûry bekhchèd ou 'álèmi reványrá ez zulmèti becherỳ my perdázèd

« Dans chaque cœur où le soleil de charité jette un de ses rayons, ils y répandent du jour sur le monde spirituel, et le vident des ténèbres des erreurs humaines. » (تاریخ اکبر شاه)

355. L'aoriste est employé comme futur. Exemple :

گفت که در عراق عرب وخطّ بغداد چندین هزار از ترک قپچاق سکنی دارند که رسوم وعادت قپچاقیان را نیکو میدانند چون یورش قپچاق خسرو آفاق را تصمیم خاطر است اگر رخصت فرمائید بروم وایشان را مجتمع ساخته بدربار سپهرمدار آورم تا در حین نهضت هایون لشکر میمون را قراول وپیش رو باشند

goft ki der 'arèb ou khètti beghdád tchendìn hezár ez tárki qiptcháqỳ suknà dárènd ki rusoûm ou 'ádèti qiptcháqiyánrá nîkoû mídánènd tchoûn yourìchi (یورش, en turc oriental, « attaque, assaut ») *qiptcháq khosroóou áfáqrá tesmìmi khátìr est eguèr rukhsèt fermáyíd berevèm ou ychánrá mudjteme'á sákhtè bederubári sipehrmedár áverèm tá der hhíni nuhzèti humáyoún lechkèri meymoúnrá qerâoúl* (turc oriental, « sentinelle, guet ») *ou píchroú báchènd*

« Il dit : Dans l'Irak d'Arabie et dans la circonscription de Bagdad, habitent plusieurs milliers de Turks, natifs des déserts du Kaptchak. Ils connaissent bien les mœurs et les habitudes des gens du Kaptchak. Or comme le souverain du monde (230) se propose d'attaquer la contrée de Kaptchak, si vous daignez bien me favoriser d'une permission, je m'y rendrai, et, après les avoir réunis, je les amènerai à votre cour céleste, afin que, pendant toute la durée de l'expédition de V. M., ils servent de patrouille à votre armée victorieuse et en forment l'avant-garde. » (زینت التواریخ)

356. L'aoriste est employé comme conditionnel. Exemple :

گفته بود که از آن روزی که از دار السلطنت بیرون رود تا روزی که باز آید در هر شهر و ولایت آنچه بیند بطریق روزنامچه ثبت نماید

goftè boúd ki ez án roúzi ki ez dár ussultenèt bíroún revèd tá roúzy ki báz áyèd der her chèhr ou velayèt ántchi bínèd beterîqi roúznámtchè sebt numáyèd

« Il lui avait dit qu'à partir du jour où il quitterait Hérat, capitale du royaume, jusqu'au moment de son retour, il écrirait, en forme de journal, tout ce qu'il aurait vu dans chaque ville et chaque province. » (M. Quatremère, *Notice sur le* مطلع السعدین).

§ 5. PRÉSENT.

357. La particule prépositive می placée devant l'aoriste avertit que ce temps est employé au présent ; c'est la seule différence qui existe entre le présent proprement dit et l'aoriste.

358. Cependant il arrive quelquefois de voir le présent faisant fonction de futur. Exemples :

فردا مهمان شما میباشیم و کاهو می خوریم *ferdá mehmáni chumá míbáchím ou káhoú my khoúrîm* « demain nous serons vos convives, et nous y mangerons de la salade de laitue (*káhoú*) » ; بگو می آی یا نمی آی *begoú my áy ya ne my áy* « dis-donc, viendras-tu, ou ne viendras-tu pas ? » etc.

§ 6. IMPARFAIT.

359. L'imparfait des Persans, de même que le nôtre, exprime l'action comme passée et à la fois comme s'étant faite simultanément avec une autre. Exemple :

در صحن این فضا چند هزار جانور پرنده مثل قمری و کبوتر و زاغ
میوه‌ها و ریزه‌ها که افتاده بود میچیدند و از آدمی نمی رمیدند و ایشانرا
کسی مزاحم نمی شد

der sèhhni yn fezá tchend hezár djânevèri perendè mìsli qumrỳ ou keboûtèr ou zágh mìvehá ou rízehá ki uftâdè boûd mìtchîdend ou ez âdèmy nemỳ remîdend ou ychânrâ kèsy muzâhhim nemỳ chùd

« Sur l'esplanade de cette cour, quelque milliers d'oiseaux, tels que tourterelles, pigeons et corneilles, ramassaient les fruits et les miettes qu'on avait laissées tomber. Ils ne s'effarouchaient pas de la vue des hommes, et personne ne songeait à les incommoder. »

360. La particule می, caractéristique de l'imparfait, peut être supprimée, et alors, pour le distinguer du prétérit, on se sert de la variante propre au conditionnel et à l'imparfait, que nous connaissons déjà (51). Exemple :

شیخ بارها بترک سماع فرمودی و موعظهای بلیغ گفتی و در سمع قبول من نیامده بود

chéîkh bárhá betèrki semá'à fermoûdy ou môou'azeháy belîgh gòfty ou der sem'aï qeboûli men neyâmedè boûd

« Maintes fois le chéîkh m'ordonnait de ne pas écouter (les chansons), et il prêchait des sermons éloquents là-dessus ; mais il avait prêché à un sourd (litt. cela n'avait pas d'entrée dans mon oreille de consentement). » (Séady.)

361. A la place de la particule می de l'imparfait, on substitue quelquefois la particule به. Exemple :

وقتها زمزمه بکردندی و بیت محققانه بخواندندی

veqthá zemzemè bekerdèndy (51) *ou bèyti muhheqqéqánè bekhándèndy*

« De temps à autre ils récitaient des prières à voix basse, ou bien ils chantaient des poésies mystiques. » (Séady.)

§ 7. PRÉTÉRIT.

362. Ce temps, dont les Persans se servent bien plus souvent que les Français ne le font de leur prétérit, désigne une action qui s'est accomplie dans un temps donné et sans avoir égard aux circonstances qui l'auraient précédée ou suivie. Il

faudrait l'appeler *temps de narration*, car il est d'un usage fort général dans les récits d'un événement passé. Exemple :

چون هولاکو خان را تخت سلطنت بر تختۀ تابوت تبدیل شد واز خیمۀ شهریاری به دخمۀ خاکساری تحویل نمود ارکان واعیان حضرت به آیین مغول روان اورا آش دادند ودر تفویض کار خانیّت کنکاش کردند رأی ایشان بدین قرار گرفت که خاتم جهانداری بانگشت آباقا که پسر مهتر واز سایرین برادران بهتر بود نمایند

tchoún holákou khán rá tèkhti sulteuèt ber tekhtèï taboút tebdíl chud ou ez kheymèï chehriyáry̆ be dekhmèï kháksáry̆ tehhvíl numoád erkán ou e'ayáni hhezrèt be áïyni moghoùl reváni ourá ách (آش *littér.* « potage. ») *dádend ou der tefvízi khányyèt kenkách* (mot mongol) *kèrdend rày ychán bedín qerár guirìft ki khàtèmi djehándáry beenguchtèi ábáqá ki pusèri mehtèr ou ez sairíni beváderán behtèr boúd numáyènd*

« Lorsque Holakou khan eut échangé le trône d'un sultanat contre la planche d'un cercueil (c'est-à-dire après sa mort), et qu'il eut déménagé de la tente de la souveraineté dans un caveau de cendres, les principaux (litt. les colonnes) et les ministres de Sa Majesté, selon la coutume mongole, donnèrent à (en l'honneur de) son âme un festin (funéraire). Ils se réunirent en assemblée pour délibérer à qui revenait de droit la dignité de khan. La résolution qu'ils y prirent fut celle de faire passer l'anneau de l'empire du monde au doigt d'Abaka, qui était le fils aîné du défunt, et surpassait en mérite ses autres frères. » (زینت التواریخ).

363. Le 3° pers. sing. du prétérit du verbe گرفتن *guirìften* « prendre », se construit avec un infinitif plein dans le sens de « il se mit à, il commença ». Exemples :

گریستن گرفت *guirísten guirift* « il se mit à pleurer »; برف وتگرگ باریدن گرفت *berf ou teguèrg báríden guirift* « il commença à tomber de la neige et de la grêle », etc. — La Fontaine a dit : « Le roi se prit à rire ».

§ 8. PLUS-QUE-PARFAIT.

364. Ce temps, chez les Persans comme ailleurs, marque une action antérieure à une autre déjà passée elle-même. Ex. :

روزی سیّوم که وعده بر آن قرار یافته بود ملک بوزینگان با لشکر خود بشهر آمد *roúzi seyyoúm ki ve'adè ber án qerár yáftè boúd meliki bou-*

zínegán bá lechkèri khoád bechèhr ámèd (انوار سهیلی) « Le surlendemain, d'après la promesse qui avait été faite, le roi des singes vint dans la ville avec son armée »; یاد دارم که شبی در کاروان همه شب رفته بودیم *yád dárèm ki chebỳ der káreyán hemè cheb reftè boúdím* « je me rappelle qu'une nuit, moi et la caravane nous avions voyagé depuis le soir jusqu'au matin (toute la nuit). » (*Gulistán*.)

§ 9. FUTUR.

365. Nous avons dit (50, note) que le futur, que l'on forme de l'aoriste du verbe خواستن et de l'infinitif du verbe en conjugaison, peut se paraphraser en mettant ce premier verbe au présent de l'indicatif et le second au présent du subjonctif. Ex. :

خواهم رفت *kháhèm reft* ou میخواهم بروم *míkháhèm berevèm* « je partirai »; خواهی دید *kháhỳ díd* ou میخواهی ببینی *míkháhỳ bebínỳ* « tu veux voir »; خواهد گریخت *kháhèd gurìkht* ou میخواهد بگریزد *míkháhèd begurízèd* « il fuira »; خواهیم ستاند *kháhím sitánd* ou میخواهیم بستانیم *míkháhím besitáním* « nous prendrons », etc.

366. Cependant les locutions auxquelles donnent lieu ces deux formes ne sont pas tout à fait synonymes. La première est une espèce de futur énergique qui correspond au futur des Anglais *I will*, etc. « je partirai sans faute, tu verras certainement », etc.; tandis que l'action désignée par میخواهم بروم *míkháhèm berevèm* « je veux partir, mais j'ignore si je le ferai », میخواهم ببینم *míkháhèm bebínèm* « je verrai si je le puis », etc., jette quelque chose d'incertain et de vague sur la volonté de l'interlocuteur, et correspond au futur des Anglais *I shall*, etc. La même différence a lieu entre le futur proprement dit et le futur aoriste. Ex. :

اگر این سخن راست بیرون آید نه همین خیانت باشد و بس بلکه دلیل کفرنعمتی و حقّ ناشناسی خواهد بود

eguèr yn sukhèn rást bíroún áyed ne hemín kheyánèt báchèd ou bes belkè delíli káfirne'ametỳ on hhaqq náchinásỳ kháhèd boúd (انوار سهیلی)

« Si ces paroles se vérifient (*if it shall*, etc.), elles serviront, non-seulement comme une preuve de trahison, mais aussi elles témoigneront (*it will*, etc.) d'une ingratitude et d'une perversité atroces. »

CHAPITRE III.

DES PROPOSITIONS.

367. Quoiqu'il ne puisse pas y avoir de proposition qui ne contienne un sujet, un attribut et l'expression de l'existence actuelle du sujet avec la relation à l'attribut [1], cependant, le génie de la langue persane, qui se plaît à simplifier et à abréger autant que possible les éléments de la parole, nous dispense de l'obligation d'exprimer chacune de ces trois parties d'une sentence par un mot particulier.

368. Le sujet étant un pronom, n'est exprimé que par l'inflexion que l'on donne au verbe. Ainsi, en disant پادشاهم *pâdichâhem*, سردارى *sèrdâry*, فقيرند *feqîrend*, le verbe normal, devenu partie intégrante du sujet, ne fait avec lui qu'un seul mot persan, qui en latin se rend par deux et en français par trois mots, « *rex sum*, je suis roi », « *dux es*, tu es chef », « *pauperes sunt*, ils sont pauvres », et ainsi de suite pour tous les verbes persans.

369. Les verbes persans se conjuguent sans l'intervention des pronoms personnels, excepté dans quelques locutions emphatiques où il s'agit de fixer une attention particulière sur le sujet. Exemples :

(پاى تعظيم) ما مخلوقيم او خداى است *mâ mekhloûqím ou khudâïst* « nous ne sommes que des créatures, lui est un Dieu grand et puissant »; تو خيانت كردى من دليل دارم *toû kheyânèt kèrdy men delîl dârèm* « tu as commis une trahison, toi; j'en ai la preuve, moi », etc.

370. Si dans la forme accidentelle de l'attribut, ou dans la manière dont l'attribut est coordonné par rapport au sujet, il y a un signe suffisant de cette existence et de cette relation, en persan, de même qu'en latin, on peut supprimer le verbe et n'exprimer que le sujet et l'attribut. Exemples :

تو آزاد من بنده *toû âzâd men bendè* « tu liber, ego servus ».

---

[1] De Sacy, *Gramm. arabe*, t. II, p. 2 et suiv.

371. La suppression du verbe substantif, assez fréquente chez les Persans, est désignée :

a. Soit par le sens même de la proposition. Exemples :

حوريان قدح بدست ذكريشان لا اله الّا هو *hhoûriyân qedèh bedèst zikrichân lâ ilèha illà hoû* « Les houris, une coupe à la main, (chantent) leur refrain : Il n'y a pas de Dieu autre que lui. »

از همه کس بی نیاز و بر همه مشفق
از همه عالم نهان و بر همه پیدا

ez hemè kes by niyâz ou ber hemè muchfiq (est) — *ez hemè âlèm nehân ou ber hemè peydâ (est)*

« (Dieu) n'a besoin de personne et (il est) miséricordieux envers tous. Caché à tout le monde, (il est) trouvable dans tout et pour tous. »

b. Soit moyennant le parallélisme, c'est-à-dire que le verbe substantif est suprimé à l'endroit même où deux ou plusieurs membres d'une proposition riment l'un avec l'autre. Exemples :

نه هر چه بقامت مهتر بقيمت بهتر *ne her tchi beqâmèt mehtèr (est) beqeymèt behtèr (est)* « On ne juge pas du mérite par la taille »; خزينه بيت مال مساكين نه طعمهٔ اخوان شياطين *khezînè bèyti mâli mesâkîn (est) ne te'amèï ekhvâni cheyâtîn (est)* « Le trésor public est la maison servant de dépôt à la richesse des pauvres, mais non pas la curée pour les frères des diables (pour les intrigants) ».

372. Dans tous les verbes persans autres que les verbes abstraits, un seul mot exprime l'attribut et l'existence intellectuelle du sujet avec sa relation à cet attribut. Exemples :

ميخورم *mîkhoûrèm* « (je) mange »; ميلنگم *mîlenguèm* « (je) boite »; ميخندم *mîkhendèm* « (je) ris », etc.

DE L'ORDRE DES MEMBRES D'UNE PROPOSITION.

373. En persan, dans une proposition régulière, le sujet doit occuper la première place, l'attribut la deuxième, et le verbe la dernière. Exemple :

حقّ تعالى بر غريبان رحم كرد *hhaqqi te'âlà ber gherîbân rehhm kerd* « Le Dieu très-haut a montré sa miséricorde envers les étrangers. »

374. Les propositions incidentes se mettent ordinairement entre le sujet et le régime indirect. Exemples :

سلطان از بیم جان جواهر چند بباغبان داد *sultân ez bîmi djân djevâhìri tchend bebâghbân dâd* « Le sultan, craignant pour sa vie, donna quelques bijoux au jardinier »; بایدو خان بعد از قتل عموزاده بر سریر سروری متمکن شد ومنصب وزارت را بخواجه جمال الدین مفوّض داشت *baïdoû khân be'ad ez qètli 'emoûzâdè ber serîri serverỳ mutemekkìn chud ou mensèbi vezârètrâ bekhâdjè djemâl eddîn mufevvèz dâcht* « Baïdou khan, après le meurtre du fils de son oncle, s'assit sur le trône de la souveraineté, et conféra le rang de grand vizir au seigneur Djemal Eddin ».

375. Si les propositions incidentes contiennent un verbe, il se met avant celui de la proposition générale. Exemple :
امیر این قطعه را که زاده طبع همایونش بود در نامهٔ خویش مندرج و ارسال دربار خسروی نمود
emír yn qet'uèrà ki zâdèï teb'aï humâyoûnech boûd der nâmèï khîch munderidj on irsâli derubâri khosrevỳ numoûd

« L'émir inséra dans sa lettre ce couplet de vers qui venaient de naître de son auguste génie, et les envoya à la cour du souverain. »

376. Le verbe devant se mettre à la fin de la proposition, on y rencontre quelquefois deux verbes à la fois, placés l'un à côté de l'autre, comme on a pu le remarquer dans l'exemple du n° 362. Dans ce cas, le premier verbe appartient à une proposition incidente, et le dernier à la proposition générale. Ex. :
بعد از قطع مفاوز وطی مسالک بولایت سیستان که اوّلین منزل استراحت بود رسید
be'ad ez qet'aï mefâviz ou teỳi mesâlik bevelâyèti sîstâni ki evvelîni menzìli istirâhhèt boûd resîd

« Après avoir traversé les déserts, et avoir franchi les distances, il arriva dans la province de Sistan, première étape où il pouvait enfin prendre du repos. »

Ce concours de deux verbes sans intermédiaire n'a lieu que dans une proposition complexe.

377. Cependant les Persans usent de beaucoup de liberté

dans l'arrangement des membres d'une proposition, et ne se conforment souvent pas aux règles en question (373-374) :

378. Les membres incidents se placent avant le sujet d'une proposition. Exemple :

باندك وقتى لشكر فراوان در ظلّ رأيت ظفر آيت مجتمع كردانيد

beendèk vèqty lechkèri feráván der zìlli re'ayèti zefèr áyèt mudjteme'à querdánid

« Dans peu de temps il réunit une armée nombreuse sous l'ombre de son drapeau victorieux. »

379. Le régime indirect précède le régime direct. Exemple :

امير مظفّررا سرپنجهٔ حبّ وطن گريبانگير دل گشته بطرن يزد رفت

emír muzefferrá serpendjèï hhùbbi vetèn guerîbánguìri dil guechtè beterèfi yezd reft

« L'émir Mozaffer, ne pouvant plus résister au désir de revoir sa patrie (litt. la main de l'amour de la patrie ayant saisi le collet de son cœur), partit pour Yezd. »

380. Le verbe étant à l'impératif peut régulièrement commencer une proposition. Exemple :

بگو اى برادر بلطف وخوشى *begoú ey berádèr belùtf ou khochỳ* « parle, ô frère, avec douceur et bienveillance ».

381. Par une licence poétique, le verbe se met irrégulièrement avant son sujet. Exemples :

نیم نانى گر خورد مرد خداى بذل درويشان كند نيم ديگر *ním nâny guer khourèd mèrdi khuddáy bèzli dervìchán kunèd nìmi díguèr* « Si l'homme de Dieu mange la moitié d'un pain, il en distribue aussitôt l'autre moitié aux pauvres »; صمٌّ بكمٌ به كه نباشد زبانش اندر حكم *sùmmun bùkmun beh ki nebáchèd zebánech endèr hhukm* « Celui qui ne sait pas gouverner sa propre langue, puisse-t-il plutôt être sourd et muet », etc.

382. Le verbe étant obligé de clore la sentence, il faut le chercher quelquefois bien loin à travers un grand nombre de termes incidents, tous renfermés dans le cadre d'une période qui commence par un nominatif, et finit par ce verbe. Ex. :

خاقان گردون اقتدار شاهزادگان عظام بهرام ميرزا وسام ميرزارا بمرافقت قاضى جهان وزير اعظم وساير امراى دولت سعادت توام را باستقبال آن مهمان محترم مأمور فرمود (.را) (remarquez l'usage de l'accus.)

khâqâni guerdoûn iqtidâr châhzâdegâni uzâmi behrâm mîrzâ ou sâm mîrzârâ be murâfiqèti qâzỳi djehân vezîri e'azèm ou sâiri umerây dôoulèti se'âdèt tevâm-râ beistiqbâli ân mehmâni muhhterèm me'amoûr fermoûd

« Le souverain, fort comme la coupole céleste, envoya à la rencontre du vénérable hôte les grands princes du sang, Behram Mirza et Sam Mirza, accompagnés par le grand vizir Kazy Djehan et par d'autres dignitaires de l'empire fortuné (litt. jumeau du bonheur). »

رايضان مضمار بلاغت وفارسان ميدان فصاحت اعنى موّرخين توارخ
سلف نسب چنگيزخان را از قرارى كه در تلو احوال سلاطين تركستان
بعون ملك المستعان رقرد خامهٔ مشكين ختامه خواهد ساخت
وبذكر صادرات وواقعات ايشان بطريق اختصار در اين كتاب مستطاب
خواهد پرداخت به يافث ابن نوح عليه السلام رسانيده اند

râizâni mezmâri belâghèi ou fârisâni meydâni fesâhhèt c'anỳ muverrikhîni té-vârikhi selèf nesèbi tchenguíz khânrâ ez qerâry ki der tilvi ehhvâli selâtíni tur-kestân be'ôoûni melik-ul-muste'ân reqemzèdi khâmëi mechkín khetâmè khâhèd sâkht ou bezikri sâdirât ou vaqe'âti ychân beterfqui ikhtisâr der yn kitâbi mus-tetâb khâhèd perdâkht be yâfès ibn nouhh 'alèyhi esselâm resânídè end

« Les dompteurs des chevaux de l'hippodrome de l'éloquence et les écuyers de l'arène de la faconde, c'est-à-dire les auteurs des chroniques anciennes, font remonter la généalogie de Tchenguiz Khan à Japhet, fils de Noé, ce que (notre) plume trempée dans le (noir) musc, en traçant ci-dessous les fastes des souverains de Turkestan, aura l'occasion de noter, si Dieu, ce roi que nous sollicitons toujours, daigne bien nous aider, lorsqu'il s'agira de faire mention des événements et des faits qui concernent ces souverains, et que nous décrirons en abrégé dans ce bon et utile livre. » (زينت التواريخ)

DE LA CONCORDANCE DE NOMBRE.

Comme le genre n'est pas marqué par des terminaisons en persan (107), et puisqu'il a déjà été question des irrégularités de l'accord de personne (229-231), il ne nous reste guère qu'à ajouter quelques observations sur la concordance de nombre.

383. Le verbe est assujetti à concorder avec son sujet en nombre, toutes les fois que ce sujet est un être animé. Exemple :

شيب با برادران واصحاب خويش از باديه رو بشهر نهادند واسپهاى

محمّد مروان را که در آن حوالی بود تصرّف نموده پیاده که داشتند وارد خارج شهر شدند

chíb bá beráderán ou eshhábi khích ez bádiyè roú bechèhr nehádend ou espháy muhhammèd mervánrá ki der án hhevály boúd teserrúf namoúdè piyádèi ki dáchtend váridi kháridji chehr chùdend

« Chib, avec ses frères et ses adhérents, quitta le désert pour marcher vers la ville. Après qu'ils se furent emparés des chevaux appartenant à Mohammed Mervan, qui se trouvaient (*se trouvait*) dans les environs, leur infanterie arriva (*arrivèrent*) jusqu'aux faubourgs de ladite ville. » (زینت التواریخ)

Les mots en italique du dernier exemple se rapportent à deux exceptions de la règle en question, savoir :

384. Les pluriels des noms des êtres animés, mais qui n'appartiennent pas à l'espèce humaine, s'accordent quelquefois avec le singulier du verbe. Exemple :

بسبب سموم هیچ جانوران در آن صحرا جای نگرفتی *besebèbi semoúm hítch djáneverán der án sehhrá djáy ne guirífty* « A cause du sémoum (vent pestilentiel), aucun animal ne pouvait habiter ce désert (انوار سهیلی, éd. de Calcutta, p. 165.)

385. Le nom collectif مردم *merdùm* toujours, et d'autres noms collectifs presque toujours, mettent leur verbe au pluriel. Exemples :

مردم میگویند *merdùm mígoúyènd* « on dit, tout le monde parle »; همه جمع شدند *hemè djem'à chùdend* « ils se sont réunis tous », etc.

386. Sauf quelques exceptions peu nombreuses, les pluriels des substantifs inanimés mettent leur verbe au singulier. Ex. :

درختهای باغ همسایه پر از گیلاس والوچه و زردآلو و بادام و کنوس است *direkhtháy bághi hemsáyè pur ez guílás ou aloútchè ou zerdáloú ou bádám ou koúnoús est* « Les arbres du jardin du voisin sont chargés (*est chargé*) de cerises, de mirabelles, d'abricots, d'amandes et de nèfles »; قهر و نفوس اماره و حسد و غرض و کینه و فکرهای شرّاندیش هیزم جهنّم است *qèhr ou nufoúsi emimárè ou hhesed ou gherèz ou kínè ou fikrháy cherrendích héyzùmi djehennùm est* « La colère, les appétits charnels, la jalousie et les malveillantes arrière-pensées ne sont (*est*) que du bois dont on chauffe l'enfer. » از غایت خشم چشمهایش احول شد *ez gháyèti khíchm tchechm-*

háyech ehhvèl chud « Par un excès de colère ses yeux sont devenus (*est devenu*) borgnes (c'est-à-dire, il regardait de travers) ».

387. Dans une proposition où, à côté des noms inanimés, il y a des noms animés, le verbe se met ordinairement au singulier. Ex. :

این حکایت دلیل است بر آنکه قصر وعباد ودولت ومحنت وعمل وعزل ونیك وبد همه داد بار بجه وجهد وکوشش وکسب متعلّق نیست

yn hhekáyèt delîl est ber ánki qesr ou 'ibád ou dôoulèt ou mihhnèt ou 'emèl ou 'ezl ou nîk ou bed hemè dádi bár (371 a.) *bedjèdd ou djèhd ou kouchìch ou kesb mute'allìq nîst* (pour *nístend*)

« Ce conte sert de preuve à ce que : château et serviteurs, heur et malheur, emploi et destitution, bien et mal ; tous (sont un) don de Dieu et ne dépendent (*dépend*) aucunement ni de nos efforts et de nos soins, ni de notre adresse commerciale non plus. »

388. Les substantifs persans بلوکات *buloûkát* ou بلوك *buloûk* « districts », بقسومات *beqsoûmát* « biscuits », سیورسات *soûrsát* « provisions de bouche » qui n'ont pas de singulier, mettent leur verbe au singulier.

389. Les locutions françaises précédées du pronom indéfini *on* et où le verbe se met au singulier, doivent être traduites en persan par le pluriel d'un verbe. Exemples :

جار میکشند *djár míkechènd* « on proclame à haute voix » ; ناقوس میزنند *náqoûs mízenènd* « on fait sonner les cloches » ; طبل میزنند *tèbl mízenènd* « on bat le tambour », etc., comme en latin « dicunt (homines) ».

CHAPITRE IV.

DE L'ACCENT.

390. Tous les mots de la langue persane, soit étrangers, soit d'origine iranienne, sont assujettis aux mêmes règles, en ce qui concerne l'accent.

391. L'accent de tous ces mots ne relève aucunement de la valeur rhythmique des syllabes. Exemples :

پشه *pechè* (ں٘ـ) « moucheron », مرغزار *merghzâr* (ں‍‍ـ́) « pré, champs », باختم *bâkhtem* (́‍ـں) « j'ai perdu au jeu », پسره *puserè* (ں‍ں) « petit garçon », سالاران *sâlârân* (ں‍ں‍ـ́) « les chefs », etc.

392. La place obligée de l'accent persan, sauf quelques exceptions, est sur la pénultième ou sur la dernière syllabe.

393. Dans ce que j'appellerai *les primitifs*, l'accent tombe toujours sur la dernière.

394. Les primitifs verbaux sont les deux racines d'un verbe et son impératif. Exemples :

بردار *berdâr* « ôte, soulève », برداشت *berdâcht* « il ôta », برمیداشتیم *bermîdâchtîm* (ـ‍ـ‍ـ́‍ـ) « nous ôtions », برداشتند *berdâchtend* (ـ‍ـ́‍ـ) « ils ôtèrent »; میشوم *mîchevèm* « je deviens », شدم *chùdem* « je devins », مشو *mechôoù* (ں‍ـ́) « ne deviens pas ».

395. Les primitifs nominaux sont : pour les déclinables, y compris tous les participes, leur nominatif au singulier et leur nominatif au pluriel; pour les indéclinables, ce sont ces mots mêmes à leur état normal. Exemples :

بادزن *bâdzèn* « éventail », دستکش *destkèch* « gant », کتخدا *ketkhudâ* « chef d'un village », کتخدایان *ketkhudâyân* « les chefs des villages », دستکشها *destkechhâ* « les gants », هنوز *henoûz* « encore », هرآینه *heraînè* « toutefois, absolument », etc.

§ 1. ACCENT DES VERBES.

396. Toutes les personnes des temps dérivés de la racine aoriste ont l'accent sur la dernière syllabe. Exemple :

تا نگوی نمی روم *tâ negoûy nemỳ revèm* « tant que tu ne parleras pas, je n'irai pas »; چند نفر از خوانندﮤ و نویسندﮤ هراه برمیداریم که بنویسند وبرای شما وقایع بخوانند *tchend nefer ez khânendè ou nuvîsendè hemrâh ber mîdârîm ki benuvîsènd ou berây chumâ veqâye'à bekhânènd* « Nous nous ferons accompagner dans notre voyage par quelques lecteurs et écrivains, afin qu'ils écrivent et qu'ils vous lisent ce qui pourrait nous advenir ».

397. Cette règle n'a qu'une seule exception : dans les impératifs prohibitifs, pour donner plus d'énergie à la prohibition, on fait tomber l'accent sur la première syllabe. Exemples :

میباند از *mèyendáz* « ne jette pas, ne tire pas », نروند *nèrevènd* « qu'ils ne s'en aillent pas », نخوانند *nèkhánend* « qu'ils ne chantent pas », etc.

398. Tous les temps dérivés de la racine prétérit ont leur accent tonique sur la pénultième, excepté la 3ᵉ pers. sing. du prétérit, qui est identique avec la racine elle-même. Exemple : سیاحتی میکردند و روزنامه‌ئی نوشتند و امّا صورت وقایع آنرا نخواندیم *siyáhhèty míkèrdend ou roúznámèï my nuvìchtend ve èmmá sourèti veqáye'àrà nekhándim* « Ils voyageaient et ont tenu un journal, mais nous n'avons pas lu le récit de ce qui leur est arrivé. »

399. Il est remarquable que l'infinitif-verbe, en sa qualité de dérivé de la racine prétérit, prend l'accent sur la pénultième, et que l'infinitif-nom, en sa qualité de nominatif (68), prend l'accent sur la dernière syllabe. Exemples :
خوردن و آشامیدن و خوابیدن *khoárden ou áchámìden ou khábíden* « manger, boire et dormir »; خوردن *khoúrdèn* « le manger », آشامیدن *áchamídèn* « le boire », خوابیدن *khábídèn* « le dormir ».

§ 2. ACCENT DES NOMS DÉCLINABLES ET INDÉCLINABLES.

400. Les nominatifs des noms conservent l'accent sur leur dernière syllabe. Elle en reste affectée alors même que les terminaisons des cas obliques et les izafets s'y adjoignent pour subvenir aux besoins de la déclinaison. Exemples :
سرهنگ *serhèng* « colonel », سرهنگان *serhengán* « colonels », سرهنگرا (—́—) *serhèngrá* گفتم *gòftem* « je dis au colonel », سرهنگان سپاه *serhengáni sipáh* « les colonels de l'armée », etc.

401. Tous les participes et gérondifs ou adjectifs verbaux sont également accentués sur leur dernière syllabe. Exemples :
سوخته *soukhtè* « brûlé », سوزنده *souzendè* « brûlant », سوزان *souzán* « en brûlant, qui brûle », سوختنی *soúkhteny* « digne d'être brûlé », سوختگانرا *soúkhtegánrá* (—́ ⌣ —́) « à ceux qui ont été brûlés », etc.

402. Dans la formation des adjectifs de comparaison, l'accent passe sur la dernière des désinences formatives. Exemples :
زرّین *zerrín* « en or », comparatif زرّینتر *zerrínter*, superlatif زرّینترین *zerrínterin* (— — —́), etc.

403. Dans la formation des noms composés, soit monogènes, soit polygènes, l'accent doit toujours s'arrêter sur la dernière syllabe.

404. L'accent ne tombe jamais sur le ى de l'article d'unité, mais il tombe toujours et invariablement sur le ى relatif. L'observation de cette règle est de la plus grande importance pour ceux qui veulent parler persan. Exemples :

عروسی *'eroûsy* « une fiancée » et عروسی *'eroûsỳ* « les fiançailles, la noce »; سفری *sefèry* « un voyage » et سفری *seferỳ* « individu qui doit partir prochainement; meuble ou chose portative, propre au voyageur »; جنگی *djènguy* « un combat » et جنگی *djenguỳ* « homme de guerre, qui aime à combattre, belliqueux », زبانی *zebâny* « une langue » et زبانی *zebânỳ* « oralement, de vive voix » (164), etc.

405. L'accent des noms indéclinables tombe sur leur dernière syllabe. Il faut en excepter seulement :

اما *èmmâ* (−⊥) ou لیکن *lîken* (⊥−) ou ولی *vèly* (⌣−) « mais, cependant »; یعنی *yè'any* (⌣⌣−) ou اعنی *è'any* (⌣⌣−) « c'est-à-dire, savoir »; بلی *bèly* (⌣−) ou آری *âry* (⊥−) « oui »; اینک *ỳnek* (⊥−) « voici »; لبّی *lèbbey* (⊥−) (idiotisme des Chiraziens) « comment? qu'est-ce que c'est? »; برای *berâỳ*[1] « pour, à, au », بلکه *bèlke* « est-ce que? peut-être, plutôt ».

406. Les pronoms conjonctifs ne prennent pas d'accent. Or comme ils doivent (219) faire partie intégrante des mots auxquels ils s'adjoignent, l'accent de ceux-ci rétrograde d'une syllabe si ceux-là sont au singulier, et de deux syllabes s'ils sont au pluriel. Exemples :

ارزانم خرید *erzânem kherîd* « il m'acheta bon marché », ارزنش *erzènech* « son millet »; پستانت *pistânet* « ta mamelle »; بستان است *bèsitân est* « cela te suffit »; آدمیمان *âdèmimân* (−⌣⌣−) « notre homme »; سبیلتان *sebìlitân* (⌣−⌣−) « ta moustache »; محاسنیشان *mehhâsinichân* (−−⌣−) « leur barbe (litt. leurs poils autour de la lèvre supérieure et de la lèvre inférieure) », etc.

---

[1] L'accent prouve que برای dérive du substantif را « raison » (306), et non pas de رای, car ى y radical à la fin des mots est toujours accentué.

CHAPITRE V.

DE LA PRONONCIATION.

407. La prononciation et l'accent figurés, que j'ai donnés à la suite de chaque mot persan dans ce livre, sont conformes à la véritable prononciation des Persans de nos jours, autant qu'il a été possible de les exprimer par les sons français.

Dans la bouche d'un Persan, les voyelles brèves, mises en contact avec les consonnes خ, غ et ق, prennent un son emphatique, dur et impossible à représenter avec des lettres de l'alphabet latin. *E*, après chacune de ces trois consonnes, devient une articulation fortement aspirée qui tient le milieu entre *e* ouvert et *a* français. La voyelle *u*, unie à ces consonnes, s'articule comme les Parisiens prononcent leur *u*, en disant « un homme », et les Turcs Osmanlis, بتون. La voyelle *i*, placée dans les mêmes conditions, a beaucoup d'analogie avec l'*y* dur des français dans « je m'y rends ». Les consonnes persanes ك et گ affectés d'un ا *â* long, sont mouillées par l'intervention très-sensible de la voyelle *i*, et se fondent dans une seule articulation : كافر « infidèle », گامش « buffle », se prononcent à peu près *kiâfir, guiâmùch*, je dis à peu près, car il n'y a pas de son français capable de les reproduire exactement. L'*i*, dans les mots « travailler, bataille », s'en rapproche beaucoup plus.

La prononciation que nous avons proposée diffère beaucoup, je le sais, de celle de quelques orientalistes qui, n'ayant pas eu l'occasion de visiter la Perse, ont adopté la transcription des grammairiens anglais, ou se sont basés sur les indications données par les dictionnaires persans.

Par exemple, le dictionnaire de هفت قلزم *heft qilzìm*, t. VII, p. 33, indique la manière de prononcer می et می, que M. Vullers et autres, sur l'autorité de Lumsden, ont transcrits *mé* et *hamé*. A moins d'avoir entendu prononcer l'auteur persan dudit dictionnaire, il est impossible de savoir comment il le faisait, mais très-certainement sa prononciation se rapprocherait plutôt de celle des Persans modernes, qui disent tout de bon ى mẏ et هى hemẏ.

Il y a une autre circonstance à remarquer concernant le فارسى de l'école des philologues indo-britanniques. Jones, Gladwin et Lumsden, dont les ouvrages ont servi de base à toutes les grammaires [1] publiées depuis en Europe, avaient appris le persan aux Indes. Ils comprenaient et traduisaient bien les chefs-d'œuvre de la littérature de l'Iran, mais ils parlaient et ils écrivaient un dialecte persan qui n'est en usage que dans la péninsule indienne. Cette langue-là n'est pas celle des Persans de l'Iran. C'est un dialecte importé par les Mongols et adopté plus tard comme une langue officielle, dont jusqu'à présent se servent les musulmans indigènes et la noblesse lettrée des Hindous. Un ouvrage antérieur à la grammaire de Lumsden, les dialogues du *Moonshee* de Gladwin, quoique rédigés par un musulman, sont déjà entachés de locutions propres à cet idiome. Séparée depuis tant de siècles de la souche indigène, la branche iranienne des Indes a dû subir des influences locales. Un grand nombre d'expressions en cours à Calcutta, Bombay, Delhi, sonneraient d'une manière étrange aux oreilles d'un natif de Chiraz, d'Ispahan ou de Téhéran. Par exemple, زيدرا اندرز دادم پس ناخوش شد « I admonished Zyde and therefore he became angry [2] » (Lumsden, *Grammar*, t. II, p. 483), aujourd'hui, en persan de Perse, signifierait «j'ai donné un conseil à Zeïd, après quoi il tomba malade». Aucun habitant de Chiraz ou d'Ispahan ne comprendrait que l'expression خانه را از خود پرداختم veut réellement dire « I emptied, or disengaged the house from myself» (*ibid.* t. II, p. 360); ou bien عمرا بزيد

---

[1] Excepté celle de Mirza Ibrahim, dont la devise se trouve en tête de ce volume.

[2] «He became angry», «il s'en est offensé» se rend par بدش آمد *bèdech âmed* ou كچلق شد *ketchkhùlq chud* ou قهر كرد *qehr kerd*, etc.

آموزاندم از فلان «I made such a man teach Zyde knowledge» (*ibid.*); ou bien زيدرا بكر فرش گسترانيد «Zyde caused Bekr to spread carpet» (*ibid.* t. II, p. 357); ou bien از قلم نوشتم «I wrote with a pen» (*ibid.*); ou bien encore بر من هزار روپيه فلان است «I owe such a man a thousand roupees» (*ibid.* t. II, p. 468), etc.

Tout cela est intolérable dans une grammaire *persane* du XIX° siècle. Il me serait facile de multiplier de pareils échantillons de prononciation et de rédaction hindoue-persane de Lumsden, non, certes, pour le plaisir de critiquer l'auteur, d'ailleurs fort recommandable et qui a fourni tout ce qui était possible dans le temps et les circonstances où il s'est trouvé, mais pour signaler des erreurs qui n'ont pas été jusqu'à présent remarquées.

Nous finirons comme finit le Gulistan :

ما نصيحت بجای خود كرديم   روزگاری در این بسر بردیم
گر نیاید بگوش رغبت کس   بر رسولان پيام باشد وبس

mâ nesîhhèt bedjây khoûd kèrdîm — roûzgâry der yn besèr bùrdîm — guer neyâyèd begoûchi rughbèti kes — ber resoûlân peyâm bâchèd ou bes

« Nous avons donné des conseils en leur lieu (opportun), fruits de maintes journées consommées (en pratique). Si ces conseils ne trouvent pas d'accès à l'oreille du goût de quelqu'un, soit : les messagers ne sont tenus qu'à accomplir leur message. »

APPENDICE.

ÉCRITURE PERSANE. — EXERCICES DE TRADUCTION.

I. ÉCRITURE.

Une brique posée perpendiculairement, horizontalement ou en biais, fait l'élément constitutif du plus ancien alphabet arabe que j'aie eu l'occasion de voir en Perse, alphabet qu'on appelle *koufique*, de la ville de Koufa, où il atteignit un haut degré de perfection. On en trouve encore de beaux échantillons incrustés en relief sur les corniches des tours, des mausolées et des mosquées à Bagdad, Rey, Damgan, Nichapour, etc. Pendant un certain laps de temps, cet alphabet, très-difficile à écrire, fut diversement modifié, mais les époques de ces modifications ne sont pas bien connues. Je pense que les Persans se sont étudiés à rendre l'écriture arabe de plus en plus cursive, en passant du نسخى *neskhy* « écriture des manuscrits », au نسخ تعليق *nèskhi te'alíq*, de là au تعليق *te'alíq* « écriture suspendue ou festonnée », et enfin au شكسته *chikestè* « brisé » ou « écriture bâtarde », dont ils se servent aujourd'hui de préférence. Le *chikestè* de la correspondance familière, diplomatique et commerciale des Persans, diffère de l'écriture de leurs livres presque autant que nos écritures diffèrent des caractères de typographie. C'est pourquoi une étude spéciale de cette écriture est indispensable pour ceux d'entre les Européens qui se vouent au service de la diplomatie ou au commerce européen avec l'Orient.

Il faut commencer par lire couramment les types arabes de nos imprimeries. Entre tous les systèmes proposés pour en faciliter l'étude, le meilleur que je connaisse est celui de M. Pihan, prote de la typographie orientale à l'Imprimerie nationale de

France. Il a découvert le premier[1] que les éléments des consonnes arabes, ramenés à leur plus simple expression, c'est-à-dire dépourvus de points diacritiques, ne s'élèvent en réalité qu'au nombre de quinze, et que l'intelligence de ces signes peut s'acquérir en très-peu de temps.

En passant de l'étude des caractères d'impression à celle du neskhy, du te'alîq et du chikestè, on verra que les éléments constitutifs sont partout les mêmes, mais que le chikestè les a appliqués aux besoins pratiques d'une écriture courante. Il est dommage que les moyens mis à ma disposition ne me permettent pas de donner ici plus de cinq pièces de modèles de chikestè. Elles sont rangées de manière à présenter les modifications et les altérations progressives que l'alphabet arabe, importé en Perse, y a subies. Leur transcription en types de l'Imprimerie nationale se rapproche le plus du te'alîq. Vient ensuite le *fac-simile* n° 1, ou reproduction fidèle d'un firman en *nèskhi te'alîq*. Le *fac-simile* n° 2 offre l'exemple d'une espèce de chikestè qui tient le milieu entre l'écriture habituelle des livres manuscrits persans et celle de correspondance. Les n°s 3, 4 et 5 sont écrits en vrai chikestè, dont il y a une infinité de variétés qu'il importe de connaître, vu que tel orientaliste qui traduirait à livre ouvert les auteurs, se trouverait fort embarrassé si on lui demandait de donner l'explication d'une dépêche, d'une simple lettre d'ami ou d'une facture de marchand de Perse.

II. EXERCICES DE TRADUCTION.

Les n°s 3, 4 et 5, reproduits avec une précision admirable par les lithographes de l'Imprimerie nationale, sont rédigés et écrits par un homme fort célèbre dans l'histoire de la Perse moderne, Mirza Aboul Kassim, fils de Mirza Buzurg Ferahouny.

---

[1] Voyez p. 2-5 des *Éléments de la langue algérienne*, par A. P. Pihan, Paris, 1851, in-8°, chez Benjamin Duprat.

Il a bien mérité de son pays comme homme d'État et comme homme de lettres. Ayant servi pendant une trentaine d'années le prince Abbas Mirza, en qualité de son premier ministre (kaïmakam), il contribua, après la mort de ce prince, à assurer la succession du trône de Perse à Mohammed Mirza, fils aîné d'Abbas, et père du châh actuel. Les ouvrages en prose et les poésies du kaïmakam passent pour classiques. Il a eu le bon esprit de renoncer aux expressions ampoulées et au phébus de rhétorique persane et a ramené le style épistolaire au niveau du style d'une conversation naturelle et élégante à la fois. Sous ce point de vue, on ne saurait assez étudier ses lettres. Je regrette beaucoup de n'avoir sous la main que quelques pièces qui me concernent personnellement; aussi ai-je omis la traduction des n°s 1, 3 et 4, comme contenant des éloges et des remercîments pour des services que j'ai été à même de rendre lors de l'affaire de ladite succession. A l'heure qu'il est, aucun des auteurs de cette importante transaction ne vit plus: ni l'ambassadeur européen, ni Feth Ali Châh, ni son successeur au trône, Mohammed Châh, qui, dans un accès de colère, avait fait étrangler son premier vizir et bienfaiteur, le kaïmakam. Tous ces personnages, ainsi que leurs actes, étant déjà du domaine de l'histoire, rien n'empêche à la science de venir glaner sur un champ moissonné et délaissé par la politique.

TRANSCRIPTION DU FAC-SIMILE N° 1.

Firman de grand officier de l'étoile du Lion-et-Soleil de Perse, conférée à l'auteur par S. M. Mohammed Châh, à Teheran, en 1841.

(L. S.[1])

الله تعالى شأنه حكم هايون جهان مطاع صادر شد٠ كه بمقتضای حصول

[1] Lieu du sceau de S. M., dont voici la légende : الملك لله شكوه ملك وملت

رونق آيين ودين آمد محمّد شاه غازی صاحب تاج ونگين آمد

[2] Ces mots sont écrits en caractères d'or dans le parafe ou *tughra* du Châh, qui, dans tous les firmans royaux, se place à droite et au commencement de la première ligne du document.

كمال اتّحاد فی ما بین دولتین ابد بنیاد ملزوم هّت والا نهمت پادشاهی این ومکنون خاطر خطیر عطوفت تجمیر خاقانی چنین است که از اعیان دولت روس وخدمتکاران آن شوکت ابد مأنوس هر یک که نشان کاردانیش بخاتم اهتمام در تزیید اسباب اتّحاد والتیام دولتین ابد فرجام مختوم ولوازم شهود درایت وآگاهیش در مصالح یکجهتی شوکتین جاوید سمات موجب مزید توجّه خاطر مرحمت ملزوم آید از مکنونات تلطّفات نشانی وای زیب افزای پیکر مغاخرش داریم وازشمول تفقّدات مکنونه آیت شهود طراز عنوان توقیع مناقبش فرمائیم واز آنجا که علیجاه بلند جایگاه فراست وکیاست پناه شخامت وخامت همراه درایت وفطانت انتباه عمدة الاعاظم العیسویّه الکسندر خودزکو مباشر مهام قونسولگری دولت بهیّه روسیّه در دار المرز رشت ومشهور بمیرزا الکسندر[1] که از اعیان آن دولت محروس بمزید مرتبه واعتبار مخصوص بظهور دقایق آگاهی ودولتخواهی منصوص است از بدایت احوال تا آکنون[2] که یازده سال میبشود پای ارادتش بدین دولت ابد طراز باز آمده هوواره طریق صداقت را باقدم اثبات پیموده ودر سفر خراسان ملتزم رکاب ولیعهد مبرور بوده خدمات نمایان کرده ودر تقریر هایون عهد ولیعهدی ما بتجدید عهد خدمتگذاری وتشیید مبانی صداقت شعاری شرایط سعی واقدام را بتقدیم رسانیده وبصدق عقیدت وحسن نیّت خودرا در زمرۀ هواخواهان منظور انظار نوات هایون ما گردانیده از این پیش کردن خویشرا بطرز نشان دوبیمّ شیر وخورشید مطرّز داشته در بنوقت[2] که از حضور سعادت دستنور هایون رخصت مراجعت به مملکت خود حاصل میکرد نیز ظهور التغات جدید در بارۀ او ملزوم هّت هایون داشتیم ودر هذه السنه سیجکان

[1] « Célèbre (*mechhoúr*) sous le surnom de Mirza Eleksender. » On sait que le substantif میرزا *mírzâ*, abréviation de میر زاده *emír zâdè* « enfant du prince », placé après le nom propre d'un individu, désigne qu'il appartient à la famille royale; mais *mirza*, ajouté avant un nom propre, n'est qu'un titre honorifique donné à ceux qui parlent et écrivent correctement le persan, comme on dirait en français : « un homme de plume, un littérateur distingué ». (Voy. Reinaud, *Monum. etc.* t. II.)

[2] در این وقت pour در بنوقت « présentement, actuellement ». Ce firman a été rédigé et écrit par Mirza Mohammed Khan, alors premier secrétaire au ministère des affaires étrangères du Châh, et depuis, en 1841, ambassadeur extraordinaire en France.

ایل فرخنده دلیل اورا باعطای یك قطعه نشان شیر و خورشید
ستاره‌دار بی مجال از مرتبهٔ دوّیّم قرین افتخار فرمودیم تا باعث مزید
اعتبار او در میانهٔ چاکران دولتیّن و خدمتکاران حضرتیّن بوده با
خاطری شاد و قلبی بهجت نهاد مشغول انجام خدمات دولتیّن بوده بمحاسن
دولتخواهی و کاردانی خود را بیش از بیش مشهود موالیان دو شوکت ابد
نمود دارد مقرّر آنکه عالیجاهان مقرّب الخاقان مستوفیان عظّام دیوان
همایون اعلی شرح فرمان مبارك را ثبت دفاتر جلود سازند و در عهده
شناسند تحریراً فی شهر محرّم الحرام سنهٔ ۱۲۵۷

TRANSCRIPTION DU FAC-SIMILE N° 2.

Lettre écrite de Smyrne, en 1842, par un attaché de l'ambassade de Perse près la
Porte Ottomane et adressée à un de ses compatriotes résidant à Paris.

هو الله تعالی شأنه

منّت فدایت رفتی و چنان بخیال من اندری گوئ که در برابر چشمم
مصوّری میرزا السکندر کونسل دولت بهیّه روسیه مقیم رشت در این
وقت بطرف پارس بعزم سیاحت عازم و روانه بود روا! نبود که این
محبّ ضمیمی هم بمثل جناب سرکار رفتار نماید که بدو کلمه از احوالات
و گذارشات برای استحضار ندیمان قلمی نسازد هیچ نیرسی اسیری داشتم
حالش چه شد معلوم است که لطافت هوای فرنگستان و محبّت
خوبرویان مه جبینان و دختران و پسران آن سامان عهد و مودّت دوستان
و آشنایان را از خاطر خلّت فراموش کرده ک بلطفت این گمانها
داشتم آخر من و تو نه[1] دوست بودیم عهد تو شکستی من هانم باری
جناب خدایگانی ایلچی مختار از اسلامبول مرقوم فرموده بودند که
از نور چشمی میرزا مسعود از پارس کاغذ آمد در منزل ترجمان ایلچی
فرانسه منزل دارد حکایت نورچشمی نظیر حکایت هشت زن سعید
است ترجمان مزبور بسیار از کاردانی و حسن رفتار و گفتار ایشان نوشته
بودند از پارس رفتن شما جناب معظّم الیه بسیار دل خوش شدند
خلاصه از رسیدن این خبر و ملاحظه نمودن این مراتب بی نهایت
سرور و حبور بر دل مهجور حاصل شد کیفیت اوضاع دوستدار بعد از

[1] La négation نه ne s'emploie ici dans le sens interrogatif, et signifie « n'est-ce pas? »

تشریف بردن سرکار حضرت ایلچی مختار در اوّل بهار برسم
مصلحتگزاری این دیار این محبّ بیقراررا به بندر ازمیر روانه فرمودند
هنوز در شغل مزبور در اسکله مزبور بیاد محبوب ما این دل مغموم
اشتغال دارد از نورچشمی میرزا مهدی ملک الشعرا چند روز قبل
کاغذ رسید از برای خبرداری جناب شما آنرا در توی این الوکه محبت
مسلوکه گذاشته روانه ساخت متوقّع است که دو سطر از اوضاع
خودتان قلمی فرمائید

« Lui, Dieu, puisse-t-il être exalté dans son essence! »

« Je voudrais bien te servir de rançon. *Tu es parti, mais tu restes dans mon imagination.* On aurait dit que je te voyais *figuré vis-à-vis de mes yeux* [1]. Mirza Eleskender [2], consul de l'empire glorieux de Russie, résidant à Recht, part [3] présentement d'ici pour faire un voyage à Paris. Je [4] ne me serais jamais pardonné d'avoir imité la conduite de votre Seigneurie en m'abstenant de tracer une couple de mots et ne donnant pas de mes nouvelles aux miens. *Tu ne demandes donc jamais : J'avais un prisonnier* (de mes charmes), *qu'est-il devenu?* C'est à n'en plus douter, que les douceurs de l'air de l'Europe, y compris le plaisir de la conversation avec les jeunes amies et amis, au front de lune, de ces contrées (*sâmân*), vous auront fait violer le pacte d'amitié conclu avec des amoureux et camarades d'ancienne date. Vous les couvrez tous d'oubli dans votre cœur impressionnable et aimant. *Quand et comment pourrais-je soupçonner ainsi ta tendresse? C'est toi qui as brisé la foi jurée, moi je reste toujours le même.* Ainsi soit-il. S. E. [5] notre ministre plénipotentiaire avait écrit de Constantinople que, dernièrement, il avait reçu une lettre de Paris de la part de Mirza Méassoud, lumière de mes yeux (c'est-à-dire « mon fils »). Il y est logé et hébergé dans la maison

---

[1] Les passages en italique sont des couplets empruntés aux poëtes nationaux, dont les Persans aiment à assaisonner leur style.

[2] Surnom donné en Orient à l'auteur de cette Grammaire.

[3] Remarquez le jeu de mots روانه بود *revânè boûd* « partait, se mettait en route » et روا نبود *revâ neboûd* « il n'était pas juste et convenable ».

[4] Dans la correspondance, les pronoms personnels se remplacent par des substantifs, qui varient suivant le rang et les relations des personnes qui correspondent. Ici این محبّ *yn muhhibb* ou دوستدار *doûstâr* « cet ami » veut dire « moi », et جناب سرکار *djenâbi serkâr* « la seigneurie du maître », veut dire « toi, vous, Monsieur ».

[5] L'épithète خدایگانی *khudâyegâny* « mon maître unique », avec ی, pronom personnel arabe « moi », se donne seulement à des personnages haut placés.

du drogman de l'ambassadeur de France. La vie joyeuse qu'il mène à Paris rappelle notre conte populaire des sept femmes du Séid. Le drogman a aussi écrit en louant beaucoup l'habileté, la conduite et les charmes de la conversation de la lumière de mes yeux. S. E. est bien contente de votre départ pour Paris. Bref, l'arrivée de cette nouvelle et la prise en considération de toutes ces circonstances ont fait beaucoup de joie et de bien à mon cœur, veuf de vous. Maintenant, voici pour ce qui en est des nouvelles qui me regardent en personne : aussitôt après (votre) départ d'ici, S. E. notre ambassadeur et ministre plénipotentiaire, dès le commencement du printemps, envoya cet ami inconsolable de votre absence (c'est-à-dire, m'envoya) dans ces contrées en qualité de son chargé d'affaires (*meslehhèt guzâr*) dans le port de Smyrne. A l'heure qu'il est, me voici encore gérant ces fonctions dans ces échelles, et consolant mon pauvre cœur du souvenir de l'objet de notre amour. Il y a quelques jours que j'ai reçu ici une lettre de la part de la lumière de mes yeux, Mirza Mehdi, poète lauréat (littéralement : « roi des poëtes ») de Perse. Pour vous tenir au courant de tout, j'inclus son message sous le pli de cette feuille envoyée par une main amie. Il est à espérer que vous daignerez bien m'écrire deux lignes concernant vos affaires. »

TRANSCRIPTION DU FAC-SIMILE N° 3.

Lettre autographe de Mirza Aboul-Kassim, le Kaïmakam, à Mohammed Khan, le généralissime des troupes régulières (*emîri nizâm*) et gouverneur général de la province d'Aderbaïdjan, le 26 mars 1843.

هو الله تعالى شأنه

مخدوم مهربان در باب ایلچی روس ورفتار میرزا السکندر در دار الخلافه
که آصف الدولت وملك الكتاب مفصّل نوشته بودند حضرت سپهر
بسطت شاهزادهٔ اعظم روح فداه آنقدر رضامندی وخوشنودی
وخرسندی دارند که بگفتنی ونوشتنی راست نمی آید الحقّ بفرزند ولی
عهد مرحوم مغفور هیچ کس بیش از این مرد پاس حقوقرا نداشت حتّی
شاهزادهٔ اعظم روح فداه از مردم ایران خودمان بل نوکرهای یك
قرن نمك خورده وبیست سال دست پروردهٔ ولی عهد مرحوم این
طور حقّ گذاری ندیدند آفرین بر میرزا السکندر صد هزار هزار آفرین
خدا اورا توفیق بدهد اگر خواهم رضامندی خودرا از او شرح وتفصیل
دهم در این کاغذهای کوچك مختصر نمی گنجد در دار الخلافهٔ طهران

هر جا نشسته بود از شاهرادهٔ اعظم روح فداه غیرت کشیده و خوب
گفته و تعصّب کرده و تعجّب دارم که پارسال آنهمه زحمتهارا در راه
خراسان کشید و هیچ طور خوشی براو در ارض اقدس نگذشت و پول
و مال که در خراسان وجود ندارد اسپ که ارمغان اینجانب هم
دُرُست نرسیده بود طوری خوش بر نگشت در طهران هم جنجال[1]
و معرکهٔ مهمانداری او و تعارف درستی با و نتوانستم بکنم روزی هم که
رفت از من بقهر و طرح رفت و بسر و جان عزیز شما قسم من هرگز گمان
نمی بردم که این طورها خوبی از او به بینم بلکه هرگاه سایر اهل روزگار
بودند بایست متر صّد صد هزار نامه لایم و تلافی از جانب او باشم خدای
تعالی چگونه اورا خوش ذات و نیک احوال و شایسته خلق آفریده من
که دسترس ندارم از او اظهار امتنان کنم با عذر خجالت بخواهم
التماس دارم که شما اورا بخواهید در شبی خلوت و اوقات خودرا صرف
عذرخواهی از جانب من و اظهار ممنونی از جانب شاهزادهٔ اعظم بفرمائید
و همچنین سرکار وزیر مختار که جای خود دارند بطریق اولی بایست
از قول شاهزاده بایشان گفتگو کنید و انشاء الله تعالی بیش از بیش
دراین فکر باشید که حضرت امپراطور اعظم الخم مثل ولی عهد مرحوم
مغفور بل زیاده از آن در مقام محبّت و تربیت ایشان باشند و السلام

TRANSCRIPTION DU FAC-SIMILE Nº 4.

Lettre autographe du même au même.

هو الله تعالی شأنه

ایّام نوالك لا تسئل كیف مضت

دوست مهربان کاغذهای خودم و میرزا علینقی و حاج محمّد هرسه را هر را
دیدم و خواندم و شکر وحمد جناب اقدس الهی را بجا رساندم که
بحمد الله در باب آن ملفوفهٔ متهم شده بودید و بسیار بسیار بجا
و سزا الآن افتاده صد هزاران آفرین هویدا مخدوم امجد اسعد هم
جوابهای دارالخلافه را خیلی خیلی خوب نوشته بودند خلاقاً الاخفش
که سرّ قول. ناصر آشکار و ظاهر گردیده در دست خردمند نگارد که
حکمت جز رژاژ نخاید که در دست تبهکار حق این است که ایلچی هم

[1] جنجال djendjâl « désordre, bruit confus, désarroi ».

DE TRADUCTION.

حقوق محبّتهای ولی عهد مرحوم مغفوررا بسیار بسیار خوب بجا آورد
ودرهمه عالم مشهور ومنتشر گردید که دولت روس در
دوستی ودشمنی اعلی درجهٔ کمالرا دارند دشمنیشان سمّ قاتل است
وزهر هلاهل ودوستیشان برءُ الساعه[1] وتریاق سودمند البتّه شنیده
اید که رأی مبارک شاهنشاهی بشاهزادهٔ اعظم روح فداه قرار گرفت
ورفتنِ وزیر خارجه‌را موقون فرمودند ومرا احضار کردند اگرچه من
از کاغذ مژدگانی که ایلچی بامپراطور نوشته بود وخاطر جمعیها که
شما نوشته بودید منتهای دلگرمی دارم وما توفیقی الّا بالله امّا چون
مخدومی امجد اسعد مثل من هزار گرفتاری دارند شما که حسن
اهتمام باطل السحر مشغله وگرفتاریها هستید وبامتحان رسیده یاد آور
ومحصّلی میکنم که ایشانرا در محلّ خلوت بنشانید وآنچه برای رفتنِ
ایلچی ما ومهلت کرور صلاح دانید یکدل ویک رأی شوید ودر فکر
باشید که ایلچی را انشاء الله تعالی باین غیرت بیارید که ایلچی ما
برود وازِ خود ساعی در خدمت امپراطور بشود که حقوق ولی عهد
مرحومرا در باب فرزند انبیشان اوبجا بیارند ودوام دوستی وحسن عهد
وپسر فرزندیءِی را بمرتبهٔ کمال رسانند وقراری بشود که تا رسیدنِ خبر
ایلچی ما از آنچا مطلقًا مطالبه در اینجا نشود نامه‌هارا هم بغرستید
تجدید شود امّا با سلیقه[2]

TRANSCRIPTION DU FAC-SIMILE N° 5.

Dépêche de Mirza Aboul Kassim, le Kaïmakam, adressée au Mélik-ul-kuttab, ou chef de la rédaction officielle à la cour du roi Feth Ali Châh, le 28 novembre 1832[3].

هو الله تعالی شأنه

برادر عزیز الحمد لله کار سرخس بوضعی که فرمایش همایون شاهنشاهی
شده بود صورت انجام یافت ومال فراوان بدست سپاه آمد سرباز
وسواره وتوپچی وتفکچی هه گران بار وبر خوردار شدند البتّه دو

---

[1] *Berâu ssâ'è* « guérison instantanée ».

[2] *Bâ seliqè* « avec goût et habilement, ingénieusement ». Ce mot s'emploie surtout en conversation et s'adresse aux ouvrages faits avec un goût exquis.

[3] Le prince héritier présomptif Abbas Mirza, envoyé par le roi pour châtier les Turkomans qui infestaient la province de Khorasan, venait alors de terminer heureusement cette longue et pénible campagne par la prise de la forteresse de Serekhs, sur les rives du fleuve Murgab, chef-lieu des Turkomans de la tribu de Salour.

هزار اسپ ترکمانی که مثل آن هرگز بدار الخلافه نیامده است بغارت رفت با صد وپنجاه هزار گسفند وشتر فراوان ببیابان وزره والاچیق واولاقش وسایر اسباب نقره وشال تیرمه ولبوس زنانه ومال تاجرها که بتاخت آورده بودند لحمد الله انتقام بعمل آمد وباز به تاخت آوردیم وآنها که اسیر ماهارا میبردند خدارا شکر هرا اسیر خود دیدیم وگو تا به بینم عالم ببك قرار نمانده است عالم است چون هه قشونها خصوصًا پیادۀ آدربیجان که سه سال از خانه دور وبا توپ وتفنگ وشخال نزدیك بیچاره خار میخورد وبار میبرد این هه قلعه كه از یزد تا سرخس کشوده شد هیچ بهره وکسب نبرده هه از من بیگناه باین جهت آزرده بودند خدارا شکر که چنین کسبی وافر ونصیبی وافی رسیدند وقسمت ولی عهدی روی فداه مقتضی شد که از آن هه مال فراوان یك پركاه توقّع نغرمودند هزار مال متجاوز که ۴۳۰ شتر و ۷۷۷ اسپ ویابوست بسالورهای سرخسی بخشید که قوشون نبرد وخانوار آنهارا بارض اقدس برد وباق كلّا نصب وکسب سپاه بود اَلاّ آنچه در میان زنها بود که هیچ کس بی پردگی نکرد قریب هزار بار بسته وچهار صد پانصد کوله بار پشته در دست سرخسیها ماند که بمشهد بردند وباز اغلب آنها صاحب اوضاعند بضاعت معقول دارند امّا بعضی هم بسیار فقیر شده‌اند که باید این زمستان را بنان دستی تا بهار برسند تخمیناً هفت هزار اسیر بیصاحب در اوردو مانده بود که دیروز حکم شد هرا جمع کردند به شترهای کاروانی گندم نشانند ودستخط هراه فرمودند که تسلیم سرکار مجتهد واخوی میرزا موسی خان شود واز آنجا بصاحبهایشان برسانند بالفعل اگر بجال توقّف خراسان باشد هرات خوب نزدیك است بار مُحمّد خان وزیر وشاه پسند خان امیر هر دو در مشهد اند آدم باور کچ وبخارا برود معیّن بر آنکه اسپران را رد بکنند تکه ایل شدند کتخدایان طُرّن وآخال با پیشکش وارد شدند وقرار شد که اَلاّمانی موقون باشد ونوکر سواره هنگام احضار بدهند هرچه ترکمان در مرو بود کلّا فرار کردند تا چهار جو یك نفر باقی نیست فانع صفصف است
در باب حضرت تقلیخان علیحده نوشته یم خدمت خداوندگاری عرض کنریم والسلام

« Lui, Dieu, puisse-t-il être exalté dans son essence! »

« Frère chéri! Dieu soit loué, l'affaire de Serekhs vient d'être achevée conformément aux ordres de S. M. le roi des rois. L'armée se trouve en possession d'un butin immense. L'infanterie régulière, la cavalerie, l'artillerie, les mousquetaires de milice, tous plient sous le poids de dépouilles, et sont au comble de leurs désirs. Pour le moins, deux mille chevaux de Turcomans, et tels qu'on n'en avait jamais amenés de semblables à Téhéran, tombèrent entre nos mains, avec cent cinquante mille moutons, beaucoup de chameaux abandonnés dans le désert, d'armures, de tentes avec les ânes (*ôlâq*, turc oriental) pour les transporter, ornements et ustensiles d'argent, châles des Indes, robes de femme et ballots de marchandises. Tout cela, que les Turkomans avaient antérieurement maraudé chez nous, vient de leur être arraché et repris. Dieu aidant, la vengeance est accomplie. Ceux qui tant de fois avaient traîné les nôtres en captivité, maintenant, grâce à Dieu, nous les voyons prisonniers dans notre camp. Puissions-nous les voir toujours tels! Le monde ne reste jamais longtemps sur une même base, il n'est que le monde. Comme les soldats de toutes les armes, et l'infanterie d'Aderbaïdjan en particulier, pendant trois ans, loin de leurs familles et cloués à leurs canons, fusils, couleuvrines [1], « n'avaient pour nourriture que des chardons du désert et étaient employés au transport des bagages » (*vers de Séady*); car, de toutes ces forteresses, depuis Yezd, jusqu'à Serekhs, qu'ils avaient prises, il ne leur échut aucun émolument; tous les soldats, dis-je, s'en prenaient à moi, l'innocent. Je remercie Dieu de les voir enfin arrivés à la jouissance de tant d'avantages et de profits. De toutes ces richesses, l'héritier présomptif, que mon âme lui serve de rançon! par un élan de magnanimité, ne voulait pas retenir un brin de paille pour lui-même. Plus de mille quadrupèdes : quatre cent trente chameaux [2] et six cent soixante-six chevaux et bidets (*yâboû*) furent soustraits à la rapacité des soldats et donnés par son ordre aux Turkomans Salours de Serekhs. Il fit transporter leurs familles dans la terre sainte (ville de Meched). Le restant fut abandonné au profit de l'armée. Il n'y a que les femmes qui furent épargnées, sans que personne osât attenter à leur pudeur (littéralement : « personne ne les a privées de leur voile »). Mille charges de bêtes de somme, et quatre cents à cinq cents paquets trans-

---

[1] چمخال *chemkhâl* « fusil très-long, à mèche ». Il y en a de deux espèces, l'une que l'on porte sur l'épaule, et l'autre, fusil de rempart ayant un affût, et dont on se sert seulement à la maison ou dans une place forte.

[2] Dans le *fac-simile*, ces chiffres sont écrits en caractères سباق (212).

portables à dos d'hommes, restèrent entre les mains des gens de Serekhs, qui les ont emportés avec eux à Meched. Le plus grand nombre des transportés ont des moyens et se trouvent en possession de sommes considérables. Mais il s'y trouve aussi des individus réduits à une extrême pauvreté. Il nous faudra les nourrir et pourvoir à leur subsistance pendant toute la saison d'hiver, jusqu'à l'arrivée du printemps. Ayant trouvé dans le camp environ sept mille prisonniers abandonnés par leurs maîtres Turkomans, hier encore, le prince ordonna de les faire monter sur les chameaux d'une caravane chargée de froment. Une lettre autographe de S. A. adressée à cet effet (à Meched) recommande ces prisonniers aux soins du mudjtehid (grand prêtre) de cette ville, ainsi qu'à mon frère Mirza Moussakhan, qui les feront parvenir à qui de droit. Le fait est que s'il nous est possible de séjourner plus longtemps en Khorassan, on pourrait surprendre Hérat (littér. « Hérat est bien près »). Le vizir Yar Mohamed khan et l'émir Châh Pesend-khan, tous deux sont à Meched. Faites partir quelqu'un en ambassade auprès des autorités d'Orguendj et de Bokhara, chargé d'y réclamer la remise de nos prisonniers. Les Turkomans Tékés se sont soumis (littéralement : « sont devenus tribu »). Les chefs de Turren et ceux d'Akhal arrivèrent ici avec des cadeaux. Ils prirent l'engagement de renoncer à toute espèce de brigandage (*âllâmany*, littér. « de ne plus agir en Allemans ») et, sur notre requête, de nous envoyer de leur cavalerie. Tous les Turcomans campés à Merv, jusqu'au dernier, se sont enfuis jusqu'à Tchéhardjou. Ils se contentent du sable des déserts. J'ai écrit une lettre à part concernant Hezret Kouli-khan. A Sa Seigneurie faites mes hommages respectueux. Adieu. »

Lettre [1] de Sa Hautesse Feth Ali Châh, roi de Perse, à Sa Majesté Napoléon, empereur de France et roi d'Italie, écrite de Téhéran, le 14 février 1809.

الملك لله تعالى شأنه ومبارك سلطانه
حمد وسپاس وافر خداوندِ قادری را سزاست که ملیک بی شریک وعدیل
است لاخلف فی قوله ولا تبدیل حکم دانا علیم توانا نعم المولی ونعم
الوکیل   ودرود بیحدّ مر زمرهٔ پیغمبران ورسولان را که سفرای امین
ورهنمای شرایع مبین وباعلانِ آیات سابقه ولاحقه واقوال ومواعید
صادقه پَیرُوانِ روشن روان ومقتفیانِ پاک ضمیر صافی جنان را نظام بخش

[1] Extrait des archives du ministère des affaires étrangères (*Perse*, t. II).

مناظم ومصالحِ دنيا ودينند وبعد لآلى متلالى ثناى كه از درج منطقِ صدق وصفا وصفاى زيورِ منطقةً يكجهتى وولا آمد وجواهرِ زواهرِ دعاى كه از عقدِ نريهٔ رَيب وريا شاهدِ اجابترا زيبِ جايل شايد نثارِ انجمنِ خدمِ خسرو دريا دل ابركرم خديوقَمَر عزمِ مهر هم اسكندر شكوه سليمان حشم موسى دست عيسى دم پادشاهِ گليجاه معظم شهريارِ كامكار مكرّم برادرِ الخم اكرم اميراطورِ اعظم حكمدارى ممالك فرانسه وايطاليا كه تا فلك را دوار وزمين را قرار است دوران جاهس بر قرار وبنيان گاهش استوار باد ساخته مكشوف راى عُقدهٔ كشايش كه كاشفِ رموزِ يكجهتى دَولتست ميدارد كه چون از بدايتِ نوبهارِ يكجهتى ووداد مُلزومِ ضميرِ محبّت تخمير كه گلشن دوستى وروضةُ الفت را خجسته رضوانى بى نظير است داشته ايم كه گلبنِ مواحدت ويكانگى را پَيوسته بآبيارى خامه از انهار جدا ول وسطورِ نامه سيراب ورّيان واز هرسو عندليب آسا بريدهٔ ان حضرتَين علّيَتَين را بالحانِ صدقِ گفتار ومواثيق نوا ساز ونغمهخوان سازيم در اين وقت كه عاليشان رفيع مكان عمدة الاعيان موسى طورلبير از اين حضرتِ سپهر بسطت عازم آن درگاهِ جهان پناه بود اداى مقتضاى دوستى واتحادرا لازم افتاد كه از تحريرِ اين نامهٔ سعادت خاتمه عارضِ بيگانگى را زيورِ تازه آورده مشيّد اركانِ مولات ومصافات گرديم تفاصلِ مطالب ومهام وگذارشِ مقاصد ومرام از قرارى است كه عاليجاه فطانت ومتانت انتباه عُمدهُ الاكابرِ جنرال غاردان خان بدان حضرتِ سپهر نشان معروض داشته وامناى اين دولتِ عليّه باوليان آن شوكت بهيّه نگاشته اند بهرچه راى مهرضياى حضرت اميراطورى اقتضا نمايد عينِ صواب است شرطِ رسمِ يكجهتى اين وطريقهٔ حسنِ مواحدت ودوستى چنين است كه پَيوسته از ترقيمِ مكاتبات ومراسلاتِ موافقت آياتِ قوانينِ محبّت والفت از هر دو جانب پيغماتِ مصادقت سازد وانجامِ مقاصد ومطالبِ نيكو تر از آغاز باشد چون لازم است كه خدمت گذارى سركردگان را نشان سازيم موسى فاويرهم كمال خدمت نموده است ايّامِ سلطنت وشوكت بر وفقِ مرامِ دوستان بر دوام ومدام باد والسلام

« Le royaume est à Dieu! Adorons l'Être suprême; bénissons son sceptre éternel et payons notre humble tribut d'actions de grâces et de louanges à sa toute-puissance. Il règne sans le secours de qui que ce soit, et il est juste. Ses paroles ne se contredisent et ne changent jamais. Comprenant tout, sachant tout, et, dans son omnipotence, pouvant tout, il est le meilleur des maîtres, et rien ne peut le remplacer.

« Adressons des bénédictions sans nombre (illimitées) à la sainte légion des prophètes et des envoyés du Très-Haut. Messagers du Verbe confié à leur dévouement, ils nous ont fait voir la voie des religions évidentes. En expliquant la concordance d'anciennes révélations avec la loi nouvelle contenue dans les commandements et dans les promesses infaillibles du ciel, en élevant l'âme lucide de leurs ouailles et en développant l'intelligence pure et transcendante des néophites, ces hommes de Dieu ont régularisé et assuré les avantages de notre bien-être ici-bas et de notre béatitude là-haut.

« Après quoi, ouvrons l'écrin de l'éloquence, plein de ces joyaux resplendissants qu'on appelle « paroles de sincérité et d'affection », et qui ajoutent autant d'éclat à la pensée. Ces perles égrenées de la ceinture étoilée du zodiaque de sympathie, je veux dire des vœux d'amitié et des mots qui, partis du cœur et dégagés de l'étreinte des nuages de doute et d'hypocrisie, charment et plaisent au point que l'ami auquel ces paroles s'adressent se procure une véritable jouissance en les exauçant.

« Répandons ces bijoux de grand prix et puissent-ils rouler sur (le tapis de) tes festins somptueux, très-glorieux et très-vénéré frère, Souverain de l'univers, Grand Empereur de France et d'Italie, Monarque auguste qui comptez autant de serviteurs qu'il y a d'étoiles, dont le cœur est aussi vaste que l'océan, qui versez les bienfaits comme les nuages répandent de la pluie. Toi beau et majestueux comme la lune dans son cours, providentiel comme le soleil, irrésistible comme Alexandre le Grand, magnifique comme Salomon.

« Toi, Moïse par le bras, Jésus par le souffle [1] ! Salut ! et puisse le siècle du règne de Votre Majesté, puisse la stabilité de sa domination égaler en durée et le ciel, qui est en rotation, et la terre, qui ne remue point !

« Après avoir accueilli ces vœux et ce salut, que Votre Majesté, dont la raison politique a su délier les nœuds des difficultés les plus compliquées et a donné le mot des énigmes les plus mystérieuses de la diplomatie, sache que notre cœur royal qui, lui-même, n'est qu'un petit paradis sans pareil, où le terrain, pétri d'amour, fait germer et fleurir tous les sentiments nobles;

---

[1] Allusion au miracle raconté dans la Bible (Exode, IV, 6), et que les Orientaux appellent يد بيضا « miracle de la main blanche ». Ils reconnaissent aussi que le souffle de Jésus-Christ ressuscitait les morts et guérissait les vivants (S. Marc, VII, 34).

que ce cœur, dis-je, n'a eu qu'un seul désir, un seul devoir, celui de cultiver l'arbuste (*gulbun*) de l'union et de l'intimité qui doit fructifier pour la Perse et la France. Aussi me suis-je constamment appliqué à arroser abondamment cette plante auguste. Mes plumes, comme autant de canaux d'irrigation, versaient des torrents. Mes lettres se suivaient l'une l'autre à l'instar des vagues d'un fleuve qui déborde. De tous les côtés arrivent des ambassadeurs de nos Cours sublimes, et, en vrais rossignols, nous leur faisons moduler d'harmonieux accents et entonner des thèmes d'alliance, de fidélité et d'entente cordiale.

« Aujourd'hui que le digne, l'excellent, l'honorable M. le capitaine Truilher part de notre Cour céleste pour se rendre à celle où le monde entier trouve abri et protection de Votre Majesté, je m'acquitte avec plaisir de ma dette d'amitié et du devoir d'embellir le riant visage de notre bonne intelligence, avec les charmes de cette lettre écrite et cachetée par une main heureuse, et d'affermir avec les cercles sympathiques de ces caractères les colonnes de l'édifice de concorde et d'union.

« Les détails concernant l'état où en sont nos affaires et le but de nos vœux se trouvent consignés dans la dépêche respectueusement adressée à Votre Majesté par son ambassadeur plein d'intelligence, illustre, coryphée des magnats haut placés, le général Gardane khan, ainsi que dans les lettres qu'envoient présentement les ministres de notre Cour sublime aux magistrats du glorieux Empire de France. Tout ce que là-dessus le soleil rayonnant du génie de Votre Majesté Impériale ferait luire de bon et d'utile à nos intérêts se trouvera être, certes, la source même du bon et de l'utile. Une correspondance active et suivie offre la voie la plus sûre pour aboutir à la bonne intelligence; c'est, sans contredit, une des conditions essentielles d'où dépend et dont s'entretient la durée de l'harmonie entre les deux États. Des lettres dictées par une amitié franche et des messagers discrets et dignes de confiance, venant de part et d'autre, cimentent on ne peut mieux l'intimité des rapports mutuels, et de plus en plus contribuent à la réussite des projets.

« Je m'acquitte d'un devoir bien agréable en me louant beaucoup des services de tous les officiers français qui résident près notre Cour; les travaux de M. Fabvier ont déjà mérité la plus haute satisfaction de notre part.

« Que les jours de Votre Souveraineté et de Votre Grandeur continuent à prospérer au gré de tous vos amis et de tous ceux qui vous sont dévoués. Salut! »

1.

خیالات

مرغ در بالا پرّان وسایه اش   میرود بر خاك وپرّان مرغ‌وش
ابلهی صیّاد آن سایه شود   میدود چندانکه بی‌مایه شود
بیخبر کان عکس این مرغ هواست   بی خبر که اصل آن سایه کجاست
تیر اندازد بسوی سایهٔ او   ترکشش خالی شود از جستجو
ترکش عمرش تهی شد عمر رفت   از دویدن در شکار سایه تفت

« LES ILLUSIONS.

« L'oiseau plane dans les hauteurs, et son ombre, semblable à un oiseau volant, marche sur la terre. Un sot devient chasseur de cette ombre, il court après jusqu'à épuiser le fonds (de ses forces). Ignorant que ce n'est qu'un reflet de cet oiseau aérien, ignorant où est la cause de cette ombre, il tire sur une ombre et finit par vider le carquois de toutes ses flèches. Chasseur insensé, le voilà vide le carquois de ta vie, la vie s'en est allée! Et tu l'as gaspillée à courir après un fantôme, après une ombre qui fuit! » (Roumy.)

2.

Allusion aux couleurs nationales de Perse : Sur un fond vert le lion couchant.

ما کیستیم

ما همه شیران ولی شیر علم   حملهٔ یشان از باد باشد دم بدم
حملهٔ یشان پیدا ناپیداست باد   آنکه ناپیداست هرگز گم مباد

« QUI SOMMES-NOUS ?

« Chacun de nous est lion, mais c'est un lion (peint sur l'étoffe) du drapeau, secoué d'instant en instant par un souffle de vent. La secousse est visible, invisible est le vent. Ah! que cet invisible ne nous abandonne jamais! (Littéralement « ne devienne jamais perdu). » (Roumy.)

3.

Inscription sur le portail du caravansérail de Djemalabad, dans les monts de Kaflankouh, construit en 1063 de l'hégire.

بعهد دولت شاهنشاه جهان عبّاس
که هست ثانی عبّاس در عدالت و داد

بـغـا نـهـاد اوقـورلـو امیـر دیـوانـش
رباط جـانـب دشـت دز جـمـال آباد
بـنای دولـت او باد تا ابـد مـحـکم
کـه کـرد بهرشه ایـن خانه دعا بنیاد
چو یافت صورت اتمام این رباط از خیر
به سعی قـدرت بـازوی بهـتـریـن اسـتـاد
ز اتّـفـاق هـان گـشـت فـائـض تاریخ
رباط جـانـب دشـت جـمـال آباد

« Sous le règne d'Abbas II, le souverain des souverains du monde, qui égale Abbas Ier sous le rapport de la justice et de l'équité, son émir du grand conseil de l'empire, Ogurlu, construisit ce caravansérail dans les steppes du château fort (*diz*) de Djémalabad. Puisse-t-il demeurer à jamais inébranlable, l'édifice de la fortune de celui qui fit bâtir cette maison, afin que des voyageurs reconnaissants y prient pour le salut de l'âme de S. M.! Après que, grâce aux soins et à la vigueur des bras d'un maître (architecte) habile, une bonne œuvre eût été accomplie dans l'achèvement de ce caravansérail, le hasard en fit découvrir la date dans le nom même du monument: *Le caravansérail dans les steppes du château fort de Djemalabad* (c. à d. l'an de l'hégire 1063).» (Pour les lettres-chiffres, voyez 217.)

4.

Épitaphes copiées au cimetière de la ville d'Ebehr, en 1834.

A.

ای مرگ هزار خانه ویران کردی   در ملک وجود غارت جان کردی
هر دانهٔ قیمتی که آید بجـهـان   بردی زیر خاک پـنـهـان کردی
وفات مرحومهٔ مبرورهٔ عفیفهٔ ماه جمال بنت مرحوم طهمورث سنة ۱۲۲۳ هجرة

«Ô mort! tu as ruiné des milliers de maisons! Tu ne fais que détruire tout ce qui vit dans le royaume de l'existence! Une perle (*dánè*) de grand prix apparaît-elle au monde, tu l'emportes aussitôt et tu l'enfouis sous la poussière.

« Le décès de feu Mahdjemal (lune de beauté), la pure, la chaste, la vertueuse fille de feu Tehmoures, eut lieu en 1223 de l'hégire.»

B.

شد فصل بهار گشتم از غصّه هلاك   دارم جگر کباب و چشم نمناك
گلها همه سر ز خاك بیرون كردند   الّا سر من كه سر فرو برد بخاك

« La saison du printemps est venue, je me meurs de chagrin. J'ai le cœur (le foie) brûlant et mes yeux sont humides. Toutes les fleurs percent la terre et soulèvent leurs têtes. Il n'y a que ma tête qui reste enfouie dans la poussière. »

C.

افسوس که روح در بدن نیست مرا   این بلبل مست در چمن نیست مرا
یاران برادران مرا یاد کنید   رفتم سفری که آمدن نیست مرا

« Hélas! je n'ai plus d'âme dans le corps. Ce rossignol ivre (d'amour) n'habite plus ma pelouse. Ô amis! ô frères! ne m'oubliez pas dans vos souvenirs. Je suis parti pour un voyage d'où il ne m'est pas permis de revenir. »

D.

چون نامهٔ جرم ما بهم پیچیدند   بیش از همه کس گناه ما بود ولی بردند
به میزان عقل سنجیدند   مارا به محبّت علی بخشیدند

« La liste de mes péchés (souillures) ayant été déployée et fermée, il se trouva que j'en avais commis plus que qui que ce soit. On me porta, on me pesa dans la balance de l'intelligence (de mes bonnes œuvres), et on me pardonna en considération de mon amour pour Ali. »

E.

چون فتاده است مرا بر این قبر ره گذر
بر سر تربت ما چون گذری فاتحه خوان
هر کسرا بود ای خواجه بدین راه گذر
بدعا روح مرا شاد کن ای خواجه گذر

« Puisque ma tombe est jetée sur ce carrefour, quand tu y passes, récite le premier chapitre du Coran! Tout homme doit passer par ce chemin (de la mort). O seigneur passant, réjouis mon esprit d'une prière pour son salut! »

F.

زیر گل تنگدل ای غنچهٔ رعنا چونی
سلك جمعیّت ما بی تو گسسته است زهم

بی تو ما غرقه به خونیم تو بی ما چونی
ما که ¹ جمع ایم حبیبیم تو بی ما چونی

« Enfouie sous la boue, le cœur oppressé, comment t'y trouves-tu, ô la plus jeune de nos belles fleurs ? La chaîne de notre cercle d'amis s'est brisée sans toi. Depuis que tu nous manques, nous sommes noyés dans le sang, et toi comment t'y trouves-tu sans nous ? Ici-bas nous sommes unis et nous nous aimons bien l'un l'autre; toi, comment es-tu sans nous ? »

G.

بهر یک فاتحه خاک رهت کردم ایا رهگذر
رحم کن بر من و بی فاتحه از من مگذر ²

« Afin d'être gratifié d'une prière, je me réduis en poussière du chemin que tu foules, ô passant; aie pitié de moi et ne t'éloigne pas d'ici avant de réciter la première surate (*fâtihhè*) du Coran ! »

Nous terminerons ici les exercices de traduction, persuadés qu'un élève qui les aura bien faits, après avoir retenu les exemples donnés à la suite de chaque partie du discours, sera déjà assez fort pour aborder *proprio Marte* le travail ultérieur de conversation, de rédaction, et celui de la lecture des auteurs persans.

Voici l'ordre que nous recommanderons de suivre pour ce qui concerne les exercices de traduction :

1° Les exemples en caractères *neskhy*, au bas de chaque règle;

2° Le 1ᵉʳ chapitre de la Genèse (25), dont la traduction française diffère parfois de celle de la Vulgate, afin d'aider les com-

---

¹ Remarquez l'usage de که, dont il a été déjà question (297).

² En disant (309 *et passim*) que la négation مه *mè* ne se met qu'à la 3ᵉ personne du singulier de l'impératif prohibitif, nous en avons indiqué l'usage, qui prévaut dans la langue actuellement écrite et parlée, bien qu'il y ait quelques auteurs qui imitent encore les anciens en se servant de cette expression négative pour toutes les autres personnes du temps en question. Pour ce qui concerne les mots ایل *yl* et الآمانی *államâny* (p. 198, l. 25 et 26), voyez deux notes pleines d'érudition de M. Quatremère, dans l'*Histoire des Mongols*, préface, p. 75, et *Notices des manuscrits de la Bibl. du roi*, t. XIII, p. 229.

mençants à une meilleure entente du mot à mot de la version persane;

3° Les n°ˢ 2 et 5 de l'Appendice;

4° Les n°ˢ 3 et 4 de l'Appendice;

5° Le n° 1 de l'Appendice et la lettre de Feth Ali Châh à l'Empereur Napoléon. Ce sont les plus difficiles de tous les exercices de traduction à cause de la surabondance de mots arabes dont la rédaction officielle de la cour de Perse est malheureusement jusqu'à présent très-prodigue.

FIN.

TABLE DES MATIÈRES.

	Pages.
PRÉFACE	I

PREMIÈRE PARTIE.
DES RUDIMENTS.

CHAPITRE I. Des lettres et de leur prononciation	1
§ 1. Alphabet	Ibid.
Consonnes	2
Voyelles	3
§ 2. Prononciation des consonnes	Ibid.
§ 3. Prononciation des voyelles ا، و، ى	6
§ 4. Des signes d'épellation	9
CHAPITRE II. Exercice de lecture	10

DEUXIÈME PARTIE.
DES VERBES.

CHAPITRE I. Des verbes non défectueux	17
§ 1. Verbe normal	Ibid.
§ 2. Inflexions initiales	20
§ 3. Inflexions finales	21
§ 4. Paradigme du verbe non défectueux كندن *kènden* «arracher»	23
§ 5. Remarques sur la formation des dérivés verbaux	26
Des dérivés verbaux de la racine prétérit	Ibid.
Des dérivés verbaux de la racine aoriste	30
§ 6. De l'infinitif	35
CHAPITRE II. Des verbes défectueux	36
§ 1. Des racines aoristes des verbes défectueux	Ibid.
§ 2. Classification des racines aoristes des verbes défectueux	38
§ 3. Tableau synoptique des verbes défectueux persans	42
§ 4. Paradigmes des verbes défectueux	46
a. Paradigme du verbe بودن *boúden* «être»	Ibid.
b. Paradigme du verbe شدن *chùden* «devenir»	51
c. Paradigme du verbe زدن *zèden* «frapper» (voix active)	54
§ 5. Voix passive du verbe زدن *zèden* «frapper»	57
§ 6. Remarques sur la voix passive	59

	Pages.
CHAPITRE III. Des différentes espèces de verbes persans	60
§ 1. Des verbes dérivés	Ibid.
§ 2. Verbes composés	61
§ 3. Verbes impersonnels	62

TROISIÈME PARTIE.
DES NOMS.

CHAPITRE I. Des noms substantifs	65
Des cas	66
Des nombres	71
§ 1. Des pluriels en ها *hâ*	Ibid.
§ 2. Des pluriels en ان *ân*	72
§ 3. Des pluriels en ات *ât*	73
§ 4. Des pluriels arabes	Ibid.
§ 5. De la déclinaison	74
CHAPITRE II. Des noms adjectifs	76
CHAPITRE III. De l'article	77
CHAPITRE IV. Degrés de comparaison	79
CHAPITRE V. Des noms composés et des noms dérivés	81
Section 1re. Noms composés monogènes	82
§ 1. ی *y* relatif	Ibid.
§ 2. ه *é* quiescent (ou ه voyelle)	85
§ 3. چ *tchè*, ك *ch*	86
§ 4. ستان *stân*, زار *zâr*, ان *ân*	87
§ 5. دان *dân*	88
§ 6. سا *sâ*, اسا *âsâ*, فام *fâm*, وش *vech*, مان *mân*	89
§ 7. مند *mend*, ناك *nâk*, اك *âk*	Ibid.
§ 8. انه *ânè*, ین *yn*, ینه *ynè*	90
§ 9. بان *bân*, وان *vân*	Ibid.
§ 10. گار *gâr*, گر *guer*, ار *âr*	Ibid.
§ 11. ش *ech*, یش *ych*	91
Section II. Noms composés polygènes	Ibid.
§ 1. Deux substantifs	92
§ 2. Adjectif et substantif	93
§ 3. Deux fractions de verbe	94
§ 4. Substantif et racine aoriste	95
§ 5. Substantif et gérondif	97
§ 6. Substantif et participe passé	Ibid.
§ 7. Adjectif et racine aoriste	98
CHAPITRE VI. Des numératifs	Ibid.
§ 1. Numératifs cardinaux	Ibid.

	Pages.
§ 2. Numératifs ordinaux	102
§ 3. Des numératifs distributifs et multiplicatifs	104
§ 4. Des figures numériques	Ibid.
CHAPITRE VII. Des pronoms	107
§ 1. Des pronoms personnels	Ibid.
Déclinaison des pronoms isolés	Ibid.
Déclinaison des pronoms conjonctifs	108
Remarques sur l'emploi des pronoms personnels	109
§ 2. Des pronoms possessifs	113
§ 3. Des pronoms réfléchis	115
§ 4. Pronoms démonstratifs	120
§ 5. Des pronoms interrogatifs	123
§ 6. Des pronoms relatifs	126
§ 7. Pronoms indéfinis	131

QUATRIÈME PARTIE.

CHAPITRE I. Des particules	133
§ 1. Adverbes	Ibid.
a. Adverbes de temps	Ibid.
b. Adverbes de lieu	134
c. Adverbes de quantité	Ibid.
d. Adverbes de qualité	135
e. Adverbes de comparaison	Ibid.
f. Adverbes d'interrogation	Ibid.
g. Adverbes d'affirmation et de négation	136
h. Adverbes de doute	138
§ 2. Prépositions	Ibid.
§ 3. Conjonctions	140
§ 4. Particules interrogatives	142
§ 5. Particules négatives	144
§ 6. Interjections	145
CHAPITRE II. Locutions exclamatives	147
Termes de tendresse	149
Malédictions et jurements	Ibid.
Termes et expressions de bienvenue	150
Quelques locutions familières françaises et persanes	151

CINQUIÈME PARTIE.

RÉSUMÉ.

CHAPITRE I. Des izafets et des cas obliques	154
1. Izafets	Ibid.
§ 1. Izafet de génitif	155

	Pages.
§ 2. Izafet d'adjectif	158
§ 3. Izafet pronominal	159
§ 4. Izafet des intitulations	Ibid.
ɪɪ. Datif	162
a. Datif avec la terminaison ى	163
b. Datif avec la préposition به	Ibid.
ɪɪɪ. Accusatif	166
ɪᴠ. Ablatif	167

CHAPITRE II. Des temps du verbe 168
    § 1. Infinitif apocopé .... *Ibid.*
    § 2. Participe présent 169
    § 3. Participe passé .... *Ibid.*
    § 4. Aoriste 171
    § 5. Présent 172
    § 6. Imparfait .... *Ibid.*
    § 7. Prétérit 173
    § 8. Plus-que-parfait 174
    § 9. Futur 175

CHAPITRE III. Des propositions 176
    De l'ordre des membres d'une proposition 177
    De la concordance de nombre 180

CHAPITRE IV. De l'accent 182
    § 1. Accent des verbes 183
    § 2. Accent des noms déclinables et indéclinables 184

CHAPITRE V. De la prononciation 186

APPENDICE.
ÉCRITURE PERSANE. — EXERCICE DE TRADUCTION.

ɪ. Écriture 189
ɪɪ. Exercices de traduction 190
    Transcription du *fac-simile* n° 1 191
    Transcription et traduction du *fac-simile* n° 2 193
    Transcription du *fac-simile* n° 3 195
    Transcription du *fac-simile* n° 4 196
    Transcription et traduction du *fac-simile* n° 5 197
    Lettre de S. H. Feth Ali Châh à l'Empereur Napoléon 200
    Fragments poétiques et épitaphes 204

FIN DE LA TABLE DES MATIÈRES.

هو الله تعالی شانه

N°2

منقلبت   قبر حسینی نجات انداری   که در بلاد جسم مصوری

در این رسمیه مقدم ثبت در هوف بطرف پارس بعزم حبیب عازم و روانه
شدجناب کارفرمایند که بدو کله از احوال ولایت‌های آنجا زندمان قبلی ندارد
مهربا سیرکرده‌ام حاشریه معلوم است که لطائف حقایق و نکات و صحبت جویان نامه
و حران بسی از آن باب و عهد دمود حریتان و تنهایان را ازخاطر حت ترجم نقص
که بلطف این کما نهادیتم آخرین و تحیر محیم عهد تو مکسن بهام پارجاء علی الحال
از سلیمان آبادی قوم و فرهنگ یفوذ که ازوجنبر مرکب ارهم اریاس کال عدامد و نهرل نرجان الفرد نس میزاندار
حکمی و حمو فطر حکمات ست زن سعدیت نرجهان مرنو ریبار از کاردنی نحس نکار
م بکوشنه بهار ارنامسترونان ناجبا معظیم لمها مر دل جسربی شان علاوه ارسیدند انار
و ملاطم معولی ان مرهت بنهایت سرور وحضور زنجب و بهر وجب حکاسیه کهنت آوصالح
قدارریف بردل مهر کار حضرت الجرامی دوم بهار رسم مصطولا اری ان دبارا ن مجل فردا
بعد بعدبها یعبر ردا نه فرهام سنو زدریشتنرنو درگله مرنو ریا بامجوب بان مغموم سها ار
ازوجشیر مزراازلله ملک المغفر اجند و قبرا قاعد سیه از برای حزر دار جان یا ازبا ردوی
ای آلوکه محمد کوکه لداهه رازه حبت مشوق است که هرسطر از او صلع حقای قمر معی

No. 3

N° 4.

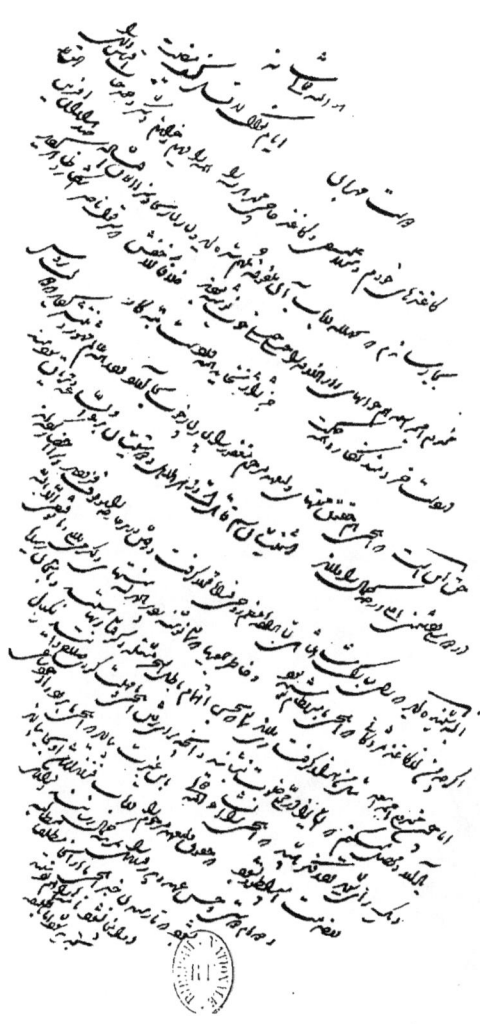

Grandeur de l'original.

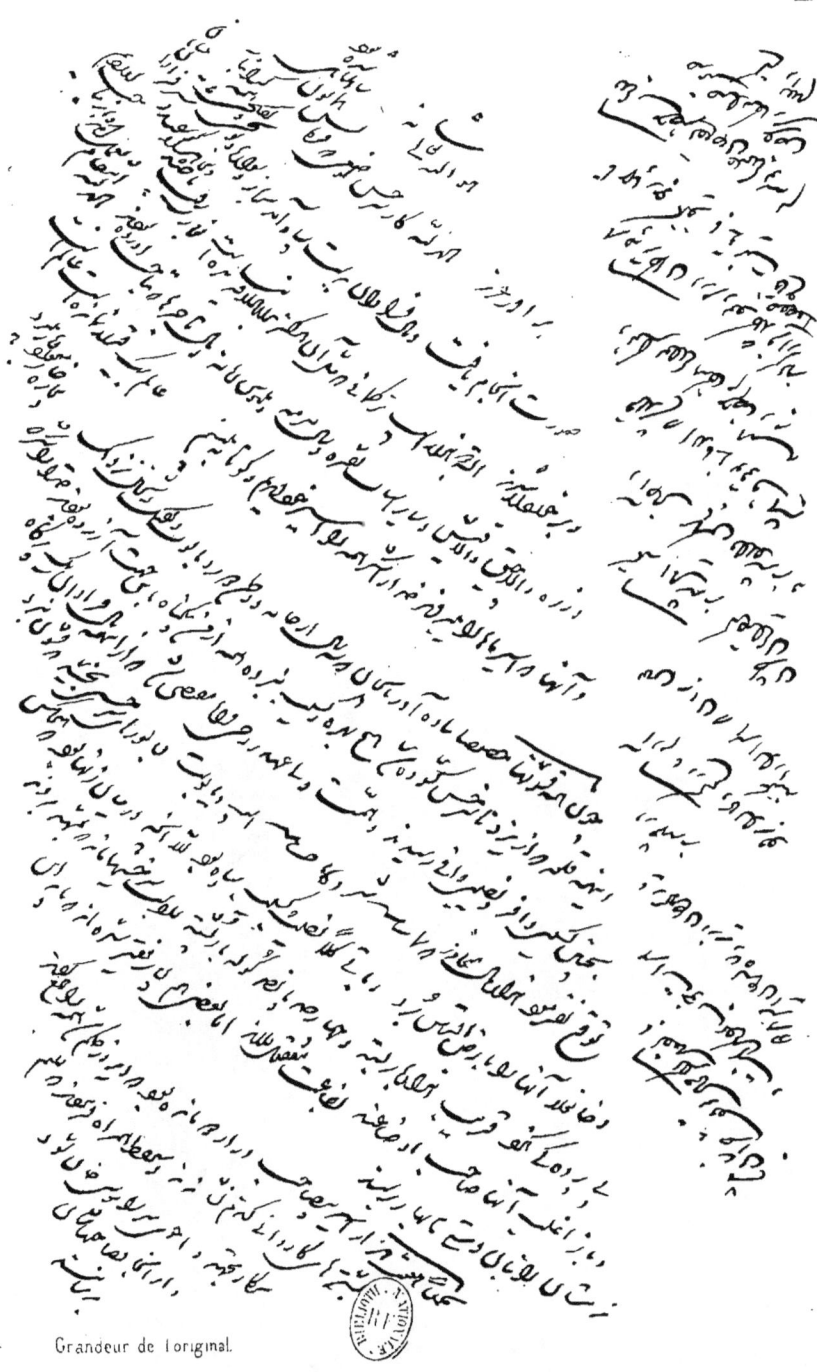

Grandeur de l'original.

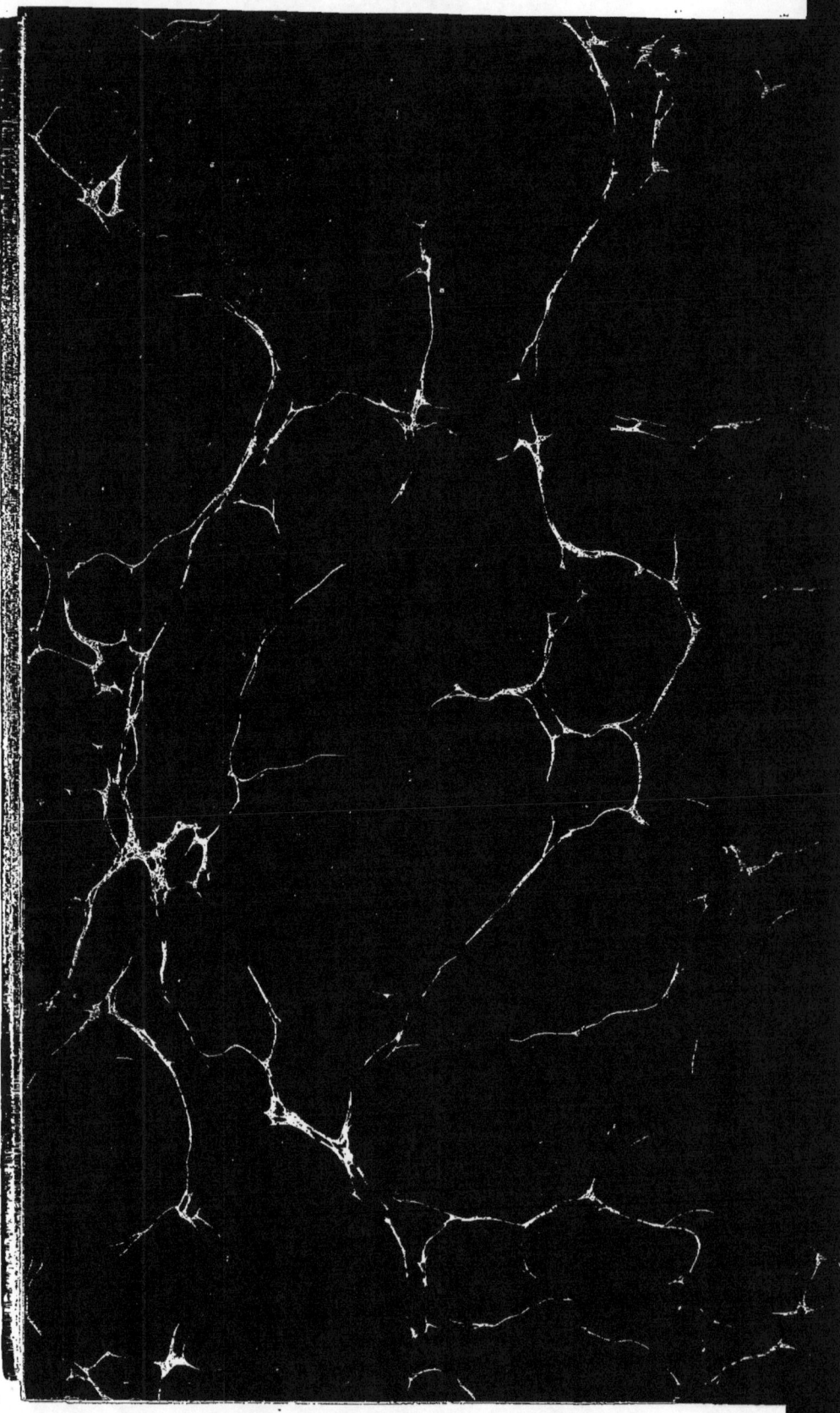

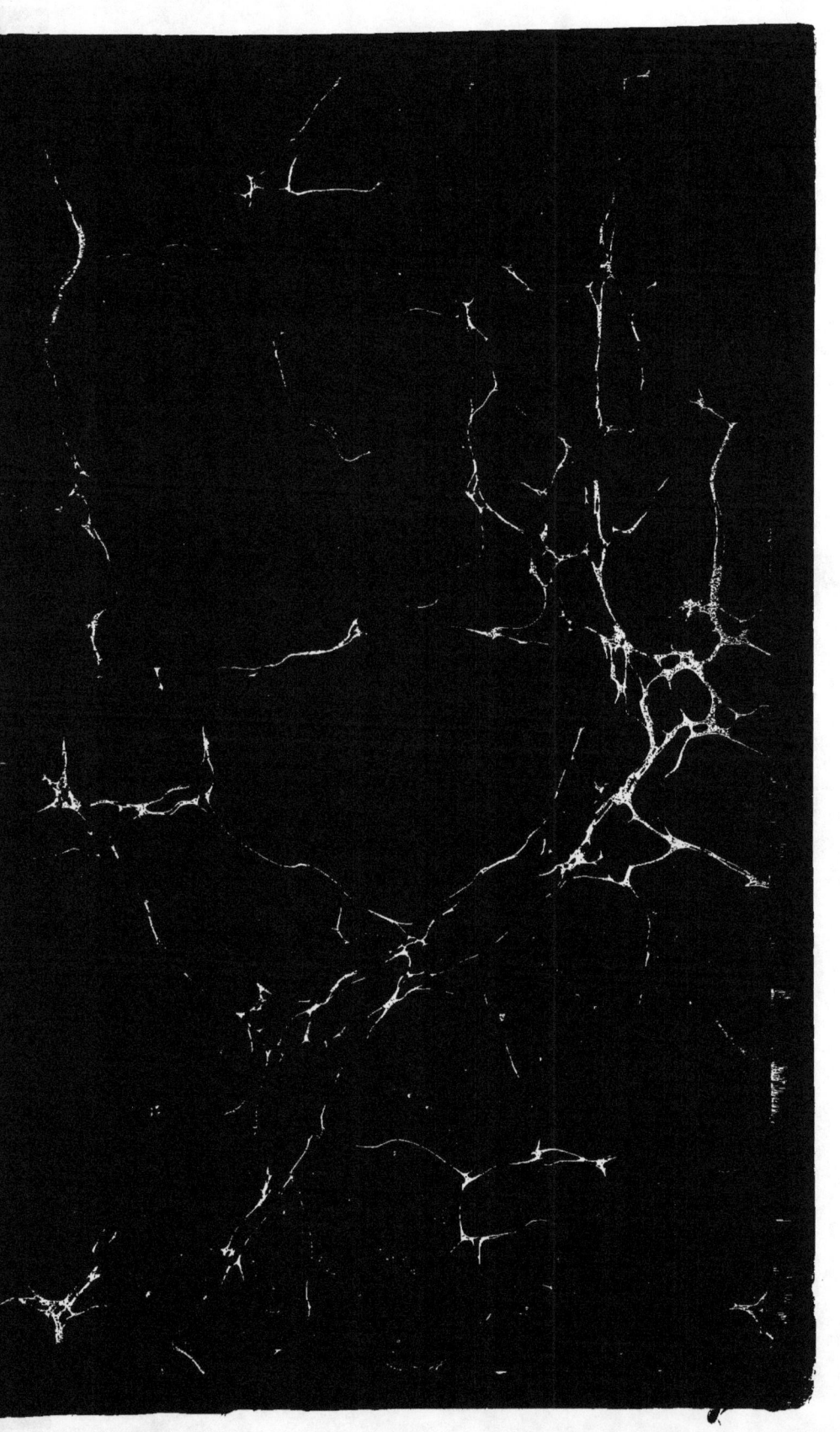